中国商用车发展报告
（2024）

组编 方得网
主编 姚 蔚
参编 谢光耀　崔东树　郑　玲　李庆升
　　　　方继开　王　旭　舒慕虞　周　静
　　　　张艺婷　吴　征　周　丹　杜玉娇
　　　　崔　志

机械工业出版社

本书分为四部分。第一部分为总报告。总报告概括地总结了本书的核心内容，对中国商用车市场的发展现状、竞争力、行业趋势与未来发展前景进行了分析和研判。第二部分为行业发展报告，重点对当前商用车行业热点领域，如新能源商用车、燃料电池商用车、商用车自动驾驶、商用车出口等进行专题研究。第三部分为细分市场报告，主要对商用车行业的不同细分市场进行竞争力分析和趋势研判，包括重型货车、大中型客车、轻型客车、轻微型货车、皮卡市场。第四部分为企业竞争力报告，重点选取有代表性的商用车企业及供应商，对其竞争力优势进行全面剖析，包括宇通、长安凯程、中国重汽和贞元车轮。附录部分梳理了2023年1月—2024年6月中国商用车大事记。

本书适合商用车投资机构、研究机构、行业组织、政府部门等相关工作人员，以及商用车制造、经销、售后服务、零部件、运营（物流、快递、货运、客运、公交、旅游、租赁、金融）等企业工作人员阅读参考。

图书在版编目（CIP）数据

中国商用车发展报告. 2024 / 方得网组编；姚蔚主编. -- 2版. -- 北京：机械工业出版社，2025.2.
ISBN 978-7-111-77799-1

Ⅰ.F426.471

中国国家版本馆CIP数据核字第2025RQ3104号

机械工业出版社（北京市百万庄大街22号 邮政编码100037）
策划编辑：母云红　　　　责任编辑：母云红　巩高铄
责任校对：张昕妍　张　薇　封面设计：张　静
责任印制：刘　媛
涿州市般润文化传播有限公司印刷
2025年3月第2版第1次印刷
169mm×239mm・13.75印张・1插页・272千字
标准书号：ISBN 978-7-111-77799-1
定价：160.00元

电话服务　　　　　　　　网络服务
客服电话：010-88361066　机　工　官　网：www.cmpbook.com
　　　　　010-88379833　机　工　官　博：weibo.com/cmp1952
　　　　　010-68326294　金　书　网：www.golden-book.com
封底无防伪标均为盗版　机工教育服务网：www.cmpedu.com

主要作者简介

姚蔚，经济学硕士，师从著名经济学家李京文院士，中国数量经济学会和中国注册会计师协会会员。现任方得网总编辑、方得智驾总编辑。从事汽车经销工作多年，熟悉汽车行业经济规律和市场特点，具备系统扎实的经济理论知识，能够理性和前瞻性地分析汽车市场变化，对行业经济问题和企业发展问题有独到见解。

郑玲，重庆大学教授，重庆大学机械与运载工程学院汽车智能化方向学术带头人，主要从事智能网联汽车与自动驾驶的研究与开发。获中国汽车工业科学技术奖一等奖1项、重庆市自然科学奖二等奖1项、中国兵装集团科技进步奖一等奖1项；获2018年度"科学中国人"荣誉称号。现任中国汽车工程学会高级会员、中国人工智能学会智能驾驶专业委员会委员；担任教育部人才计划评审专家、国家奖评审专家以及国家留学基金委高水平大学交流计划评审专家。

谢光耀，商用车行业资深媒体人，中国人民大学法学学士、经济学硕士，师从中国人民大学郑水泉教授。现任第一商用车网总编辑。从事商用车分析报道多年，对包括货车、客车、新能源商用车与商用车零部件在内的商用车产业有独到观点和深入研究，能够深刻把握商用车市场的发展脉络与趋势。曾担任中国汽车报社《商用汽车新闻》执行主编、《中国汽车报》商用车专刊主编。

崔东树，高级经济师，中国汽车流通协会专家委员会专家，中国市场学会（汽车）营销专家委员会学术顾问。目前担任中国汽车流通协会汽车市场研究分会秘书长，专注于汽车消费市场研究和汽车产业政策研究，持续跟踪新能源汽车产业链变化。

吴征，中国汽车技术研究中心有限公司中国汽车战略与政策研究中心新能源汽车研究部工程师，研究方向为燃料电池汽车。

李庆升，高级研究员，有二十余年汽车领域专业研究咨询经验、十余年新能源汽车行业研究工作经验；研究方向侧重于商用车领域，擅长行业趋势分析、市场潜力研究等方面；参与完成多项国家级汽车产业试点示范项目。

方继开，高级研究员，有十余年汽车行业市场研究咨询经验，专业从事汽车产业链研究工作；重点研究方向为商用车领域，研究内容包括汽车宏观环境研究、企业竞争以及细分市场研究；参与完成多项国家及地方汽车产业规划。

序

展现在读者面前的这本《中国商用车发展报告（2024）》，关注2023—2024年中国商用车行业的发展全貌，重点聚焦中国商用车行业未来的发展。

全书对2023—2024年中国商用车行业、企业、商用车各细分市场，以及近期发展的重点领域和未来趋势进行了翔实分析；同时，通过数据分析和调研，为读者提供了一个观察我国商用车行业发展趋势的新视野。

本书的总报告部分对中国商用车行业的发展现状、全球竞争力、细分市场走势与特征等进行了分析和研究，同时对中国商用车行业的未来趋势和前景进行了研判预测。

本书还对2023—2024年商用车行业热点领域，如新能源商用车产业、燃料电池商用车产业、商用车自动驾驶、商用车出口等进行了专题研究。通过对这些领域发展状况的分析，本书对未来趋势做出了预测。

2023年以来，中国商用车行业不同细分市场发生了较大变化，本书对于包括重型货车、大中型客车、轻型客车、轻微型货车和皮卡等在内的细分市场也做了深入的分析研究，并指出了这些领域的新特点、新动向和新方向。

本书还重点选取了客车、重型货车、轻型商用车和零部件领域的代表性企业——宇通、中国重汽、长安凯程和贞元车轮，进行了企业竞争力的研究分析。

如今，在"双碳"目标和数字化转型成为大势所趋的背景下，这本商用车发展报告的推出，对于商用车行业的转型发展有着重要意义。

最后，希望本书的出版，能够在当前形势下，为商用车相关企业的决策提供理论和实践参考，同时也能够促进中国商用车行业和企业竞争优势的增强。

是为序。

2024年10月10日

前　言

商用车是我国汽车产业不可或缺的重要组成部分，是国民经济发展"大动脉"（公路货运、公路客运）的运输主力军，在社会经济生活中承担着货物运输、人员运输的重任。2023年，我国商用车行业发展的主要关键词就是"增长"和"复苏"，当年产销量分别达到403.72万辆和403.09万辆，同比分别增长26.78%和22.13%，在我国汽车行业总产销量中的占比均达到13.39%，相比上年分别增长1.60个百分点和1.10个百分点，并且继续稳居全球商用车产销第一的位置。

2024年，由于终端购车需求走弱，商用车市场面临较大压力，但新能源商用车以及海外需求的持续火爆，为商用车行业注入了新的活力和机会。

近年来，一方面在国家"双碳"目标的指引下，交通运输行业减碳需求日益迫切，商用车行业也已进入朝着新能源方向转型升级的加速期，其电动化发展速度甚至吸引了全球汽车行业的关注。另一方面，随着我国商用车产业链的完善成熟、技术能力和产品质量的快速进步，我国商用车性价比高的产品优势不断凸显，我国商用车"出海"速度加快。2023年，我国商用车出口销量达到77万辆，同比快速增长32.2%；2024年1—9月，我国商用车出口销量达到67.9万辆，同比增长23.6%，"中国智造"的商用车产品在全球诸多市场广受欢迎。

随着商用车产业进入结构持续调整期，未来几年商用车市场总量仍将以平稳运行为主旋律，"出口""新能源"等是未来商用车市场主要的机遇所在，也将获得进一步的发展。与此同时，商用车市场步入存量竞争时代和转型升级阶段，电动化、国际化、智能化、数字化等趋势凸显，汽车企业之间的"洗牌战"日益激烈，现有的行业竞争格局或将在未来几年内出现较大变化甚至被颠覆。

为了促进商用车及其零部件产业的发展，方得网组织多位行业专家和学者，共同编写了《中国商用车发展报告（2024）》。

本书首先对中国商用车行业的发展现状、全球竞争力、细分市场走势与特征等进行了分析研究，对中国商用车行业的未来趋势和前景进行了研判预测，旨在为产业发展"把脉"。本书还对当前商用车行业的热点领域，如新能源商用车产业、燃料电池商用车产业、商用车自动驾驶、商用车出口等进行了专题研究；并对商用车行业的不同细分市场进行了竞争力分析和趋势研判，同时，重点选取有代表性的商用车企业，例如宇通客车、长安凯程、中国重汽和贞元车轮，对其发展沿革、竞争力优势等进行全面剖析。本书也提出了针对商用车行业、商用车各个细分领域未来发展的建议，希望可以对行业政策制定者、从业者和用户有一定的指导意义，促进商用车市场转型升级并推动中国商用车加速走向全球。

本书适合商用车投资机构、研究机构、行业组织、政府部门等相关工作人员，以及商用车研发、制造、经销、售后服务、零部件、运营（物流、货运、客运、公交、租赁、金融）等领域的相关从业人员阅读参考。

由于水平有限，书中难免有疏漏之处，望广大读者海涵并不吝指正。

编 者

目 录

序
前言

第一部分
总报告
第 1 章　中国商用车市场发展现状与行业趋势展望 / 002

第二部分
行业发展报告
第 2 章　中国新能源商用车发展现状与未来趋势 / 016
第 3 章　燃料电池商用车产业发展现状与未来趋势 / 027
第 4 章　商用车自动驾驶的发展现状、挑战与趋势 / 040
第 5 章　中国商用车出口形势分析与未来趋势 / 051

第三部分
细分市场报告
第 6 章　重型货车市场发展现状分析与未来趋势展望 / 070
第 7 章　大中型客车市场发展现状分析与行业趋势展望 / 090
第 8 章　轻型客车市场发展变化分析与行业趋势判断 / 105
第 9 章　轻微型货车市场发展现状与未来趋势分析 / 119
第 10 章　皮卡市场发展现状分析与未来趋势展望 / 130

第四部分
企业竞争力报告
第 11 章　宇通：从客车"单科第一"迈向商用车"全科"领军 / 148
第 12 章　假如商用车行业没有长安凯程 / 162
第 13 章　中国重汽：推动中国重卡迈向世界一流 / 175
第 14 章　贞元车轮的"自我突破"之路 / 187

附　录　中国商用车大事记（2023 年 1 月—2024 年 6 月）/ 198

第一部分
总 报 告

第1章 中国商用车市场发展现状与行业趋势展望

本章作者：姚蔚

摘要：

本章阐述了近十年商用车行业走势，重点分析了2023年商用车市场情况与重点企业竞争格局，并对2024年以及未来商用车市场前景进行了分析和预判。

一、商用车市场发展现状

（一）2023年市场概况

2023年，受宏观经济稳中向好、物流行业回暖升温、旅游市场明显复苏影响，叠加各项利好政策拉动，加之上年同期基数较低，中国商用车市场实现了恢复性增长。

根据中国汽车工业协会（以下简称中汽协会）发布的数据，2023年，我国汽车产销累计分别完成3016.10万辆和3009.37万辆，同比均增长12%，产销量双双突破3000万辆。其中，商用车产销分别完成403.72万辆和403.09万辆，同比增长27%和22%。2023年商用车市场表现优于汽车市场整体表现。

2023年，商用车在汽车市场的销量结构占比为13.39%，较上年（12.29%）扩大1.1个百分点。如图1-1所示，商用车在中国汽车市场占比基本稳定在15%左右，2020年占比曾超过20%，随后回归正常区间。

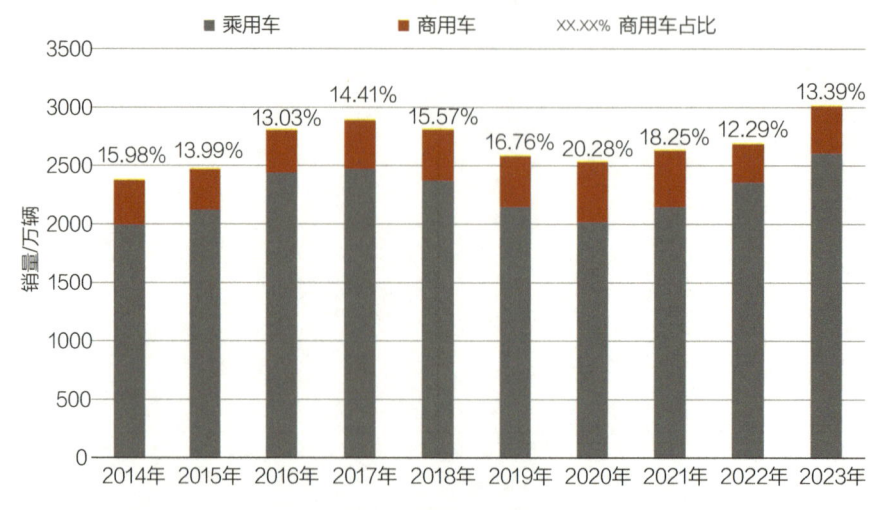

图1-1 2014—2023年商用车在中国汽车市场销量占比

注：数据来源于中汽协会。

如图 1-2 所示，商用车市场在 2022 年跌入低谷，2023 年实现 22% 的同比增长，看似增速较快，实则是上一年商用车产销量均处于近年历史低位的恢复性增长。

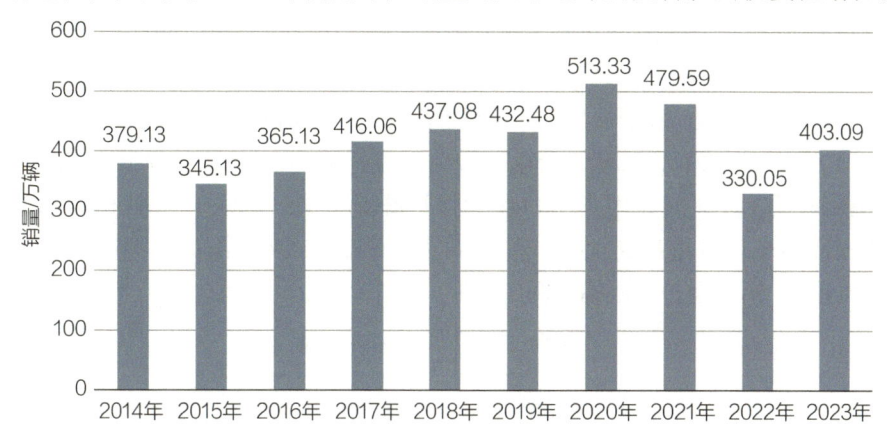

图 1-2　2014—2023 年中国商用车市场销量一览

注：数据来源于中汽协会。

其中，新能源商用车、天然气重型货车和海外出口市场表现亮眼，成为拉动整体市场复苏增长的主要动能。2023 年各主要燃料类型的商用车销量均呈现不同程度的增长，其中，天然气商用车得益于油气价差进一步拉大，涨幅最为显著（图 1-3）。

图 1-3　2021—2023 年中国商用车市场燃料结构一览

注：数据来源于中汽协会。

具体来看，2023 年柴油商用车销售 209.5 万辆，同比增长 9%；汽油商用车销售 128.7 万辆，同比增长 26%；天然气商用车在 2023 年销售 21.2 万辆，同比暴涨 3.6 倍，在商用车市场的占有率首次超过 5%，较上年提升近 4 个百分点。

受益于商用车行业加快转型升级、电池和补能技术持续发展及政策支持等多重因素，新能源商用车继 2022 年实现爆发式增长后，2023 年延续了良好的增长势头，全年累计销售超过 40 万辆，同比增长 32%，已接近商用车市场 2023 年总销量的 11%（10.74%），市场占有率持续提升（图 1-3）。

由图 1-3 可见，与天然气汽车、新能源汽车占比明显提升相对应的是，柴油汽车在商用车市场的占比下降。2023 年，柴油汽车在商用车市场的占比仅有 51.99%，较 2021 年（68.99%）下滑了近 20 个百分点，这显示出商用车市场的新能源化进程持续提速。

出口方面，自 2021 年起，受益于国内供应链稳定、产品竞争力不断提升、海外渠道持续拓展，中国商用车出口持续保持旺盛势头。海关总署数据显示，2023 年，中国商用车出口量达到 78.81 万辆，同比增长 21.5%，出口金额达到 1838.3 亿元（人民币），同比增长 54.8%（图 1-4）。

图 1-4　2020—2023 年中国商用车出口量走势

注：数据来源于海关总署。

由图 1-4 可见，最近几年我国商用车出口量逐年提升。同时，商用车出口金额也完成了多级跳，近 3 年同比增速均超 50%（图 1-5）。

图 1-5　2020—2023 年中国商用车出口金额走势

注：数据来源于海关总署。

（二）细分市场与月度走势

2023 年，中国商用车销量重返 400 万辆级别，整体实现 22% 的增长，具体到各细分市场来看，全部 7 个细分市场均实现增长。

如表 1-1 和图 1-6 所示，2023 年商用车行业份额最高的细分市场是轻型货车，占比达到 47.00%，较上年下降 2.03 个百分点。轻型货车市场 2023 年 17% 的累计增幅比商用车市场整体 22% 的累计增幅低 5 个百分点，跑输商用车市场"大盘"。同样跑输的还有中型货车市场以及大、中型客车市场，大、中型客车市场 2023 年累

表 1-1　2023 年我国商用车各细分市场销量及占比变化一览

项目	商用车	重型货车	中型货车	轻型货车	微型货车	大型客车	中型客车	轻型客车
2023 年销量/万辆	403.09	91.11	10.71	189.45	62.65	5.36	3.82	39.99
2022 年销量/万辆	330.05	67.19	9.57	161.81	50.69	5.15	3.68	31.96
销量同比增长	22%	36%	12%	17%	24%	4%	4%	25%
2023 年占比	100%	22.60%	2.66%	47.00%	15.54%	1.33%	0.95%	9.92%
2022 年占比	100%	20.36%	2.90%	49.03%	15.36%	1.56%	1.11%	9.68%
2023 年占比增减	0%	2.24%	-0.24%	-2.03%	0.18%	-0.23%	-0.17%	0.24%

注：数据来源于中汽协会。中汽协会的"轻型货车"销量中包含了皮卡销量。

图 1-6　2019—2023 年商用车细分车型销量走势一览

注：数据来源于中汽协会。

计增幅均只有个位数。此外，重型货车（含半挂牵引车）、微型货车和轻型客车市场在2023年分别实现36%、24%和25%的同比增长，增速高于商用车市场整体增速，跑赢商用车市场"大盘"。值得一提的是，上述跑赢"大盘"的3个细分市场，2023年在商用车市场的份额也均有提升，其中，重型货车市场份额提升了2.24个百分点，重型货车2023年36%的同比增速也是商用车全部7个细分市场中最高的。

从单月销量和增速来看，2023年商用车市场以同比大降48%、近十年表现最差的1月开局；自2月起，受益于国内宏观经济持续修复、海外出口维持高景气度，商用车市场开启连增模式，2—12月实现"11连增"，月销量同比增速均保持在15%以上，2—12月平均增速达到31%，上下半年的销售旺季均表现出应有水准，其中，3月销量达到43.41万辆，是2021年7月"全面国六"实施以来的最高水平，"金九银十"平均销量也接近37万辆，同比增速均超过三成（图1-7）。

图1-7　2023年1—12月我国商用车市场销量及累计增幅走势

注：数据来源于中汽协会。

如图1-7所示，经过自2月开始的连续增长，2023年我国商用车市场从开年大降48%逐步拉升至全年增长22%，市场向好的趋势很明显。2023年，商用车市场平均月销量为33.61万辆，较2022年平均不足28万辆的水平有明显提升。

（三）商用车行业格局

2023年，我国商用车市场累计销售403.09万辆，同比增长22%，较2022年全年销量净增长约73万辆。中汽协会数据显示，2023年，商用车市场共有80家汽车生产企业参与竞争，其中有11家企业年销量超过10万辆，累计销量排名前三位的企业2023年销量均超过40万辆（表1-2）。

表 1-2　2023 年我国商用车市场主流企业销量一览

企业/总计	2023年销量/万辆	2023年份额	同比增长	2022年销量/万辆	2022年份额	份额增减
	403.09	100%	22%	330.05	100%	0%
福田汽车	62.74	15.57%	38%	45.63	13.82%	+1.74%
东风汽车	43.16	10.71%	10%	39.35	11.92%	-1.22%
上汽通用五菱	40.10	9.95%	35%	29.75	9.01%	+0.93%
中国重汽	32.31	8.02%	39%	23.20	7.03%	+0.99%
长安汽车	31.63	7.85%	8%	29.36	8.90%	-1.05%
一汽解放	24.23	6.01%	35%	18.01	5.46%	+0.55%
江淮汽车	23.11	5.73%	18%	19.53	5.92%	-0.18%
长城汽车	20.23	5.02%	8%	18.67	5.66%	-0.64%
江铃汽车	20.01	4.97%	-2%	20.38	6.17%	-1.21%
上汽大通	17.01	4.22%	3%	16.54	5.01%	-0.79%
其他	88.55	21.97%	27%	69.63	21.10%	+0.87%

注：数据来源于中汽协会。

由表 1-2 可见，10 家年销量超 17 万辆的企业，构成了 2023 年商用车市场的"主体"，这 10 家企业合计份额接近八成（78.03%），其中福田和东风两家企业 2023 年的市场份额超过 10%，分别达到 15.57% 和 10.71%。除福田和东风外，商用车行业排名前十的其他企业市场份额均处于 4%~10% 之间。

由表 1-2 还可见，2023 年我国商用车市场整体实现 22% 的增长，主流企业（年销量前十）9 增 1 降：福田汽车、东风汽车、上汽通用五菱、中国重汽、长安汽车、一汽解放、江淮汽车、长城汽车和上汽大通 2023 年销量同比分别增长了 38%、10%、35%、39%、8%、35%、18%、8% 和 3%，其中，福田汽车、上汽通用五菱、中国重汽、一汽解放等企业跑赢商用车市场"大盘"，东风汽车、长安汽车、江淮汽车、长城汽车和上汽大通的同比增速低于 2023 年商用车市场整体增速。主流企业中唯一出现下滑的是江铃汽车，2023 年销量同比小幅降低 2%。

从年度份额增减角度来看，2023 年累计销量增幅跑赢市场"大盘"的福田汽车、上汽通用五菱、中国重汽和一汽解放 4 家企业，市场份额较 2022 年均有不同程度的增长，分别增长了 1.74、0.93、0.99 和 0.55 个百分点。

对 2023 年商用车销量排名前六企业的销量按细分车型进行拆分可见（图 1-8），仅有福田汽车和东风汽车对商用车全部七大类产品实现全覆盖，其中，福田 2023

年七成以上（72.00%）销量来自轻型货车（业内俗称轻卡，含皮卡），重型货车（业内俗称重卡，含牵引车）和轻型客车（业内俗称轻客）分别占 14.16% 和 8.47%；东风汽车 2023 年所售商用车以轻型货车、重型货车和微型货车（业内俗称微卡）为主，占比分别为 45.01%、33.23% 和 16.81%。上汽通用五菱和长安汽车均以轻型商用车为主，其中，上汽通用五菱仅有轻型货车和微型货车，长安汽车除轻型货车和微型货车外，还有轻型客车；中国重汽和一汽解放则以重型货车为绝对主力，2023 年重型货车在中国重汽和一汽解放的销量结构中占比分别达到 72.50% 和 76.10%。

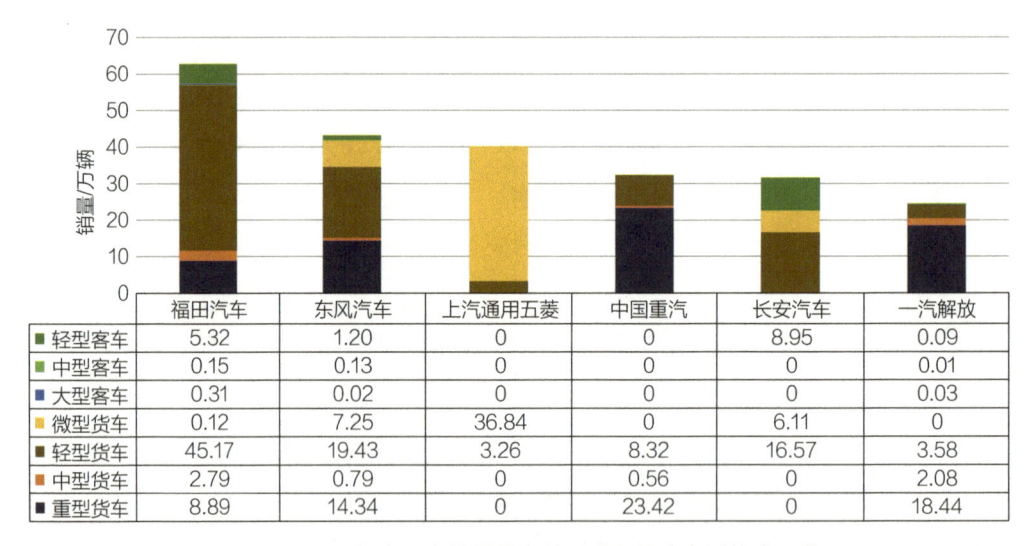

销量/万辆	福田汽车	东风汽车	上汽通用五菱	中国重汽	长安汽车	一汽解放
轻型客车	5.32	1.20	0	0	8.95	0.09
中型客车	0.15	0.13	0	0	0	0.01
大型客车	0.31	0.02	0	0	0	0.03
微型货车	0.12	7.25	36.84	0	6.11	0
轻型货车	45.17	19.43	3.26	8.32	16.57	3.58
中型货车	2.79	0.79	0	0.56	0	2.08
重型货车	8.89	14.34	0	23.42	0	18.44

图 1-8　2023 年商用车销量排名前六企业细分车型构成一览

注：数据来源于中汽协会。

上述拆分也能很好地解释福田汽车、上汽通用五菱、中国重汽和一汽解放 4 家企业为何能实现市场份额的增长，2023 年，商用车市场增速较高的细分市场分别为重型货车市场（+36%）、微型货车市场（+24%）、轻型货车市场（+17%）和轻型客车市场（+25%），上述几家企业至少在其中一个细分市场实现了份额的明显提升。比如福田汽车，2023 年福田汽车在体量最大的轻型货车市场实现了 4.64 个百分点的份额提升，在轻型客车市场实现了 1.59 个百分点的提升。虽然其在重型货车市场的份额略有下滑（下滑了 0.30 个百分点），但在轻型货车和轻型客车市场的提升已经足以支撑福田汽车把自己在整个商用车市场的份额提升了 1.74 个百分点。

由表 1-2 及图 1-8 还不难看出，以货车为主导产品的企业在商用车市场占据绝对领先位置。由于客车，尤其是大、中型客车总体需求量小，以客车为主导产品的企业均未进入商用车行业销量榜单的前列。2023 年，我国大、中型客车合计销售 9.18 万辆，仅占商用车市场总销量的 2.28%。2023 年，大、中型客车销量排行前十的企业合计市场份额达到 84.66%（图 1-9），其中，排名首位的宇通客车全年销售大、中型客车 3.18 万辆，市场份额高达 34.64%，以显著优势领先于其他企业。

	宇通客车	苏州金龙	厦门金龙	厦门金旅	中通客车	福田汽车	比亚迪	中车电通	安凯客车	亚星客车
2023年销量	31770	8920	6989	6770	6195	4581	4421	3363	2990	1653
2022年销量	23733	7215	6198	6033	7177	5594	3754	4291	2085	2073
2023年市场份额	34.64%	9.72%	7.62%	7.38%	6.75%	4.99%	4.82%	3.67%	3.26%	1.80%

图 1-9　2022—2023 年大中型客车销量排名前十企业销量及市场份额

注：数据来源于中汽协会。

二、商用车市场趋势与未来发展前景

（一）2024 年市场走势分析

2024 年前 9 个月，商用车市场在 1 月、3 月、4 月和 5 月实现同比增长（表 1-3），在 2 月、6 月、7 月、8 月和 9 月出现同比下滑，前 9 个月平均月销量约 32.13 万辆。从累计销量来看，2024 年商用车市场销量在 6 月过后突破 200 万辆，1—9 月累计销售 289.21 万辆，这一水平在近十年里仅排在第七位，与最高时的 2021 年 1—9 月相比有接近 90 万辆的差距。与上年同期相比，累计增幅呈逐月缩窄的态势，进入 9 月后跌入下降区间，前 9 个月累计销量小幅下降 2%（图 1-10），比上年同期累计少销售了约 4.65 万辆。从数字和趋势上看，2024 年第四季度的商用车市场面临不小压力，整体销量以增长的姿态收官也有不小难度。

表 1-3　2024 年 1—9 月商用车市场销量及同比增速走势

项目	月份									
	1月	2月	3月	4月	5月	6月	7月	8月	9月	1—9月
销量/万辆	32.39	25.07	45.82	35.74	34.13	33.71	26.82	27.19	28.38	289.21
同比增速	80%	-23%	6%	3%	3%	-5%	-7%	-12%	-23%	-2%

注：数据来源于中汽协会。

2024 | 中国商用车发展报告

图 1-10　2024 年 1—9 月我国商用车市场销量及累计增幅走势

注：数据来源于中汽协会。

2024 年 7 月 31 日，交通运输部、财政部发布《关于实施老旧营运货车报废更新的通知》，对老旧营运货车报废更新给予资金补贴。

由表 1-4、表 1-5 可见，本轮"以旧换新"补贴中，报废重型国三老旧营运柴油货车受益最大，报废柴油货车＋新购新能源货车最高可获补贴 14 万元。重型货车北斗营运证入网数据显示，截至 2024 年 7 月，全国还有国三重型货车 43.65 万辆，比 2024 年 6 月底减少了 7000 余辆，比 2023 年同期减少近 20 万辆。在可观的补贴刺激下，国三柴油货车报废速度有望加快，并且会进一步拉高新能源车型在重型货车市场中的渗透率。

表 1-4　提前报废老旧营运柴油货车补贴标准

车辆类型	提前报废时间	补贴标准/（万元/辆）
中型	满 1 年（含）不足 2 年	1.0
中型	满 2 年（含）不足 4 年	1.8
中型	满 4 年（含）以上	2.5
重型	满 1 年（含）不足 2 年	1.2
重型	满 2 年（含）不足 4 年	3.5
重型	满 4 年（含）以上	4.5

注：数据来源于交通运输部。

表 1-5　新购营运货车补贴标准

车辆类型		新购国六排放标准营运柴油货车补贴标准 /（万元 / 辆）	新购新能源营运货车补贴标准 /（万元 / 辆）
中型		2.5	3.5
重型	2 轴	4.0	7.0
	3 轴	5.5	8.5
	4 轴及以上	6.5	9.5

注：数据来源于交通运输部。

此外，出口市场在 2024 年表现依然稳定。2024 年 1—9 月，我国商用车出口量达到 67.07 万辆，同比增长 15.2%（表 1-6），增速较前几年有所放缓，但出口量是同期最高水平。2024 年 1—9 月，我国商用车出口量已超过 2022 年全年水平，出口金额已直逼 2023 年全年水平。基于此，2024 年商用车出口保持增长已是大概率事件。

表 1-6　2024 年 1—9 月商用车出口销量及金额走势

车型类别	1—9 月累计出口		同比增幅	
	数量 / 万元	金额 / 亿元	数量增幅	金额增幅
商用车	67.07	1572.94	15.2%	15.8%
客车（十座及以上）	5.76	263.63	11.8%	21.1%
货车	44.42	618.17	16.1%	13.2%
专用汽车	3.64	201.78	39.5%	30.5%

注：数据来源于海关总署。

综上几点，宏观政策及市场固有需求催生的结构性替代，是 2024 年商用车市场的主要机遇，新能源商用车以及海外需求的持续火爆也为商用车行业注入了新的活力。

（二）未来商用车市场前景分析

按照车型结构和销量规模，我国商用车行业的发展大致经历了四个时期：1953—1982 年，先实现从无到有，再实现中型货车迅速发展，此阶段为发展期；1983—2008 年，形成"重、中、轻、微、客"全品类发展格局，并逐步开启与国外先进品牌的合作，此阶段为成长期；2009—2019 年，通过技术引进、合资、自主开发等方式，我国商用车产业规模及技术水平步入全球前列，此阶段为壮大期；2020年至今，我国商用车产业结构持续调整，新能源商用车发展提速，出口市场规模逐年扩大，进入了高质量发展期。

如图 1-11 所示，过去 30 年，中国商用车市场总量（内需口径）呈现出需求平稳—快速增长—先抑后扬的走势：1990—1999 年市场需求较稳定，基本低于 100 万辆；2000—2010 年商用车需求快速增长，从 100 万辆快速跃升至 400 万辆级别；2011 年之后，商用车市场大致走出一个 V 字形走势。

图 1-11　1990—2023 年商用车内需量及同比增速走势

注：数据来源于中汽协会、国家信息中心。

当前，我国商用车行业正处于高质量发展期，市场已经步入存量竞争时代。综合"双碳"目标、政策刺激、经济运行情况以及国际局势对商用车行业的影响，未来几年商用车市场总量仍将以平稳运行为主旋律。出口、新能源商用车和燃气汽车是未来商用车市场主要的机遇所在，在这些充满机遇的细分领域中，汽车生产企业的竞争势必也会越来越激烈。

首先是出口领域。得益于全球化发展带动商用车需求量增长，以及中国商用车产品竞争力日益提升，未来我国商用车出口前景光明是毋庸置疑的。尤其是在"一带一路"沿线国家中，多国正在开展大规模基建项目（有相当一部分是中国企业参与的），这将有效带动工程类商用车产品出口量增长。

其次是新能源商用车领域。最近几年，中国新能源商用车销量持续增长，2023 年新能源商用车国内销量达到 39.6 万辆，渗透率约 12%，新能源中重型货车、新能源轻型货车、新能源轻型客车等车型均实现增长，仅新能源大中型客车出现下滑。不过，新能源大中型客车在海外市场的销量却持续攀升。据海关数据，2023 年，十座以上纯电动客车出口9677辆，同比增长42.4%，出口金额达到118.77亿元，同比增长57.3%。2024年，新能源商用车继续高歌猛进，1—9月新能源商用车国内销量达到35.1万辆，同比增长33.5%，渗透率为15.9%。未来，在政策持续推动以及配套设施不断完善的情况下，各类型的新能源商用车在城市物流、钢铁运输、城建渣土运输等细分领域越来越有竞争力，未来新能源商用车的市场前景可以说是一片光明。

最后是燃气汽车领域。相比前两个"机遇"，燃气汽车火热行情的可持续性尚有待观察。截至2024年7月，燃气重型货车市场已连续增长了20个月，液化天然气（LNG）价格则是从7月开始出现明显上涨，油气差价缩小会直接影响天然气货车的销量——关于这一点，从2024年8月和2024年9月天然气重型货车的销量连续同比大幅下滑便可见一斑。随着年底天然气价格进入季节性上涨时期，2024年最后几个月燃气货车的销量将会继续受到不小影响。如果天然气价格在2025年有明显回落并稳定在较低区间，将刺激燃气货车新一轮的行情。

第二部分
行业发展报告

第 2 章　中国新能源商用车发展现状与未来趋势

本章作者： 李庆升　方继开

摘要：

在"双碳"目标及国家相关政策的引导下，新能源商用车迎来快速发展，行业渗透率稳步提升，参与企业积极寻求技术突破与模式创新，整体行业呈现良好发展势头。当前新能源商用车市场整体处于行业快速发展初期，在"公共领域车辆全面电动化先行区试点""新能源汽车换电模式应用试点"及"燃料电池汽车示范应用"等政策的推动下，传统商用车企业电动化转型的积极性明显提升。当前电动化成本问题正逐步缓解，但产品同质化竞争、基础设施建设滞后、金融体系不健全等问题仍制约新能源商用车发展，亟待加强政策引导。

一、新能源商用车市场发展现状

（一）新能源商用车市场分析

1. 新能源商用车市场整体分析

机动车上险数据[○]显示，2023 年新能源商用车销量为 31.3 万辆，同比增长 32%，其中，新能源客车销量为 16.5 万辆，主要以轻型客车为主，市场占比达到 84.2%，其次为中型客车和大型客车，市场占比分别为 8.1% 和 7.7%。2024 年 1—6 月新能源客车总体销量达到 11.7 万辆，轻型客车市场规模进一步提升，市场占比达到 90.8%，大型客车市场规模占比超过中型客车，分别为 4.8% 和 4.4%（表 2-1）。

表 2-1　2023 年及 2024 年 1—6 月中国新能源商用车分车型销量

车辆类型		2023 年销量/辆	占比	2024 年 1—6 月销量/辆	占比
客车类	大型客车	12694	7.7%	5623	4.8%
	中型客车	13408	8.1%	5189	4.4%
	轻型客车	138588	84.2%	106220	90.8%
	客车合计	164690	100%	117032	100%

[○] 上险指车辆售出后消费者购买机动车交通事故责任强制保险，上险数据反映了市场上的车辆交付量。

（续）

车辆类型		2023 年销量/辆	占比	2024 年 1—6 月销量/辆	占比
货车类	重型货车	34949	23.6%	27707	24.9%
	中型货车	2028	1.4%	1093	1.0%
	轻型货车	106105	71.6%	78664	70.8%
	微型货车	5081	3.4%	3654	3.3%
货车合计		148163	100%	111118	100%
整体市场合计		312853		228150	

2023 年新能源货车销量为 14.8 万辆，市场主体以轻型货车和重型货车为主，市场规模占比分别为 71.6% 和 23.6%，微型货车与中型货车占比较低。2024 年 1—6 月新能源货车总体销量为 11.1 万辆，重型货车市场份额有增长趋势，接近 25%，轻型货车仍为市场主力产品，保持 70% 以上的市场份额（表 2-1）。

2. 新能源客车企业市场表现分析

2023 年新能源客车销量排名前十的企业合计销量达到 12.5 万辆，市场份额合计达到 75.9%，集中度较高，吉利四川、奇瑞商用车、北汽福田、东风汽车、重庆长安等为主力企业，市场占有率均在 5% 以上，吉利四川占据 24.6% 的市场份额，具有较大的规模优势（表 2-2）。

表 2-2　2023—2024 年 6 月中国新能源客车销量排名前十企业分析

新能源客车企业	2023 年销量/辆	占比	新能源客车企业	2024 年 1—6 月销量/辆	占比
吉利四川商用车有限公司	40484	24.6%	吉利四川商用车有限公司	16455	14.1%
奇瑞商用车（安徽）有限公司	21821	13.2%	上汽通用五菱汽车股份有限公司	14568	12.4%
北汽福田汽车股份有限公司	13276	8.1%	重庆瑞驰汽车实业有限公司	11395	9.7%
东风汽车股份有限公司	11581	7.0%	奇瑞商用车（安徽）有限公司	8617	7.4%
重庆长安汽车股份有限公司	9548	5.8%	东风汽车股份有限公司	6925	5.9%
上汽通用五菱汽车股份有限公司	6976	4.2%	北汽福田汽车股份有限公司	6364	5.4%
浙江新吉奥汽车有限公司	6551	4.0%	重庆长安汽车股份有限公司	5494	4.7%

（续）

新能源客车企业	2023年销量/辆	占比	新能源客车企业	2024年1—6月销量/辆	占比
宇通客车股份有限公司	5388	3.3%	上汽大通汽车有限公司	5337	4.6%
河北长安汽车有限公司	5357	3.3%	河北长安汽车有限公司	5260	4.5%
厦门金龙联合汽车工业有限公司	4070	2.5%	广西汽车集团有限公司	3533	3.0%
合计	125052	75.9%	合计	83948	71.7%

2024年1—6月新能源客车销量排名前十的企业合计销量近8.4万辆，市场份额合计达到71.7%，集中度相较2023年有所下降。吉利四川仍保持市场领先位置，但市场份额由2023年的24.6%下降到2024年上半年的14.1%，降幅较大，上汽通用五菱市场份额增长明显，由2023年的4.2%增加到2024年上半年的12.4%（表2-2）。

3. 新能源货车企业市场表现分析

2023年新能源货车销量排名前十的企业合计销量达到8.3万辆，前十企业市场份额合计达到55.9%，吉利江西、重庆瑞驰、山东唐骏、北汽福田、东风汽车为主力企业，市场占有率均在5%以上，与新能源客车市场结构不同，新能源货车各企业市场份额差距不大（表2-3）。

表2-3　2023—2024年6月中国新能源货车销量排名前十企业分析

新能源货车企业	2023年销量/辆	占比	新能源货车企业	2024年1—6月销量/辆	占比
江西吉利新能源商用车有限公司	16124	10.9%	江西吉利新能源商用车有限公司	11431	10.3%
重庆瑞驰汽车实业有限公司	13133	8.9%	山东唐骏欧铃汽车制造有限公司	10366	9.3%
山东唐骏欧铃汽车制造有限公司	10231	6.9%	东风汽车股份有限公司	7155	6.4%
北汽福田汽车股份有限公司	10147	6.8%	北汽福田汽车股份有限公司	5594	5.0%
东风汽车股份有限公司	7419	5.0%	奇瑞商用车（安徽）有限公司	5298	4.8%
广西汽车集团有限公司	5604	3.8%	徐州徐工汽车制造有限公司	4861	4.4%

（续）

新能源货车企业	2023年销量/辆	占比	新能源货车企业	2024年1—6月销量/辆	占比
徐州徐工汽车制造有限公司	5235	3.5%	郑州宇通集团有限公司	4694	4.2%
三一汽车制造有限公司	5132	3.5%	重庆瑞驰汽车实业有限公司	3513	3.2%
郑州宇通集团有限公司	4954	3.3%	陕西汽车集团股份有限公司	3479	3.1%
华晨鑫源重庆汽车有限公司	4788	3.2%	华晨鑫源汽车有限公司	3470	3.1%
合计	82767	55.9%	合计	59861	53.9%

2024年1—6月新能源货车销量排名前十企业合计销量近6万辆，市场份额合计53.9%，相较2023年有所下降，吉利江西仍保持市场领先位置，重庆瑞驰市场份额下降趋势明显，由2023年的8.9%市场占比下降到2024年上半年的3.2%（表2-3）。

（二）新能源商用车相关政策梳理

1. 国家层面新能源商用车相关政策

2023—2024年上半年期间，国家层面出台若干政策支持和鼓励新能源商用车发展（表2-4），包括：统筹推进重点领域绿色低碳发展，大力发展绿色运输体系；加快企业生产过程绿色化，支持企业绿色运输结构调整；优化提升新能源商用车技术水平，鼓励行业技术进步；开展多维度试点示范，推动新能源商用车市场应用等措施，引导新能源商用车发展。

表2-4 国家层面新能源商用车相关政策

政策发布时间及名称	相关内容	
	关键词	主要要点
2023年2月 工业和信息化部等八部门关于组织开展公共领域车辆全面电动化先行区试点工作的通知	大力发展绿色运输体系	车辆电动化水平大幅提高。试点领域新增及更新车辆中新能源汽车比例显著提高，其中城市公交、出租、环卫、邮政快递、城市物流配送领域力争达到80%。完善充换电基础设施，加强公路沿线、郊区乡镇充换电基础设施建设和城际快充网络建设。充分考虑公交、出租、物流、邮政快递等充电需求

（续）

政策发布时间及名称	相关内容	
	关键词	主要要点
2023年6月 生态环境部发布关于公开征求《关于推进实施水泥行业超低排放的意见（征求意见稿）》和《关于推进实施焦化行业超低排放的意见（征求意见稿）》意见的通知	推进实施水泥/焦化行业超低排放的意见	清洁运输比例不低于80%，产品运输优先采用清洁运输方式，汽车运输全部采用新能源或国六排放标准的车辆。厂内使用新能源运输车辆（2025年底前可采用国六排放标准的汽车）；非道路移动机械原则上采用新能源
2023年12月 国务院关于印发《空气质量持续改善行动计划》的通知	优化交通结构，大力发展绿色运输体系	重点区域和粤港澳大湾区沿海主要港口铁矿石、焦炭等清洁运输（含新能源车）比例力争达到80% 重点区域公共领域新增或更新公交、出租、城市物流配送、轻型环卫等车辆中，新能源汽车比例不低于80%；加快淘汰采用稀薄燃烧技术的燃气货车。推动山西省、内蒙古自治区、陕西省打造清洁运输先行引领区，培育一批清洁运输企业。在火电、钢铁、煤炭、焦化、有色、水泥等行业和物流园区推广新能源中重型货车，发展零排放货运车队。力争到2025年，重点区域高速服务区快充站覆盖率不低于80%，其他地区不低于60%
2023年12月 工业和信息化部、财政部、税务总局《关于调整减免车辆购置税新能源汽车产品技术要求的公告》	减免车辆购置税的新能源汽车产品技术要求	新能源货车和专用车技术要求：1）纯电动货车续驶里程不低于80km。插电式混合动力货车（含增程式）纯电续驶里程不低于50km。2）纯电动货车装载动力电池系统能量密度不低于125W·h/kg。对按照GB/T 18386.1—2021《电动汽车能量消耗量和续驶里程试验方法 第1部分：轻型汽车》中"附录A"进行检测的N1类纯电动货车车型，其低温里程衰减率不超过35%的，电池系统能量密度应不低于95W·h/kg。3）纯电动货车单位载质量能量消耗量（E_{kg}）不高于0.29W·h/km·kg。作业类纯电动专用车吨百公里电耗（按试验质量）不超过8kW·h。4）汽柴油插电式混合动力货车（含增程式）燃料消耗量（不含电能转化的燃料消耗量）不高于常规燃料消耗量国家标准中对应限值。非汽柴油插电式混合动力货车（含增程式）燃料消耗量不做要求
2023年12月 中共中央、国务院关于全面推进美丽中国建设的意见	统筹推进重点领域绿色低碳发展，持续深入打好蓝天保卫战	推动超低和近零排放车辆规模化应用、非道路移动机械清洁低碳应用。到2027年，新增汽车中新能源汽车占比力争达到45%，老旧内燃机车基本淘汰，港口集装箱铁水联运量保持较快增长；到2035年，铁路货运周转量占总周转量比例达到25%左右 重点区域持续实施煤炭消费总量控制。研究制定下一阶段机动车排放标准，开展新阶段油品质量标准研究，强化部门联合监管执法

（续）

政策发布时间及名称	相关内容	
	关键词	主要要点
2023年12月 工业和信息化部等十部门关于印发绿色建材产业高质量发展实施方案的通知	推动生产转型，提升产业内生力	加快生产过程绿色化。强化工艺升级、能源替代、节能降耗、资源循环利用等综合性措施，实现污染物和碳排放双下降。加快企业运输结构调整，推动短距离运输采用封闭皮带廊道、管道、新能源车辆等方式
2024年2月 交通运输部关于国家电力投资集团有限公司开展重卡换电站建设组网与运营示范等交通强国建设试点工作的意见	重卡换电站建设组网与运营示范	依托换电站产品，研究面向短倒场景的换电站高效布局技术规范，推出建设验收、安全管理等团体标准。在多种短倒需求场景，推广"车电分离"运营模式的换电重卡应用和换电站建设。建设跨场景、跨城市群的重卡换电站网络，针对换电站的用地规划、电网接线及收费标准等开展研究。建立换电车辆综合智慧运营平台
2024年6月 交通运输部等十三部门印发《交通运输大规模设备更新行动方案》	老旧营运柴油货车淘汰更新行动	有序推广新能源营运货车。鼓励各地结合道路货运行业发展特点、区域产业环境和新能源供应能力，推动新能源营运货车在城市物流配送、港口集疏运、干线物流等场景应用。鼓励有条件的地方，因地制宜研究出台新能源营运货车的通行权、配套基础设施建设等政策，积极探索车电分离等商业模式。科学布局、适度超前建设公路沿线新能源车辆配套基础设施，探索超充站、换电站、加氢站等建设 采用大功率动力电池、新一代柴油机、内电双源、氢动力系统、低碳/零碳燃料发动机等技术，推动老旧内燃机车更新升级

2. 主要省份新能源商用车相关政策

为落实国家层面政策要求，各主要省份分别出台了若干政策措施，保障新能源商用车发展，详见表2-5，政策措施包括：在电力、钢铁、煤炭、焦化、有色、水泥等行业和物流园区推广应用新能源中重型货车；在燃料电池示范推广方面创新推广模式，实施省内氢能车辆免收高速公路通行费的措施，加快推进燃料电池汽车的发展；有序淘汰国三以下柴油老旧车辆，引导推广新增和更新车辆使用新能源重型货车；落实城市配送车辆便利通行政策，对涉及民生物资的新能源和清洁能源配送车辆，给予优先通行权等具体落地措施，鼓励新能源商用车市场发展。

表2-5 地方层面新能源商用车相关政策

地方	政策名称	相关内容	
		关键词	主要要点
四川	2024年3月 《支持新能源与智能网联汽车产业高质量发展若干政策措施》	电动化推广应用	大力推动中重型商用车新能源化。在全省范围内落实新能源汽车出行不受尾号限行限制的规定。悬挂新能源纯电动和氢燃料电池汽车号牌的货车（危险物品运输车辆除外），在市区道路通行不限行或少限行

（续）

地方	政策名称	相关内容	
		关键词	主要要点
四川	2024年2月《四川省新能源中重型商用车推广应用若干措施（2024—2027年）》	电动化推广应用	到2027年，全省中重型商用车新能源化率突破10%，主要包含加快在火电、钢铁、煤炭、焦化、有色、水泥等行业和物流园区推广应用新能源中重型货车；支持市（州）开展换电、燃料电池汽车项目试点示范；各有关部门和市（州）结合实际，加快出台支持新能源中重型商用车推广应用的政策措施和实施细则等
山东	2024年2月《关于对氢能车暂免收取高速公路通行费的通知》	燃料电池汽车示范	自2024年3月1日起，对行驶在本省高速公路安装ETC套装设备的氢能车辆免收高速公路通行费，试行2年
山西	2024年2月《山西省氢能产业链2024年行动方案》	燃料电池汽车示范	到2025年，燃料电池汽车保有量达到1万辆以上（全国约5万辆），部署建设一批加氢站；到2030年，燃料电池汽车保有量达到5万辆。到2035年，形成国内领先的氢能产业集群
广东	2024年2月《广东省培育发展未来绿色低碳产业集群行动计划》	燃料电池汽车示范	聚焦氢能核心技术研发和先进设备制造，加快培育氢气制储、输运、加注以及氢燃料电池装备制造、低碳零碳工业应用的"制储输用"全产业链，充分挖掘甲醇和氨在电力、交通、建材、化工等领域的应用场景。重点推广氢燃料电池汽车，拓展氢、甲醇、氨燃料在汽车、航运等交通领域的应用
内蒙古	2024年2月《内蒙古自治区2024年坚持稳中求进以进促稳推动产业高质量发展政策清单》	电动化推广应用	有序淘汰国三以下柴油老旧车辆，引导推广新增和更新车辆使用新能源重卡。落实城市配送车辆便利通行政策，对运输生活必需品、鲜活农产品、冷藏保鲜产品、邮政寄递等涉及民生物资的新能源和清洁能源配送车辆，给予优先通行权
安徽	2024年2月《安徽省人民政府印发关于巩固和增强经济回升向好态势若干政策举措的通知》	电动化推广应用	购买新能源重型货车和驾驶培训使用新能源汽车的企业或个人给予消费补贴，省财政根据各地实际发放金额按最高50%比例予以补助，每市年度省级单项最高补助1000万元
重庆	2024年2月《重庆市数字能源低碳城市发展行动方案（2024—2026年）（征求意见稿）》	电动化推广应用	重点推进公务、城市公交、出租、环卫、邮政快递、城市物流配送、机场、驾考驾培、长途运输、城建物流、矿山、港口等公共领域车辆全面电动化，积极拓宽换电模式应用场景。强化川渝两地协同，深度挖掘氢燃料电池汽车城际干线物流应用场景，加速氢燃料电池汽车在城市配送、公交、环卫、港口运输等领域的推广应用，持续提升"成渝氢走廊"示范应用规模，川渝联动申报国家燃料电池汽车示范城市群

二、新能源商用车产业发展态势

（一）示范应用政策推动新能源商用车发展

以公共领域示范政策为例，2023年11月，工业和信息化部、交通运输部等八部门印发《关于启动第一批公共领域车辆全面电动化先行区试点的通知》，确定北京等15个城市为第一批试点城市。试点工作重点在于探索形成一批可复制可推广的经验和模式，为新能源汽车全面市场化拓展和绿色低碳交通运输体系建设发挥示范带动作用。从车型角度，包含乘用车、客车、货车和专用车系列产品，涵盖客货运输类、专业作业类、特定场景类等多元化场景，其中，商用车是公共领域车辆电动化的重点，预计首批试点城市在试点示范期内将在公共领域推广新能源汽车超60万辆，对新能源商用车市场起到明显的带动效应。

（二）"双碳"目标引导重型汽车新能源变革

我国坚持走绿色低碳发展之路，商用车电动化将成为重要引导方向。据孙逢春院士观点，重型货车以3%的保有量"贡献"了接近50%的汽车碳排放。重型燃油商用汽车是碳排放大户，以新能源商用汽车替代燃油商用汽车，成为减碳的选择之一。结合电力、钢铁、煤炭等高污染高排放工业的绿色低碳转型政策引导，新能源重型商用车在上述行业的高频、短倒场景中的应用率有望得到快速提升。随着电池成本的下降以及快充技术的应用，新能源重型商用车的购置成本及补能效率问题逐步解决，电动技术路线（包含充电、换电）将会呈现较快发展的态势。氢能技术路线在重型商用车领域主要应用于长途、干线货运场景，受制于成本及技术问题，仍需要政策的进一步扶持。

（三）电动化全生命周期成本优势逐步显现

全生命周期成本是商用车电动化的重要制约因素之一，以钢厂运输场景总质量31t的重型自卸车为例，产品技术路线主要包括柴油、天然气、充电、换电，不同技术的产品使用特征基本相同。当前全生命周期成本最优的为天然气技术路线，2023年电动化产品比柴油产品全生命周期综合成本高约18.2%。随着电池成本的快速下降，电动重卡全生命周期成本优势开始体现，预计2025年电动化产品与柴油汽车全生命周期综合成本基本持平。到2030年，随着充电基础设施网络的全面覆盖，充换电产品的全生命周期成本有望成为最优（表2-6）。

表 2-6　2023—2030 年钢厂场景不同技术路线全生命周期成本研究

年份	各技术路线全生命周期成本 / 万元			
	柴油	天然气	充电	换电
2023	258	230	285	304
2025	260.8	235	240	300
2030	269.7	242	235	275

注：数据来源于行业调研及专家访谈。

（四）新能源商用车快速增长态势基本明朗

新能源商用车市场未来快速增长的趋势明朗，其中，客车市场随着报废更新等政策的逐步明确，短期内有望快速提升；货车领域围绕城市物流场景的轻卡、微卡市场，电动化发展已基本实现市场化需求驱动，随着公共领域相关政策的推动，未来将呈现快速增长的态势；未来政策引导下的新能源商用车市场增长的重点来源于重卡市场，其中，充电重卡受快充技术及成本影响，在中低频、短倒场景中的市场占比将快速提升；换电重卡在高频、倒短场景中将取得较好应用效果，应用场景逐步向中短途运输扩展；燃料电池商用车处于起步阶段，主要在固定线路、固定区域等特定场景中示范应用，未来将着力推动高速货运场景应用。

综合上述分析可以判断，2025 年中国新能源商用车市场销量有望达到 50 万辆，未来市场规模持续向好。

三、商用车电动化发展存在的问题

（一）产品趋同，参与者增多，行业竞争加剧

新能源商用车企业整体同质化严重，包括整车技术水平、供应商体系、生产制造工艺与质量控制、服务方式和服务水平等都高度相似，导致最终的竞争手段逐步趋向于价格竞争。当前新能源商用车赛道参与者多，既包含一汽解放、东风汽车、福田汽车等传统整车企业，也包含徐工、三一等原工程机械类企业跨界造车，此外，DeepWay、零一汽车、苇渡科技等造车新势力企业基于全新正向开发、智能网联商业化战略布局等考量，也在积极布局新能源商用车，致使当前市场供需倒挂，导致新能源商用车行业竞争加剧，处于过度"内卷"状态。

（二）基础设施滞后，补能便利性有待完善

目前我国充电基础设施仍存在布局不完善、结构不合理、服务不均衡、运营不

规范等问题。在新能源商用车领域，具体问题集中在充换电设施建设成本高、土地使用受限、充电设施布局不合理、充电设施兼容性差、大功率充电设施数量不足、充电效率低、充电电价上涨、服务费用不透明等方面。典型特征包括：小型化新能源商用车可以在公共充电场站完成补能，体积相对较大的重卡等车型受制于场站大小，充电难问题较为严重。另外，重型新能源商用车带电量较大，充电时间相对较长，补能时间挤占商用车实际营运时间，进一步压缩商用车利润空间。

（三）配套政策落地效果欠佳，阻碍产品推广

城市路权通行政策是推动新能源商用车快速发展的重要支撑，当前各地方实施与监管仍存在执行不到位的情况，部分地区的交通管理中存在因环保设定的货车限行区域，监管存在"一刀切"现象，对新能源货车与传统燃料货车同样进行限行管理，新能源货车路权政策未能充分体现。部分公用停车场存在所有权公有，运营权外包的情况，新能源汽车停车优惠政策使得停车场运营商收入降低，因此矛盾频出，使得运营端优惠政策实际落地效果不佳。

（四）新能源商用车金融保险体系亟待完善

新能源商用车使用频率高、运营里程长、工作强度大，保险行业普遍认为商用车行业存在"三高"问题，即运行风险高、出险率高、赔付额度高，导致保险公司针对商用车，尤其是新能源商用车制定了较高的投保费用，进一步提高了新能源商用车运营商的成本支出。在金融贷款方面，由于新能源商用车折旧率较高，且缺少规范化的二手车评估体系，金融公司往往会通过增加贷款利率以平衡较高的资产风险，从而增大了新能源商用车用户的购买负担。新能源商用车保险与金融体系仍存在诸多问题，缺乏完善的政策和标准体系以及行业管理体系，抑制了新能源商用车的应用推广。

四、新能源商用车产业发展建议

（一）加强技术创新引领，提升产品供给质量

建议企业开展绿色制造和智能制造升级，围绕绿色低碳、智能化等方向，提升整体制造能力；开展产学研联合共性或专项技术研发，提高研发创新能力，保障产品创新供给；围绕电动化、网联化、智能化融合发展趋势，加强商用车产品智能网联技术应用；围绕新能源商用车能耗、补能效率、产品安全等领域开展技术迭代，提升产品供给质量；加快新技术新模式创新应用，结合公共领域车辆、燃料电池、换电等试点示范政策要求，积极参与地方试点建设，形成自身产品技术优势，应对行业竞争。

（二）加强基础设施建设，完善补能网络布局

加快完善充换电基础设施网络布局，支持开展大功率公共充电桩、高速公路充电桩、综合能源服务站建设，围绕国道、省道、高速公路等沿线，持续推进商用车补能基础设施建设，逐步建立重点区域及全国范围内的关键货运通道快速补能体系。在基础设施建设方面，设立专项资金或拨款计划，提供资金补贴及税收优惠；在土地资源协调方面，科学规划商用车充换电基础设施布点，简化公路沿线等重点场景充换电站建设土地审批流程，提供用地便利。

（三）鼓励地方加大政策措施并加强落地监管

建议地方发挥自身优势和资源，多措并举推进当地新能源汽车发展。一是加大城市公交、市政环卫、邮政快递等领域的新能源商用车产品采购力度，鼓励有条件的地方提供购置补贴、置换补贴等支持；二是鼓励开展新能源商用车交通支持政策，对新能源货车优先办理营运证、通行证，允许新能源汽车不受限行限制，鼓励有条件的地方探索实施近零/低排放区，提供停车、过路过桥等费用减免；三是加强监管政策和措施，建立新能源汽车监管平台，对充换电设施建设、运营等情况实现动态管理。

（四）建立健全新能源商用车金融保险服务体系

建议整车企业联合金融公司推出低利率、低首付的贷款服务，联合保险机构研究出台新能源商用车专有保险产品。针对市场中存在的新能源商用车贷款难、费用高等问题，由地方银行保险监督管理委员会派出机构加强对各地金融保险机构的监管审查，全面排查和整改新能源商用车金融保险服务限制措施。支持金融保险公司通过大数据、车联网等新技术手段，提升金融保险服务数字化、智能化水平，加快推进风险减量管理，持续完善适合新能源商用车推广应用的金融保险服务体系。

第3章 燃料电池商用车产业发展现状与未来趋势

本章作者：吴征　王佳　李凯

摘要：

氢能是未来国家能源体系的重要组成部分，燃料电池商用车是氢能大规模应用的先导领域。当前，我国燃料电池商用车市场规模、氢气供给能力、加氢站数量均位居世界第一，产业链供应链持续完善。面对未来规模化发展的需求，我国燃料电池商用车仍存在先进技术水平不高、应用场景不明确、氢能供应体系不健全等问题，亟待出台综合施策，不断提升燃料电池商用车产业发展水平和国际竞争力，助力我国能源、交通领域加速绿色低碳转型发展。建议加强技术创新及产业化发展，推进氢能高速公路综合示范线建设，探索中远途、中重型应用模式，持续构建稳定、经济的氢能供应体系，以示范应用为突破口，持续加大政策支持力度。

一、燃料电池商用车产业发展现状

（一）政策情况

1. 我国已初步建立完善的燃料电池商用车支持政策体系

我国氢能和燃料电池研究始于20世纪50年代，国家高技术研究发展计划（863计划）和国家重点基础研究发展计划（973计划）中都有氢能和燃料电池相关的研究内容。"十三五"以来，我国加强氢能与燃料电池汽车政策环境建设，现已初步形成了涵盖宏观综合、科技创新、行业管理、财政补贴、税收优惠等在内的支持政策体系，推动燃料电池商用车产业发展进入快车道。2020年10月，国务院办公厅发布《新能源汽车产业发展规划（2021—2035年）》，提出支持有条件的地区开展燃料电池汽车商业化示范运行；2022年3月，国家发展与改革委员会、国家能源局发布《氢能产业发展中长期规划（2021—2035年）》，提出重点推进氢燃料电池中重型车辆应用，有序拓展氢燃料电池等新能源客、货汽车市场应用空间，逐步建立燃料电池电动汽车与锂电池纯电动汽车的互补发展模式。财税支持方面，我国自2009年开始给予燃料电池汽车补贴支持，按照车辆类型给予不同额度的资金补贴，燃料电池商用车补贴额度往往在数十万元的规模。我国自2012年1月1日起，对燃料电池商用车免征车船税；2014年9月1日—2025年12月31日，对燃料电池商用车免征车辆购置税；2026年1月1日—2027年12月31日，对燃料电池商用车减半征收车辆购置税。

2. 示范政策加快燃料电池商用车产业化应用

2020年9月，财政部、工业和信息化部、科学技术部、国家发展和改革委员会、国家能源局五部门联合发布《关于开展燃料电池汽车示范应用的通知》，提出将对燃料电池汽车的购置补贴政策，调整为燃料电池汽车示范应用支持政策，对符合条件的城市群开展燃料电池汽车关键核心技术产业化攻关和示范应用给予奖励，按照燃料电池系统额定功率给予奖补支持，并重点推动燃料电池汽车在中远途、中重型商用车领域的产业化应用，对燃料电池重型货车给予更高的补贴支持。2021年8月和12月，财政部等五部门分两批批复了京津冀、上海、广东、郑州、河北五个示范城市群（表3-1）。

表3-1 燃料电池汽车示范城市群基本情况

序号	城市群名称	牵头城市	参与城市	示范期
1	京津冀城市群	北京市（大兴区）	北京市（海淀区、昌平区、房山区、顺义区、经济技术开发区、延庆区）、天津市（滨海新区）、保定市、唐山市、淄博市、滨州市	2021年8月—2025年8月
2	上海城市群	上海市	苏州市、南通市、嘉兴市、淄博市、鄂尔多斯市、宁东市（宁东能源化工基地）	2021年8月—2025年8月
3	广东城市群	佛山市	广州市、深圳市、珠海市、东莞市、中山市、阳江市、云浮市、福州市、淄博市、六安市、包头市	2021年8月—2025年8月
4	郑州城市群	郑州市	洛阳市、开封市、焦作市、安阳市、新乡市、张家口市、保定市、辛集市、淄博市、潍坊市、烟台市、上海市（嘉定区、奉贤区、临港新片区）、佛山市、宁东市（宁东能源化工基地）	2021年12月—2025年12月
5	河北城市群	张家口市	唐山市、保定市、邯郸市、秦皇岛市、定州市、辛集市、雄安新区、乌海市、上海市（奉贤区）、郑州市、淄博市、聊城市、厦门市	2021年12月—2025年12月

3. 地方加大对燃料电池商用车支持力度

在燃料电池汽车示范应用等政策的引导推动下，我国已有28个省（自治区、直辖市）结合地区产业发展特点，出台了省级氢能或燃料电池汽车发展规划，明确了燃料电池商用车发展目标和路径，加大力度扶持产业链上下游企业发展，为促进技术创新和先进科技成果落地转化奠定了良好基础。北京、上海、河北、广东、郑州等燃料电池汽车示范应用主要地区，均已出台燃料电池商用车示范应用支持措施，在车辆购置及运营、加氢站建设及运营、技术创新及产业化等方面给予资金补贴支持，激发行业企业发展积极性。全国累计超过 30 个城市发布了加氢站建设审批管理办法，明确各环节职责分工和安全要求，河北、广东、内蒙古等已经开始探索将氢能作为能源管理，破除将可再生能源制氢项目限制在化工园区的制度障碍。

（二）市场情况

1. 我国燃料电池商用车销量呈现持续增长趋势

根据机动车上险数据统计，2023 年，我国燃料电池商用车销量为 7189 辆，同比增长 50.4%，占燃料电池汽车总体销量的 94.5%，其中，燃料电池客车为 1339 辆、燃料电池货车为 5850 辆。截至 2024 年 8 月，我国燃料电池商用车累计销量超过 2.5 万辆。在"双碳"目标引导以及燃料电池汽车示范应用等政策的推动下，商用车企业积极布局，我国燃料电池商用车市场迎来持续向好的发展趋势。近年来燃料电池商用车销量情况如图 3-1 所示。

图 3-1　2016—2024 年 8 月燃料电池商用车销量

注：数据来源于机动车上险数据。

2. 燃料电池商用车以重型货车、大型客车为主

从车辆类型来看，我国燃料电池货车以重型货车为主，从 2023 年的销量情况看，轻型货车、中型货车、重型货车销量分别为 2104 辆、122 辆、3624 辆，分别占比 36%、2%、62%，从应用场景来看主要为牵引车、冷藏车、自卸车、环

卫车等车型。2023 年燃料电池货车分车辆类型、应用场景销量分布情况如图 3-2 所示。

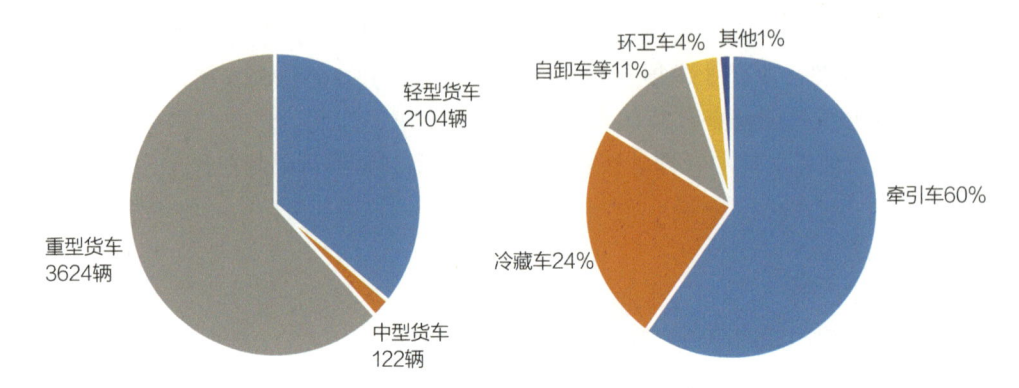

图 3-2　2023 年燃料电池货车分车辆类型、应用场景销量分布

注：数据来源于机动车上险数据。

从 2024 年 1—8 月的销量情况来看，轻型货车、中型货车、重型货车销量分别为 1222 辆、24 辆、2562 辆，分别占比 32%、1%、67%，从应用场景来看主要为牵引车、冷藏车、自卸车、保温车等车型。2024 年 1—8 月燃料电池货车分车辆类型、应用场景销量分布情况如图 3-3 所示。

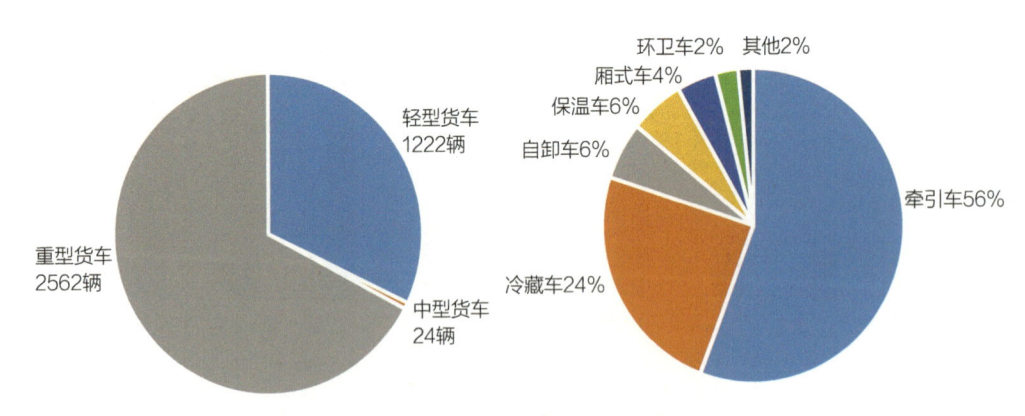

图 3-3　2024 年 1—8 月燃料电池货车分车辆类型、应用场景销量分布

注：数据来源于机动车上险数据。

我国燃料电池客车以大型客车为主，从 2023 年的销量情况来看，轻型客车、中型客车、大型客车销量分别为 23 辆、233 辆、1083 辆，分别占比 2%、17%、81%，主要应用在城市公交、通勤客运等场景。2023 年燃料电池客车分车辆类型、应用场景销量分布情况如图 3-4 所示。

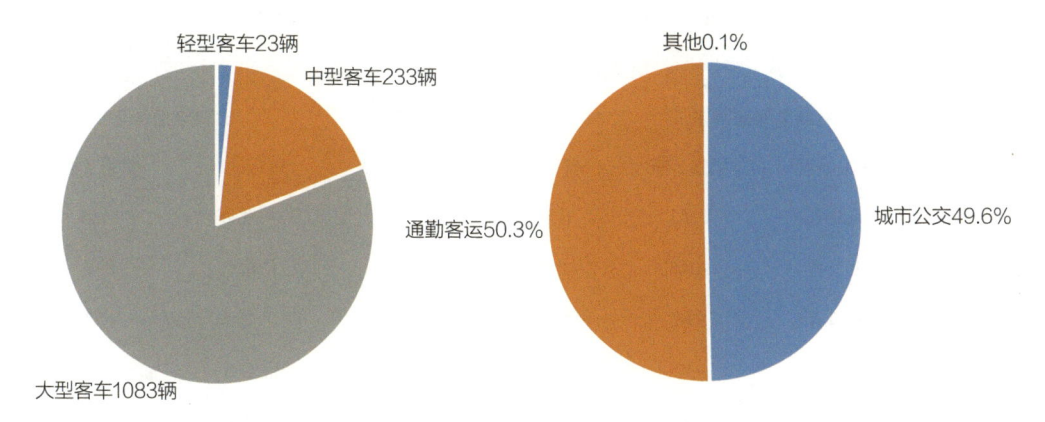

图 3-4　2023 年燃料电池客车分车辆类型、应用场景销量分布

注：数据来源于机动车上险数据。

从 2024 年 1—8 月的销量情况看，中型客车、大型客车销量分别为 61 辆、777 辆，分别占比 7%、93%，主要应用在通勤客运、城市公交等场景。2024 年 1—8 月燃料电池客车分车辆类型、应用场景销量分布情况如图 3-5 所示。

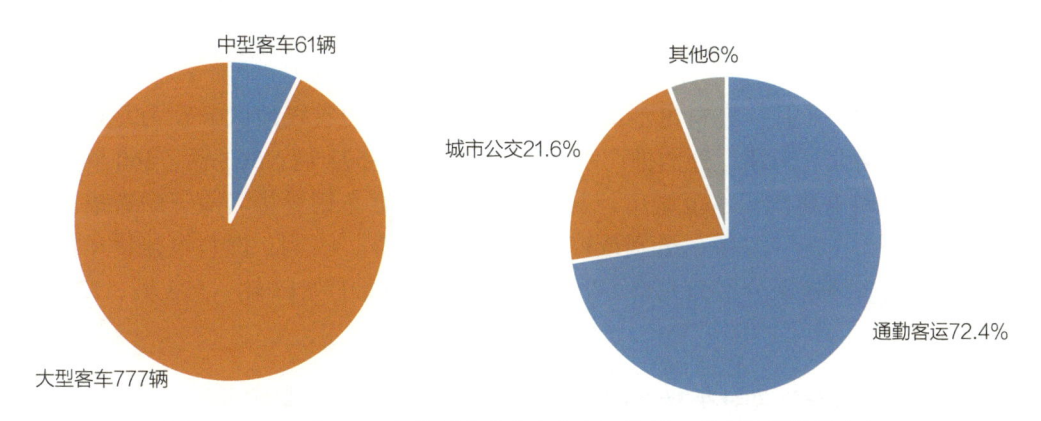

图 3-5　2024 年 1—8 月燃料电池客车分车辆类型、应用场景销量分布

注：数据来源于机动车上险数据。

3. 燃料电池商用车主要在河北、山东、河南等省级地区推广

2023 年，燃料电池商用车销量排名前五的省级地区分别为河北、山东、河南、北京、上海，分别推广 1163 辆、1046 辆、996 辆、932 辆、706 辆，主要集中在燃料电池汽车示范城市。其中，燃料电池客车销量排名前三的省级地区分别为山东、北京、河南，分别推广 430 辆、283 辆、124 辆；燃料电池货车销量排名前三的省级地区分别为河北、河南、上海，分别推广 1133 辆、872 辆、657 辆（表 3-2）。

表 3-2 2023 年燃料电池商用车销量按省级地区分布情况

排名	销量排名前十省级地区 2023 年销量情况					
	燃料电池商用车		燃料电池客车		燃料电池货车	
	省级地区	销量/辆	省级地区	销量/辆	省级地区	销量/辆
1	河北省	1163	山东省	430	河北省	1133
2	山东省	1046	北京市	283	河南省	872
3	河南省	996	河南省	124	上海市	657
4	北京市	932	浙江省	103	北京市	649
5	上海市	706	甘肃省	82	山东省	616
6	广东省	412	四川省	52	广东省	361
7	江苏省	309	广东省	51	江苏省	274
8	浙江省	285	上海市	49	天津市	216
9	天津市	219	江苏省	35	湖北省	202
10	山西省	209	河北省	30	山西省	199

注：数据来源于机动车上险数据。

2024 年 1—8 月，燃料电池商用车销量排名前五的省级地区分别为北京、上海、广东、河北、天津，分别推广 1286 辆、626 辆、593 辆、561 辆、460 辆，主要集中在燃料电池汽车示范城市。其中，燃料电池客车销量排名前三的省级地区分别为北京、上海、安徽，分别推广 471 辆、182 辆、43 辆；燃料电池货车销量排名前三的省级地区分别为北京、广东、河北，分别推广 815 辆、593 辆、521 辆（表 3-3）。

表 3-3 2024 年 1—8 月燃料电池商用车销量按省级地区分布情况

排名	销量排名前十省级地区 2024 年 1—8 月销量情况					
	燃料电池商用车		燃料电池客车		燃料电池货车	
	省级地区	销量/辆	省级地区	销量/辆	省级地区	销量/辆
1	北京市	1286	北京市	471	北京市	815
2	上海市	626	上海市	182	广东省	593
3	广东省	593	安徽省	43	河北省	521
4	河北省	561	河北省	40	天津市	460
5	天津市	460	山西省	32	上海市	444

（续）

排名	销量排名前十省级地区 2024 年 1—8 月销量情况					
	燃料电池商用车		燃料电池客车		燃料电池货车	
	省级地区	销量/辆	省级地区	销量/辆	省级地区	销量/辆
6	浙江省	179	浙江省	31	浙江省	148
7	山西省	132	辽宁省	15	陕西省	118
8	陕西省	118	江苏省	13	河南省	117
9	河南省	117	新疆维吾尔自治区	7	山西省	100
10	辽宁省	108	内蒙古自治区	3	内蒙古自治区	95

注：数据来源于机动车上险数据。

（三）技术情况

1. 燃料电池商用车核心零部件产业体系基本建立

据不完全统计，我国已有上千家企业投身布局氢能和燃料电池商用车产业，逐步形成包含氢能供应、关键零部件、整车制造等多个环节，较为完善的产业链供应链体系。以燃料电池汽车示范应用为契机，亿华通、捷氢科技、未势能源、重塑集团、金士顿、东岳未来、济平新能源等企业加快核心技术研发和产业化攻关，在燃料电池堆（简称电堆）、膜电极、双极板、质子交换膜、催化剂、空气压缩机、氢气循环系统等领域取得较大突破，所开发产品实现批量装车应用。目前，我国已基本掌握了原材料、燃料电池堆、燃料电池系统及其辅助部件、燃料电池整车集成和氢能基础设施等领域的关键技术，建立了具有自主知识产权的燃料电池商用车动力系统技术平台，推动产业逐步驶入了发展快车道。

2. 关键技术水平持续提升，产品成本逐渐下降

随着产业链供应链体系的逐步完善，燃料电池商用车关键技术水平持续提升。目前，燃料电池系统功率由 2020 年的 50kW 普遍增长到 110kW 以上，实现翻倍，部分企业已开发出 200kW 以上的大功率产品。燃料电池堆体积功率密度普遍提升至 3.5kW/L 以上，寿命普遍达到 10000h 以上，低温启动性能达到 −30℃。当前，燃料电池系统成本已经降至 3000 元/kW，和 2020 年前相比降低 80%。燃料电池商用车纯氢续驶里程也普遍达到 400km 以上，购置成本由 2020 年的 200 万元以上下降至 150 万元以下。

（四）企业情况

1. 主要企业加快燃料电池商用车产品开发

近年来，我国氢能及燃料电池汽车产业发展持续升温，越来越多的企业通过收购、兼并、入股等方式快速进入。据不完全统计，我国共有涉及氢能及燃料电池汽车产业链的企业近5000家，逐步形成了包含氢能供应、关键零部件、整车制造等多个环节，较为完善的产业链供应链体系，龙头企业已掌握燃料电池整车、系统、电堆等关键技术。目前，我国已进入《减免车辆购置税的新能源汽车车型目录》的燃料电池商用车企业超过110家，主要包括北汽福田、宇通客车、厦门金龙、佛山飞驰等（图3-6），所开发产品涵盖城市客车、牵引车、自卸车、冷藏车、环卫车等多个类型。燃料电池系统方面，我国已经初步具备了燃料电池系统的研发和产业化能力，亿华通、捷氢科技、未势能源、重塑集团等企业加快燃料电池核心技术研发和产业化攻关，所开发产品已实现规模化装车应用。

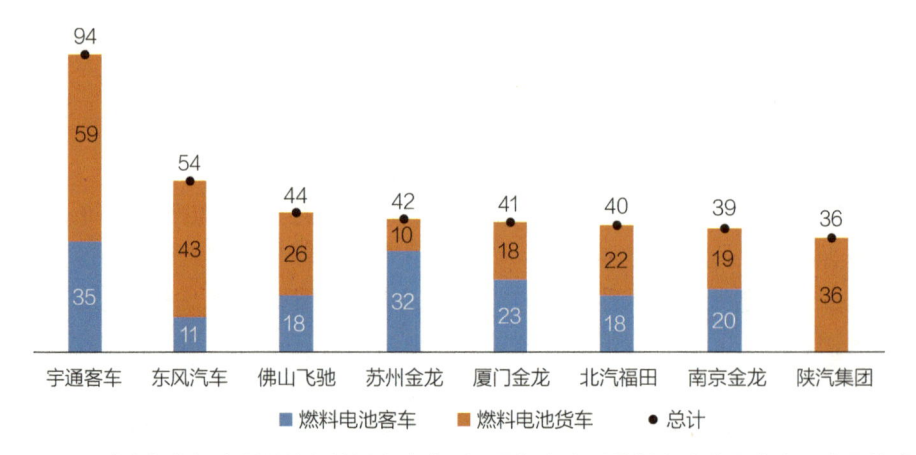

图3-6　《减免车辆购置税的新能源汽车车型目录》中主要燃料电池商用车企业产品构成

注：数据来源于《减免车辆购置税的新能源汽车车型目录》（第1~5批）。

2. 头部企业市场竞争格局尚不稳定

从企业市场销量排名看，2023年，燃料电池商用车销量排名前五的企业分别为宇通客车、佛山飞驰、北汽福田、青岛美锦、陕汽集团，分别销售1122辆、785辆、652辆、435辆、426辆，排名前十的企业共销售5030辆，占全年所有销量的70%，当前产业整体规模仍然较小，头部企业尚未建立明显的竞争优势，未来市场格局尚不稳定。分车型看，燃料电池客车销量排名前三的企业分别为中通客车、北汽福田、宇通客车，分别推广280辆、190辆、141辆；燃料电池货车销量排名前三的企业分别为宇通客车、佛山飞驰、北汽福田，分别推广981辆、749辆、462辆（表3-4）。

表 3-4　2023 年燃料电池商用车销量企业排名情况

排名	销量排名前十企业 2023 年销量情况					
	燃料电池商用车		燃料电池客车		燃料电池货车	
	企业	销量/辆	企业	销量/辆	企业	销量/辆
1	宇通客车	1122	中通客车	280	宇通客车	981
2	佛山飞驰	785	北汽福田	190	佛山飞驰	749
3	北汽福田	652	宇通客车	141	北汽福田	462
4	青岛美锦	435	亚星客车	141	陕汽集团	426
5	陕汽集团	426	苏州金龙	139	东风汽车	399
6	东风汽车	408	厦门金龙	132	青岛美锦	383
7	苏州金龙	379	一汽丰田	86	一汽集团	252
8	厦门金龙	288	青岛美锦	52	苏州金龙	240
9	中通客车	280	佛山飞驰	36	厦门金旅	230
10	一汽集团	255	吉利汽车	32	中国重汽	173

注：数据来源于机动车上险数据。

二、燃料电池商用车产业发展趋势

（一）"双碳"目标下，氢能及燃料电池汽车成为商用车转型的重要方向

商用车载重大、排放高、使用频繁，是碳排放、污染物排放的重要"贡献者"，是未来交通领域推进减污降碳的重点领域之一。根据研究测算，商用车市场保有量仅占 11%，却贡献了超五成的碳排放。2021 年 10 月 26 日，国务院发布《2030 年前碳达峰行动方案》，明确推动城市公共服务车辆电动化替代，推广电力、氢燃料、液化天然气动力重型货运车辆。氢能是一种清洁无碳、可再生、可储存的二次能源，燃料电池商用车作为氢能大规模应用的先导领域，由于自带空气滤芯，在正常运行使用过程中还能起到净化空气的作用，可以在一定程度上改善运行所在地区的空气质量，能够实现使用阶段零排放、全生命周期低排放，具备良好的社会环境效益，将成为我国商用车行业持续推动碳减排的重要路径之一。

（二）示范应用政策推动下，长距离、大载重燃料电池商用车将快速发展

《关于开展燃料电池汽车示范应用的通知》明确提出，重点推动燃料电池汽车在中远途、中重型商用车领域的产业化应用。燃料电池汽车具有清洁零排放、续驶

里程长、加注时间短的特点，非常契合商用车中远途、大载重运输需求，在示范政策的推动下，长距离、大载重燃料电池商用车将快速发展。结合各示范城市群提出的车辆推广目标看，4 年示范期内，燃料电池商用车示范应用规模将超过 3 万辆，截至 2024 年 8 月底，5 个燃料电池汽车示范城市群累计示范应用燃料电池商用车超过 1.2 万辆，其中重型货车超过 7000 辆。当前，主要地区均在加强燃料电池商用车支持力度，通过研究制定中远期燃料电池汽车产业发展规划，系统谋划未来产业发展，我国未来 5 年的燃料电池商用车市场仍具有较大的市场增长潜力。

（三）产业化、规模化发展将推动燃料电池商用车成本持续下降

经济性水平是决定燃料电池商用车能否市场化发展的决定性因素，目前我国燃料电池商用车产销量仅千辆级别，和纯电动汽车百万辆的级别相比，还处于初期阶段，规模效应还远未显现。当前燃料电池系统企业对于上游供应商的议价空间相对有限，燃料电池系统成本占据整车成本的 60% 左右，是未来通过规模效应降低成本的核心环节。预计当燃料电池系统市场规模从千套到万套，再到十万套时，成本将出现量级下降。与此同时，随着电堆、膜电极、氢气循环系统、碳纸、催化剂、质子交换膜等核心材料和零部件加快实现自主产业化发展，我国燃料电池成本将进一步降低。

（四）氢气来源将持续向低碳清洁化方向发展

《氢能产业发展中长期规划（2021—2035 年）》提出，可再生能源制氢是重点发展方向，目标到 2035 年可再生能源制氢在终端能源消费中的占比明显提升，对能源绿色转型发展起到重要支撑作用。我国燃料电池汽车示范应用加强支持低碳氢发展，对清洁氢、可再生氢给予额外补贴支持，引导行业发展更加低碳环保的可再生氢。我国是世界上最大的制氢国，年制氢产量约 3400 万 t，具有丰富的化石能源制氢、工业副产氢、可再生能源制氢资源。同时，我国风、光、水电资源丰富，可再生能源装机量全球第一，在清洁低碳的氢能供给上具有巨大潜力。随着未来中国可再生能源装机量持续增长，发电成本将持续下降，可再生能源制氢将日益具备经济性，这将有力支持大规模绿氢的生产和应用，使绿氢成为我国未来氢能的重要来源之一，助力能源转型和"双碳"目标实现。

三、燃料电池商用车发展存在的问题

（一）关键材料产业基础薄弱，先进技术水平有待提升

我国在车用燃料电池系统的功率密度、工作效率等方面，与国际先进水平基本

保持同步，主要关键部件也已基本实现了国产化，但整车经济性、耐久性、系统集成度，以及燃料电池寿命、可靠性、低温适应性与国外先进水平还有一定差距。国内燃料电池低温冷启动温度约为 –30℃，耐久性约为 5000h，而国外同期水平分别可达 –40℃和 10000h。质子交换膜、催化剂、碳纸等产业基础仍相对薄弱，主要依赖进口，虽已有企业开发出可应用的产品，但产品一致性、可靠性和耐久性还需进一步验证和提升，尚未掌握市场主动权与定价权。70MPa Ⅳ型瓶、大容量氢气压缩机、管阀件等相比国外先进水平还存在明显差距。

（二）市场规模仍然较小，经济可行的应用场景有待探索

在燃料电池汽车示范应用工作的推动下，我国燃料电池商用车推广应用步伐明显加快，但相比纯电动商用车，整体市场规模仍然较小，经济可行的应用场景仍有待探索。一方面，燃料电池商用车与纯电动商用车互补发展的路径尚不清晰，且在部分应用场景中面临换电模式车辆的竞争，适合燃料电池商用车的应用场景有待进一步探索。另一方面，受基础设施和氢能供给等因素的影响，当前燃料电池商用车的应用场景以短途运输为主，燃料电池汽车在中远距离、重载运输领域的技术优势未能充分发挥。京津冀、山东、成渝等地区正积极探索跨区域干线物流运输，但规模较小，实践经验不丰富，跨区域的协同效应还未形成，高速公路氢能供给体系也难以满足长距离运输的需求，成熟的规模化推广模式有待进一步探索。

（三）氢能供需资源不匹配，低成本氢能供应体系尚不健全

我国氢能资源禀赋地域差异较大，低成本绿氢主要集中在西北部地区，用氢需求往往集中于东部，供需错配问题突出，不同地区氢气价格差异较大。我国氢能供应体系建设仍相对缓慢，制氢、储运氢以及加氢站建设和运营成本仍较高，可持续的加氢站运营模式仍待探索。我国氢气价格普遍在 50~70 元/kg，较为昂贵，使得燃料电池商用车使用成本一般是传统燃油商用车的 1.5~2 倍，是纯电动商用车的 3~4 倍，在经济性方面尚不具备市场优势。此外，我国加氢站建设总数虽位列全球首位，但覆盖密度仍不足，且布局不尽合理，加氢站闲置、排队加氢现象并存，整体运营效率不高，用氢难问题仍是制约燃料电池商用车加快推广应用的重要因素之一。

（四）政策支持体系仍需完善，地方保护不利于产业发展

一是燃料电池汽车示范应用政策提出将对电堆、膜电极、双极板等领域中取得自主化突破的先进产品给予补贴支持，但尚未出台具体实施细则。同时，随着我国燃料电池商用车技术进步加快、成本大幅下降，示范应用政策需要根据产业发展进

一步优化完善，以实现对产业发展的合理引导与支持。二是国家层面尚未制定统一的氢能和加氢站管理规范，大部分地区仍将氢能作为危险化学品而非能源管理，各地在推进氢能基础设施建设和运营管理时缺乏依据，氢能基础设施建设面临审批难、建站难、运营难等问题。三是部分地区在推动燃料电池商用车推广和产品应用方面存在地方保护行为，优先对本地企业和产品给予支持，不利于产业的高质量发展。

四、燃料电池商用车发展建议

（一）加强关键技术创新，积极开展液氢、70MPa 等先进技术产品示范应用

结合全球能源变革及低碳化发展趋势，持续加强战略研判、技术预判和对标分析，以需求为导向，优化前沿技术研发创新布局。统筹利用国家科技重大专项、高质量发展专项等支持平台，通过设立重大专项、定向攻关、揭榜挂帅等方式，重点推动质子交换膜、高性能碳纸、高效催化剂、液氢等先进技术实现创新突破，支持行业企业开展大功率系统、液氢、70MPa 储氢等先进技术产品开发和示范应用，协同推动产业技术发展。加强行业优势资源协同创新和产业联动，重点围绕氢能供应、关键零部件及核心材料、燃料电池整车等核心环节，联合开展技术攻关和创新链产业链对接，补足先进技术创新短板，加快构建产业链供应链共生发展的良好生态。

（二）推动氢能高速公路综合示范线建设，加快燃料电池商用车中远途运输规模化应用

依托燃料电池汽车示范应用政策，加强对燃料电池商用车多元化场景示范应用的引导与支持，鼓励行业企业开发适合长距离、大载重场景的燃料电池商用车，进一步探索新技术、新业态融合应用的商业化、可持续模式，将燃料电池商用车作为纯电动商用车的有益补充，和纯电动商用车互补协同发展。按照联通示范城市群、带动沿线非示范城市的原则，打造多条氢能高速公路综合示范线，统筹整车企业、加氢站建设及运营企业、车辆运营企业等产业链上下游资源，积极开展氢能高速公路网络体系等示范场景建设，推动燃料电池商用车跨区域应用的规模化发展。

（三）挖掘可持续、低成本的氢能供应模式，积极开展绿氢项目建设

加强绿氢应用政策支持，鼓励各地通过电价优惠、运氢补贴、加氢奖励等措施，加快布局质子交换膜电解水制氢、固体氧化物电解水制氢等新型制氢项目，不

断扩大绿氢示范规模。统筹构建氢能走廊，在已建成和规划的输氢管道的基础上，加强长距管道"主动脉"和短距管道"毛细血管"联通协同，提升氢能运输效率，降低成本。重点推动中央企业将现有加油站改造升级为集油、氢、电等于一体的综合能源站，打造全国性氢能资源供需交流平台，实现氢能供应与燃料电池汽车实际用氢需求精准匹配。

（四）以示范应用政策为突破口，持续完善燃料电池商用车支持政策体系

总结燃料电池汽车示范应用工作经验，建立健全氢能和燃料电池汽车协同发展的跨部门协调机制，及时解决产业发展中出现的各项重大问题。结合产业形势和发展需求，优化调整燃料电池汽车示范应用政策支持措施，引导行业开发应用先进技术产品。支持有条件的地方研究制定燃料电池商用车高速公路通行费减免措施，支撑氢能高速公路综合示范线发展。加快研究国家层面统一的氢能管理制度，明确氢能的能源属性并建立管理体系，破除制氢、储氢、加氢等环节的制度障碍，助力形成规模超前、供应有力的氢能基础设施网络。

第 4 章　商用车自动驾驶的发展现状、挑战与趋势

本章作者：郑玲

摘要：

商用车自动驾驶技术的根本目的是通过技术创新，实现运输过程的自动化、智能化，解决人力资源、安全、效率和成本等方面的问题，进而推动物流运输业乃至整个社会经济的可持续发展。在政策、环境及技术的驱动下，商用车自动驾驶在城市无人公交、港口、矿山、干线物流、末端配送等封闭、半封闭的特定场景中开展了大量示范应用，为其商业化落地和运营积累了宝贵经验。但商用车自动驾驶的发展仍面临技术、商业模式等方面的挑战。本章从商用车自动驾驶发展驱动因素的角度出发，概述了发展现状，分析了商用车自动驾驶发展过程中的技术挑战和商业模式挑战，并从技术趋势及智慧运营两个方面，剖析了商用车自动驾驶的发展趋势。

一、商用车自动驾驶的发展现状

（一）商用车自动驾驶发展的驱动因素

近年来，自动驾驶技术发展迅速，商用车自动驾驶迎来了历史性的发展机遇。自动驾驶为解决商用车行业所面临的驾驶员短缺、成本过高及行车安全缺乏保障等难题，提供了全新的解决方案。在政策、环境以及技术发展多方面因素的共同驱动下，商用车自动驾驶在干线物流、港口、矿山、末端配送、机场等封闭、半封闭的特定场景下开展了大量示范应用，不仅为其商业化落地和运营积累了宝贵经验，也为未来商用车自动驾驶的规模化应用奠定了坚实基础。

1. 政策驱动

为了推动商用车自动驾驶不断发展，国家和地方层面相继出台了一系列政策，在过去的几年中，中国商用车领域的顶层设计已经逐步完善。2020 年 2 月发布的《智能汽车创新发展战略》明确了到 2025 年实现有条件自动驾驶的战略愿景，并且在 11 月发布的《智能网联汽车技术路线图 2.0》中明确提出了商用车领域自动驾驶路线。2021 年发布的《国家综合立体交通网规划纲要》明确了到 2035 年基本建成便捷高效、智能先进、安全可靠的现代化高质量综合立体交通网的发展目标。2022

年发布的《交通运输智慧物流标准体系建设指南》明确了到2025年建成交通运输智慧物流标准体系，将进一步促进商用车自动驾驶高质量发展（表4-1）。

表 4-1　国家顶层设计

政策发布时间及名称	相关内容
2020年2月 《智能汽车创新发展战略》	到2025年，实现有条件自动驾驶的智能汽车达到规模化生产，实现高度自动驾驶的智能汽车在特定环境下市场化应用
2020年11月 《智能网联汽车技术路线图2.0》	明确提出了商用车领域的自动驾驶路线
2021年2月 《国家综合立体交通网规划纲要》	到2035年，基本建成便捷顺畅、经济高效、绿色集约、智能先进、安全可靠的现代化高质量国家综合立体交通网
2022年10月 《交通运输智慧物流标准体系建设指南》	到2025年建成交通运输智慧物流标准体系，持续提升智慧物流标准化水平，为加快建设交通强国提供高质量标准供给

从宏观政策角度来看，无论是国家层面还是地方层面，都陆续推出了支持商用车自动驾驶的政策（表4-2），分别从智能化和网联化的方向给予发展规划与支持，其中，北京、上海、深圳等一线城市在商用车自动驾驶领域处于领先地位。从各细分场景的相关政策角度来看，一些已经逐步实现商业化闭环的场景开始由测试阶段向商业化试点运营转变。

表 4-2　商用车智能化和网联化的相关政策

政策发布时间及名称	相关内容
2021年4月 《关于确定智慧城市基础设施与智能网联汽车协同发展第一批试点城市的通知》	确定北京、上海、广州、武汉、长沙、无锡6个城市为智慧城市基础设施与智能网联汽车协同发展第一批试点城市
2021年7月 《5G应用"扬帆"行动计划（2021—2023）》	强化汽车、通信、交通等行业的协同，加强政府、行业组织和企业间联系，共同建立完备的5G与车联网测试评估体系，保障应用的端到端互联互通
2021年8月 《关于科技创新驱动加快建设交通强国的意见》	开发新一代智能交通系统，促进自动驾驶、智能航运等加快应用，突破综合交通网运营服务、危险货物管控等关键技术
2022年1月 《"十四五"现代流通体系建设规划》	加大北斗卫星导航系统推广，提高车路协同信息服务能力，探索发展自动驾驶货运服务

（续）

政策发布时间及名称	相关内容
2022年1月 《"十四五"现代综合交通运输体系发展规划》	加强交通运输领域前瞻性、战略性技术研究储备，加强智能网联汽车、自动驾驶、车路协同、船舶自主航行、船岸协同等领域技术研发，开展高速磁悬浮技术研究论证
2022年8月 《关于做好智能网联汽车高精度地图应用试点有关工作的通知》	在北京、上海、广州、深圳、杭州、重庆6个城市开展智能网联汽车高精度地图应用试点
2023年7月 《国家车联网产业标准体系建设指南（智能网联汽车）（2023版）》	到2025年，系统形成能够支撑组合驾驶辅助和自动驾驶通用功能的智能网联汽车标准体系
2023年11月 《关于开展智能网联汽车准入和上路通行试点工作的通知》	通过开展试点工作，引导智能网联汽车生产企业和使用主体加强能力建设，在保障安全的前提下，促进智能网联汽车产品的功能、性能提升和产业生态的迭代优化，推动智能网联汽车产业高质量发展
2023年12月 《自动驾驶汽车运输安全服务指南（试行）》	自动驾驶运输经营者应建立健全运输安全保障体系，在正式运营前要制定自动驾驶汽车运输安全保障方案，明确自动驾驶汽车的设计运行条件、人员配备情况、运营安全风险清单、分级管控措施、突发情况应对措施等
2024年1月 《关于开展智能网联汽车"车路云一体化"应用试点工作的通知》	鼓励试点城市内新销售具备L2级及以上自动驾驶功能的量产车辆搭载C-V2X车载终端；支持车载终端与城市级平台互联互通；选取部分公交线路（含快速公交，即BRT），实现全线交通设施联网识别和自动驾驶模式运行

2. 环境驱动

纵观整个商用车的产业环境，其发展主要面临以下难题。

其一，商用车驾驶员严重短缺。《2022年货车司机从业状况调查报告》显示，我国商用车驾驶员年龄结构不合理问题凸显，26~35岁人员占比进一步缩减，46~55岁人员占比进一步增加，商用车驾驶员群体"大龄化"问题逐步加深。商用车驾驶员这一职业面临着工作环境恶劣、长期远离亲人、路途枯燥难熬等一系列困扰，难以吸引年轻人加入，从而无法为行业未来的发展提供足够的新鲜血液，商用车行业的驾驶员缺口还将进一步扩大。

其二，货运成本居高不下。一方面为了弥补驾驶员短缺，企业只能通过不断提高驾驶员的薪资待遇来吸引人才，导致人力成本持续上升；另一方面，货运成本不仅包括道路通行费，还包括燃油费用，驾驶员不合理的驾驶习惯，如频繁加减速和长时间怠速会降低车辆的燃油经济性，导致油耗显著增加，进一步压缩企业的利润空间。

其三，商用车行车安全难以充分保障。货运汽车吨位大，满载和空载时质量变化显著，且制动器常在恶劣条件下工作，容易出现性能衰退，驾驶员难以准确预估制动距离，容易导致追尾事故的发生。商用车体积庞大、长度较长，挂车转向时前后轮的轮迹差较大，加之驾驶室过高，整车存在多个视野盲区，驾驶员难以获取周围交通的信息并做出合理反应，增加了发生交通事故的风险。

综上，整个商用车的产业环境面临驾驶员短缺、货运成本居高不下、难以保障行车安全等难题，迫切需要解决，这也驱动商用车行业向自动驾驶化进行转型升级。

3. 技术驱动

商用车自动驾驶核心技术的发展也将推动其形成完整的商业闭环。由于商用车通常体积大、吨位大，在复杂多变的交通场景中行驶，商用车自动驾驶必须具备"看得远""看得清""刹得住"的能力，而激光雷达和线控底盘是实现这些能力的关键技术之一。

激光雷达不仅能显著提升感知信息的精度，还能增强定位能力，提高定位精度。随着激光雷达技术趋于成熟，其价格也在逐步下降。以 2023 年为例，主视激光雷达的市场价格约为 3800 元，而补盲激光雷达的市场价格约为 1500 元。随着技术和供应链的进一步成熟，预计到 2025 年和 2030 年，主视激光雷达的市场价格将分别降至约 2500 元和 1800 元，而补盲激光雷达的市场价格将分别降至约 800 元和 600 元（图 4-1）。

图 4-1　激光雷达价格趋势

线控底盘相当于自动驾驶车辆的手和脚，是车辆智能化的硬件基础和底层架构，线控技术可以实现软硬件的真正解耦，提高上层算法的系统响应速度。在矿山等特定场景中，线控化已经逐步实现，整车线控系统是实现矿车自动驾驶的关键技术和重要基础。

激光雷达与线控底盘等自动驾驶核心技术的发展，也成为商用车自动驾驶发展的重要驱动因素。

（二）小结

近年来，商用车自动驾驶技术快速发展，主要受到政策、环境和技术三方面的驱动作用。在政策方面，国家和地方政府相继出台了一系列支持商用车自动驾驶的政策，为行业发展提供了坚实的制度保障。在环境方面，商用车行业面临驾驶员短缺、货运成本高昂以及行车安全保障不足等问题，这些问题促使行业迫切需要通过自动驾驶技术来寻求解决方案。在技术方面，激光雷达、线控底盘等核心技术的快速发展，为商用车自动驾驶的实现提供了技术支撑。

二、商用车自动驾驶的挑战

（一）技术挑战

尽管商用车自动驾驶技术在部分场景（如矿山、港口等封闭场景）已形成产业化落地，但其距离人们的预期仍较远，真正实现无人化运营仍然面临众多挑战。在感知技术方面，商用车具有营运属性，车辆工作时间较长，容易造成车载环境感知传感器的耐久度和可靠性下降。环境感知多依赖摄像头、毫米波雷达、激光雷达等多种传感器的信息融合，尽管其大幅提升了商用车自动驾驶识别和理解环境的能力，但恶劣的天气条件和不同的光照条件还是会影响感知的准确性，例如雨雪天气、强光或弱光条件可能会使感知受到影响，而且某些商用车的应用场景较为恶劣（比如矿山场景）时常会遇到极其不平整的颠簸路面以及大量环境尘埃，这给车载传感器提出了更高要求。因此，如何保证车载传感器在其服役环境下识别和理解周围环境状况的准确性、稳定性及可靠性，仍是感知技术层面的一个难点。

在决策技术方面，从已形成商业化落地的场景来看，其共同特点是运行速度低、场景复杂度低、与人交互少，但商用车自动驾驶的某些应用场景（如干线物流场景）涉及其他交通主体的参与，由于交通环境高度复杂且有动态性，自车与环境车辆及其他交通参与者的关系不断发生快速变化，导致车辆面对的交通环境具备更多不确定性因素，且更加复杂。在复杂多变的交通环境中，为确保车辆行驶的安全和可靠，需要考虑多种因素，如交通规则、道路状况、行人和其他车辆状态等，应能够及时发现潜在危险并采取相应措施，避免事故发生，这要求决策算法具备更全面的决策能力和更高的实时性。因此，确保决策算法在复杂动态的交通场景中决策的快速性、全面性，并结合自车和周围障碍物的状态，规划出安全、舒适、节能的预期轨迹，仍是决策技术面临的重大挑战。

在运动控制方面，车辆的纵横向动力学特性具有系统固有的强非线性、不确定性及耦合特性，使得对车辆运动控制系统的设计成为一项具有挑战性的工作。目前对乘用车自动驾驶纵横向控制策略的研究已取得了丰硕的成果，且已有大量落地案例。而与乘用车相比，商用车的动力学特性更加复杂，在进行自动跟踪控制的过程中，整车的转动惯量较大，对转向输入的响应较为缓慢。商用车通常比乘用车辆更高、更长，重心也更高，在高速行驶时受到的侧向力和气动力也更大，因此，商用车辆的运动控制需要特别注意侧翻的风险。这给车辆的运动控制带来了巨大挑战，因为载质量的变化会导致整车动力学特性发生较大变化。运动控制系统需要及时感知和适应这些时变参数，并相应地调整控制策略，以保持车辆的稳定性和安全性。综上所述，确保商用车在各种复杂工况下兼顾跟踪精度、纵横向动力学稳定性、防侧倾、乘员舒适性等多种控制目标，是商用车运动控制技术面临的挑战。

（二）商业模式挑战

商用车自动驾驶产业的玩家主要包括智能驾驶传感器供应商、智能驾驶地图供应商、定位传感器供应商、智能驾驶芯片供应商、细分场景解决方案企业、传统商用车主机厂以及新势力主机厂。其中，细分场景解决方案企业主要提供一站式场景解决方案，涉及智能驾驶域控制器研发和设计、算法开发等。在整个主机厂下游生态中，传统商用车主机厂主要提供燃油汽车线控底盘和整车产品，以售卖车辆和线控底盘为主，而新势力商用车主机厂主要提供新能源线控底盘和整车产品。

1. 商用车主机厂

未来商用车实现无人驾驶后，不再需要进行驾驶员管理，而这往往是传统物流领域最大的管理难题，无人的车队本身则成为一个更加标准化的产品，传统运力方的车队管理作用不断削弱，由此出现以下两大商业模式。

第一种是无人驾驶车辆租赁。由于车队原先通过拥车并进行高效的驾驶员管理创造收益的机会不再，对于物流公司而言，将车辆作为重资产进一步剥离的需求更加强烈。由此，专业的无人驾驶车辆资产管理和租赁服务将出现，提供这类服务的服务商所需具备的条件包括资金优势、车辆技术和资产管理能力等。

第二种是无人驾驶车队运营。由于不需要进行驾驶员管理，在扫除了管理挑战后，无人驾驶车队凭借潜在的运营成本优势，可以直接将自身定位成物流公司，提供按运输收费的服务模式即"运输即服务（TaaS）"。这可以满足货主掌控全价值链数据的需求，帮助其提高供应链管理的质量和效率，同时可以直接对接无人驾驶车队，减少传统运力方的成本，实现利益最大化。

对于主机厂而言，不论是租赁还是 TaaS 模式，其对接终端车主的机会减少，存在被倒逼成为提供租赁和 TaaS 服务的自动驾驶初创企业的"代工厂"的风险，而考虑到自身在提供租赁和 TaaS 运营所需资金和技术能力等方面的先发优势，传统主机厂应重新思考自身定位，探索新的商业模式。

2. 科技创新公司

在部分低速封闭的商用车自动驾驶应用场景中，自动驾驶技术已然实现落地，各家企业的技术储备已经达到了可商业化应用的程度，而在一些高速场景下，虽然实现完全自动驾驶可能仍需要经历一段时间，但同样也可以实现一些高级辅助驾驶系统（ADAS）相关技术，所以未来商用车自动驾驶面对的问题可能是如何进一步加强上下游生态的合作。对于上游来说，商用车自动驾驶场景运营企业需要进一步降低核心零部件的成本，让单车模型尽可能缩短人工替代的时间周期。对于下游场景方而言，商用车自动驾驶场景运营企业需要加强与场景方的合作，打通全场景的商业模式闭环。

所以，科技创新公司的自动驾驶商业模式目前主要有三种方式，一是类似传统的一级供应商（Tier 1），提供解决方案和技术输出；二是销售自动驾驶货车；三是基于"运输即服务"的模式为车队提供服务，按照运输距离收费。最后一种方式可能会降低商业化部署的门槛，以使上路时间更短并尽快产生收入，同时也为后续技术的研发提供收集数据、迭代和改进算法的机会。

（三）小结

商用车自动驾驶技术在快速发展的同时，面临技术与商业模式的双重挑战。技术层面，首要挑战在于提高环境感知系统的稳定性与精度，尤其是在复杂多变的实际道路条件下，确保激光雷达、摄像头等多传感器信息融合的准确性和可靠性。决策算法的优化也是关键，算法需能在动态交通环境中快速响应，综合考虑安全、效率与节能，规划出合理路径，避免事故。运动控制技术方面，要求系统能有效防止侧翻，保证行驶的稳定性和舒适性。商业模式上，传统主机厂面临转型压力，需从制造销售方向服务提供商转变，探索租赁和"运输即服务"新模式，与之相伴的是与新兴自动驾驶解决方案企业的竞争与合作。此外，产业链上下游的深度融合、成本控制，以及与场景方合作模式的创新，都是实现商业闭环需解决的问题。

三、商用车自动驾驶的发展趋势

（一）技术趋势

商用车普遍存在体积大、质量大的特点，并且在某些无人小车适用的场景，也会存在场景内的交通参与者较多的特点。因此，商用车自动驾驶技术需要做到"看得远""看得清""刹得住",而激光雷达、4D毫米波雷达、线控底盘、大模型、车路云一体化是实现这些目标的关键技术。

1. 激光雷达

车载激光雷达发射激光脉冲并捕捉其反射,利用光的飞行时间计算与物体的距离,结合精密的扫描机制,创建出周围环境的高精度3D点云地图,从而实现对障碍物的探测、实时避障、环境建模及辅助自动驾驶车辆进行精确导航和安全决策,是自动驾驶环境感知的核心技术之一。

激光雷达扫描得到点云数据,点云数据主要用于目标分类、3D目标检测与跟踪、点云分割和道路边缘检测等任务。从硬件的角度出发,车载激光雷达的技术趋势集中在提高精度与分辨率、扩大探测范围、采用固态化设计降低成本与功耗这几个方面。从软件的角度出发,车载激光雷达技术趋势主要包含融合人工智能算法实现更高效的数据处理与环境理解和轻量化两个方面。集成更先进的深度学习模型来实时分析复杂点云数据,实现更精细的目标分类与行为预测。此外,神经网络结构往往比较复杂,对算力要求高。因此,基于深度学习的方法一般不能直接部署于车端,必须对神经网络进行轻量化处理。

在商用车自动驾驶商业化落地进程中,车载激光雷达扮演着不可替代的核心角色。它通过生成精细的实时三维环境地图,精准识别包括其他车辆、行人、道路障碍在内的复杂交通元素,即便在复杂多变的光照和天气条件下,也能保持高度可靠性。这种高级别的环境感知能力对于保障自动驾驶商用车的安全性、提升决策制定的准确性和及时性至关重要,加速了自动驾驶技术从测试向大规模商业化应用的转变,为物流运输、公共交通等领域带来了效率革命和安全升级。

2. 4D毫米波雷达

4D毫米波雷达基于毫米波频段的电磁波技术,通过高分辨率的多输入多输出系统,不仅探测目标的距离、速度和方位角,还能提供高度信息,即在传统三维数据的基础上增加了对目标高度的精确测量,形成"4D"数据。这种雷达基于立体探测与轮廓识别能力,可有效过滤假警报,显著提升在复杂环境中的目标识别精度,对自动驾驶汽车而言,它极大地增强了对交通参与者的感知能力,能更准确地判断静止或移动物体的位置与类型,即便面对复杂的城市路况或不利天气条件,也能确保安全导航和驾驶决策,是实现高等级自动驾驶的关键传感技术之一。

4D毫米波雷达识别技术主要包括高分辨率多普勒处理、高角度分辨率的虚拟孔径合成、先进的信号处理算法以及结合人工智能的目标分类与追踪。技术趋势方面,4D毫米波雷达正向更高维度的信息提取发展,例如通过增加天线数量和采用先进波形设计提高空间和速度分辨率,运用人工智能算法进行点云分析与场景理解,实现对小物体、静止障碍物及动态行为的精准识别。此外,降低成本、小型化和芯片级集成，以及与摄像头、激光雷达等多传感器融合，以构建更全面、鲁棒的自动驾驶感知体系，是当前 4D 毫米波雷达技术演进的主要方向。

4D 毫米波雷达在商用车自动驾驶商业化中扮演着核心角色，因其能在各种天气和光照条件下，提供高精度的距离、速度、方向及高度信息，极大地增强了车辆对周围环境的感知能力。这不仅提升了自动驾驶系统的安全性与可靠性，减少了误判和不必要的紧急制动，还支持了算法在复杂交通环境中的高效导航和决策，为实现 L3 级及以上级别自动驾驶的商业化应用奠定了坚实的基础，加速了智能物流、长途运输等领域的自动化进程。

3. 线控底盘

线控底盘是一种基于电子信号控制的汽车底盘系统，它通过将驾驶员的操作指令转换成电信号，直接控制转向、制动、加速和换档等执行机构，取代了传统的机械或液压连接。这一技术提高了底盘的响应速度与控制精度，为自动驾驶车辆提供了精确灵活的运动控制能力，同时也支持与高级驾驶辅助系统功能的无缝集成，是实现车辆智能化、提升行车安全性和舒适性的关键技术。

线控底盘技术涵盖线控转向、线控制动、线控驱动、线控悬架和线控变速等子系统。技术趋势方面，线控底盘正朝着更高的集成度、更快的数据处理速度、更强的系统冗余与安全性方向发展，并逐步与自动驾驶系统深度融合。未来，线控底盘将更加注重软件定义功能的灵活性，支持空中下载技术（OTA）升级，采用更先进的传感器融合和人工智能（AI）算法优化决策控制，同时，固态化、轻量化设计也将成为重要发展方向，以适应电动汽车和自动驾驶时代对效率与可靠性的严格要求。

线控底盘在商用车自动驾驶商业化中至关重要，因为它直接关系到车辆的操控精度、反应速度及行驶安全性，是实现自动驾驶功能的基础执行层。通过电子化控制转向、制动、加速等，线控底盘不仅提升了系统集成度与响应效率，还为车辆执行自动驾驶算法的命令提供了可靠基础，是确保商用车在复杂道路环境中稳定运行、提高运输效率、减少事故风险的核心技术，加速了智能驾驶技术在物流、运输等行业的商业化应用进程。

4. 大模型

在商用车自动驾驶领域，大模型通过吸收海量的驾驶场景数据、交通规则及车辆动力学知识，运用复杂的神经网络架构学习和模拟人类的驾驶经验与决策逻辑。具体而言，大模型利用多层非线性变换，从高维输入数据中自动提取关键特征，实现对复杂驾驶环境的深入理解和预测。

在自动驾驶领域，大模型的技术趋势聚焦于优化与创新，主要包括增加模型的参数量以提升数据处理能力和决策精准度；云端与车端协同应用，以实现从云端的数据自动标注、挖掘到车端的实时感知与决策优化；多模态融合以实现更全面的环境理解；定制化设计算法和架构，以适应自动驾驶的低延迟、高可靠性需求；通过持续学习和在线更新机制，增强模型的泛化能力与应对复杂场景的灵活性，推动自动驾驶技术向更高自动化等级演进，并促进车路协同和智能交通系统的发展。

大模型可以提升商用车自动驾驶系统的场景理解能力、决策规划的灵活性与准确性，确保在多样化的道路条件和交通情境下，能安全、高效地自主行驶，同时优化路线选择、节能减排，为商用车运营带来更高的经济效益和安全性。在大模型的助力下，商用车自动驾驶企业可以搭建高效的数据闭环系统，从而为数据处理、模型训练以及算法部署等方面进行赋能。

5. 车路云一体化

车路云一体化通过将智能车辆、道路基础设施与云端计算和存储能力深度整合，形成一个互相通信、协同工作的系统。它利用车载传感器、路边单元、物联网设备收集大量数据，并借助 5G、蜂窝车联网（C-V2X）等高速通信技术，将数据实时传输至云端进行处理与分析，再将处理结果反馈给车辆及道路管理系统，实现交通动态优化、自动驾驶辅助、路况预警、节能减排等目标。这一模式极大地提升了交通的安全性与效率，是智能交通系统和自动驾驶技术发展的核心推动力。

车路云一体化的技术趋势集中于高精度定位与地图同步、超低延迟通信技术（如 5G 和未来的 6G）、更强大的边缘计算能力、标准化与互操作协议的制定及人工智能算法的深化应用，特别是强化学习和自适应算法，以实现更高效的数据处理与智能决策。

车路云一体化在商用车自动驾驶商业化落地过程中扮演着核心角色，它通过整合车辆感知与执行能力、道路基础设施的智能化能力，以及云端的强大计算与数据分析能力，实现环境全方位感知、动态信息共享、路径优化与协同控制。这不仅提高了自动驾驶商用车的安全性、效率与可靠性，还促进了车辆与基础设施间的高效互动，为车队管理、远程监控、预测性维护等增值服务提供支撑，加速了高级别自动驾驶技术在物流、运输等领域的商业化应用进程，开启了智能交通和智慧城市的新篇章。

（二）智慧运营

从智慧运营的角度来看，商用车自动驾驶的发展趋势围绕通过大数据技术、5G 网联技术和云计算技术为企业运营实现降本增效展开，可以分为预测性维护技术、智能调度和路线优化技术、智能安全辅助驾驶技术以及网联云控与车辆远程管理技术四个方面。

预测性维护技术应用大数据技术来收集、分析和挖掘车辆运行数据、驾驶行为数据等，通过对这些数据进行深度学习和模式识别，建立车辆运行模型和驾驶行为模型。实现对车辆运行状态的实时监控，帮助企业在车辆出现故障之前进行预警和开展预防性维护，最大限度地减少车辆的停机时间和维修成本。

智能调度与路线优化技术基于大数据分析和处理技术为商用车企业提供更精准的调度和路线优化方案。通过对历史运输数据、交通流量数据、天气数据等进行分析，实现实时的路况监控和交通预测，从而为车辆调度和路线规划提供更加科学的依据。智能调度系统根据实时的需求和约束条件，动态调整车辆的行驶路线和停靠点，以最大限度地提高运输效率和减少能源消耗。

智能安全辅助驾驶技术引入智能驾驶和自动化技术，旨在提高车辆的安全性和运行效率。智能驾驶辅助系统通过自适应巡航、车道保持、自动泊车等功能减轻驾驶员的负担，提高驾驶安全性，并使车辆逐步向自动驾驶货车、无人驾驶物流车等自动驾驶商用车的方向发展，以提高运输效率并降低人力成本。

网联云控与车辆远程管理方面，网联云控技术将车辆与云端实现实时连接，为车辆的远程监控、远程诊断、远程升级等功能提供技术支持。通过远程监控系统，车辆管理人员可以随时随地对车辆的运行状态进行监控和管理，及时发现并解决问题。同时，通过远程诊断和升级，可以实现对车辆软件和硬件系统的实时更新和优化，提高车辆的安全性和可靠性。

综上所述，商用车在智慧运营方面的发展趋势将围绕着智能化、自动化和互联互通等方向展开，以提升运营效率和降低成本为目标，满足客户对安全性、可靠性和舒适性的需求。

（三）小结

商用车自动驾驶的发展呈现出多方面的技术趋势。随着人工智能和传感器技术的不断进步，自动驾驶系统的精确度和可靠性不断提升，激光雷达、毫米波雷达、线控底盘、大模型、车路云一体化等关键技术的突破为商用车自动驾驶的实现奠定了基础。在智慧运营方面，自动驾驶技术将赋予商用车更高效的调度和管理能力，通过数据分析和智能决策，实现路线优化和资源最大化利用，从而降低成本、提高效率，推动商用车行业朝着智能化、绿色化方向迈进。这些趋势将推动商用车自动驾驶向更高水平发展，为物流运输和城市配送等带来更高效、安全和可持续的解决方案。

第 5 章　中国商用车出口形势分析与未来趋势

本章作者：崔东树

摘要：

中国商用车出口出现持续 3 年的爆发式增长，出口量从前期的 30 万辆，上升至 2023 年的 80 万辆，实现了跨越式发展。通过把握向独立国家联合体（独联体）[一] 国家出口商用车等机会，中国商用车企业获得了巨大的利润增长，实现了国内外均衡发展的良好效果。

一、商用车出口总体形势分析

（一）历年商用车出口走势

中国汽车出口，从 2013 年以来经历了多年的百万辆级平台期，终于在 2021 年开始突破。表 5-1 显示，2023 年中国汽车实现出口 522 万辆，以及出口增速 56% 的持续强增长。其中，商用车出口近 80 万辆，同比增长 10.2%；乘用车出口增长 65.4%。只要国际上有稳定的市场需求，未来中国汽车出口仍有巨大发展空间。

表 5-1　2018—2024 年我国汽车出口整体情况

年份	2018	2019	2020	2021	2022	2023	2024（1—9月）
乘用车出口量/辆	867830	920845	804367	1640403	2676177	4426685	4014525
商用车出口量/辆	303266	322977	280248	546122	722096	795867	680404
出口量合计/辆	1171096	1243822	1084615	2186525	3398273	5222552	4694929
乘用车出口增速	—	6.1%	-12.6%	103.9%	63.1%	65.4%	28.4%
商用车出口增速	—	6.5%	-13.2%	94.9%	32.2%	10.2%	15.7%
合计增速	—	6.2%	-12.8%	101.6%	55.4%	53.7%	26.4%
乘用车占比	74%	74%	74%	75%	79%	85%	86%
商用车占比	26%	26%	26%	25%	21%	15%	14%

[一] 本书使用独联体以代表独联体解体前所覆盖的主要国家和市场。

（二）商用车出口月度走势特征

自 2021 年以来，中国商用车出口实现快速增长，2022 年上半年实现跨越式高增长的态势，下半年维持高位。2023 年中国商用车出口增长相对平稳，其中，8—10 月总体出口量相对低迷，随后在 11—12 月又实现较快增长的态势（图 5-1）。

	1月	2月	3月	4月	5月	6月	7月	8月	9月	10月	11月	12月
2020年	2.8	1.2	2.1	2.4	1.7	1.8	2.0	2.1	2.8	2.9	2.8	3.3
2021年	3.9	3.5	4.3	4.6	5.1	5.3	4.4	4.7	4.3	5.0	4.7	4.9
2022年	5.2	4.2	5.3	5.1	6.1	6.3	7.0	6.8	7.2	6.0	6.6	6.3
2023年	6.2	5.3	6.5	6.5	7.4	6.8	7.5	6.2	6.4	5.9	7.6	7.2
2024年	6.5	5.4	7.5	7.7	7.9	7.5	7.4	8.5	9.6			

图 5-1　2020—2024 年我国商用车出口月度走势

二、商用车出口结构分析

（一）商用车历年出口车型结构

表 5-2 显示，中国商用车出口增长有所分化。货车近几年出口增速明显放缓，从 2021 年的 92% 下降到 2022 年的 37%，2023 年又降到 19%；客车出口从 2021 年的下滑 10%，到 2022 年的增长 32%，2023 年又进一步增长 47%，实现了较好的增长。

表 5-2 2018—2024 年我国商用车出口量结构

年份	2018	2019	2020	2021	2022	2023	2024（1—9月）
货车出口量/辆	225389	235225	215838	414528	566720	674064	568800
客车出口量/辆	56846	64209	40704	36538	48197	70684	57199
特种车出口量/辆	21031	23543	23706	95056	107179	51119	54405
商用车出口量合计/辆	303266	322977	280248	546122	722096	795867	680404
货车出口增速	—	4%	−8%	92%	37%	19%	14%
客车出口增速	—	13%	−37%	−10%	32%	47%	11%
特种车出口增速	—	12%	1%	301%	13%	−52%	49%
商用车合计增速	—	6%	−13%	95%	32%	10%	16%

从表 5-3 的出口结构来看，货车的出口量占比不断提升，从 2018 年的出口占比 74%，提升到 2023 年的 85%；客车的出口量从前期的占比 20% 左右，降到 2021 年以来的 7%~9%。总体来看，客车的出口规模逐步缩小，也体现了疫情期间货车作为生产资料的出口优势相对明显。

表 5-3 2018—2024 年我国商用车出口产品结构占比情况

年份	2018	2019	2020	2021	2022	2023	2024（1—9月）
货车占比	74%	73%	77%	76%	78%	85%	84%
客车占比	19%	20%	15%	7%	7%	9%	8%
特种车占比	7%	7%	8%	17%	15%	6%	8%
商用车合计	100%	100%	100%	100%	100%	100%	100%

（二）商用车出口结构变化分析

表 5-4 显示，2023 年，我国商用车出口实现了均衡发展，客车出口逐步恢复，这主要是由于客车整车出口恢复了较快增长。货车出口的品种中，轻型货车和皮卡出口增速放缓，半挂牵引车出口增长较快。

表 5-4 2022—2024 年我国商用车出口产品结构分季度占比情况

车型		2022年 一季度	2022年 二季度	2022年 三季度	2022年 四季度	2022年 合计	2023年 一季度	2023年 二季度	2023年 三季度	2023年 四季度	2023年 合计	2024年 一季度	2024年 二季度	2024年 三季度	2024年 1—9月 合计
货车	普通货车	74.13%	67.50%	66.33%	65.76%	68.21%	58.68%	59.02%	57.20%	62.65%	59.54%	61.34%	62.16%	63.70%	62.41%
	半挂牵引车	10.07%	15.23%	14.05%	11.48%	12.74%	17.74%	18.89%	19.20%	15.33%	17.69%	16.15%	16.35%	13.95%	15.49%
	货车非完整车辆	5.42%	7.76%	8.72%	10.10%	8.13%	9.29%	7.74%	8.63%	8.53%	8.52%	7.64%	7.95%	8.88%	8.16%
	货车合计	89.62%	90.49%	89.10%	87.34%	89.07%	85.71%	85.65%	85.03%	86.51%	85.76%	85.13%	86.46%	86.53%	86.06%
客车	普通客车	9.91%	9.17%	10.45%	12.44%	10.56%	13.98%	14.10%	14.78%	13.22%	13.99%	14.71%	13.29%	13.22%	13.72%
	客车非完整车辆	0.47%	0.34%	0.45%	0.22%	0.36%	0.31%	0.25%	0.19%	0.27%	0.25%	0.16%	0.25%	0.25%	0.22%
	客车合计	10.38%	9.51%	10.90%	12.66%	10.93%	14.29%	14.35%	14.97%	13.49%	14.24%	14.87%	13.54%	13.47%	13.94%
总计		100.00%	100.00%	100.00%	100.00%	100.00%	100.00%	100.00%	100.00%	100.00%	100.00%	100.00%	100.00%	100.00%	100.00%

三、新能源商用车出口走势

（一）新能源商用车出口走势

中国新能源商用车出口量在 2021 年和 2022 年呈现出强劲的爆发式增长态势，2021 年实现了 8 倍激增，2022 年也增长了 70%（表 5-5）。2023 年新能源商用车出口同比下降 35%；传统燃油商用车在 2021 年出口量同比增长 81%，2022 年增长 29%，2023 年仍然增长 16%，呈现了持续增长的态势。

表 5-5 2018—2024 年我国商用车出口分能源形式结构

年份	2018	2020	2021	2022	2023	2024（1—9 月）
新能源商用车出口量/辆	786	5100	47628	80740	52446	39375
传统能源商用车出口量/辆	302480	275148	498494	641356	743421	641029
出口量合计	303266	280248	546122	722096	795867	680404
新能源出口量增速	—	205%	834%	70%	-35%	-2%
传统能源出口量增速	—	-14%	81%	29%	16%	17%
合计增速	—	-13%	95%	32%	10%	16%

（二）新能源商用车出口结构变化分析

表 5-6 显示，2021 年和 2022 年，纯电动特种车的出口规模很大，主要是短距离运输的货运车辆出口规模较大。2023 年，纯电动货车出口增长相对明显，从 2.8 万辆增长到 3.3 万辆；纯电动的客车也上升到 9722 辆规模，实现了较快增长。相比之下，插电式混合动力商用车出口量总体占比极低，可见出口国家市场对商用车中的插电式混合动力车型的需求不大。

表 5-6 2019—2024 年我国新能源商用车出口量结构

（单位：辆）

能源形式	车型类别	2019 年	2020 年	2021 年	2022 年	2023 年	2024 年（1—9 月）
纯电动	货车	—	179	4901	28149	33433	17420
	客车	1520	2478	2662	6797	9722	6784
	特种车	—	2361	39671	44490	8718	9698
插电式混合动力	货车	—	—	—	536	195	5048
	客车	150	82	394	768	378	425
总计		1670	5100	47628	80740	52446	39375

四、商用车出口市场变化分析

（一）商用车历年出口市场结构

我国商用车的出口市场主要集中在亚洲、欧洲和非洲，其中，2023 年亚洲市场达到 23 万辆规模，占比 30%。欧洲市场在 2023 年也实现了较快增长，达到 20 万辆的规模。非洲市场过去三年基本维持在 10 万~13 万辆的规模（表 5-7）。

表 5-7　2019—2024 年我国商用车出口量分区域情况

	年份	2019	2020	2021	2022	2023	2024（1—9月）
出口量/辆	亚洲	121123	111241	177182	213738	231857	203116
	非洲	101938	73180	107263	113059	130501	121404
	南美洲	64622	54432	129005	163282	100249	88528
	欧洲	10502	15586	63029	103390	197504	138609
	北美洲	12791	13351	40875	87994	103298	108698
	大洋洲	12001	12458	28768	40633	32458	20049
	出口量合计	322977	280248	546122	722096	795867	680404
出口量增速	亚洲	-2%	-8%	59%	21%	8%	20%
	欧洲	26%	-28%	47%	5%	15%	39%
	非洲	-4%	-16%	137%	27%	-39%	12%
	北美洲	40%	48%	304%	64%	91%	-9%
	南美洲	4%	4%	206%	115%	17%	49%
	大洋洲	5%	4%	131%	41%	-20%	-23%
	合计增速	6%	-13%	95%	32%	10%	16%

面向北美洲市场的商用车出口增长较快，尤其在 2021 年以来实现了从 4 万辆到 10 万辆的良好增长态势。面向南美洲的商用车出口在 2021 年大幅增长至 13 万辆的规模，但 2023 年出现了明显回落，从 2022 年的 16 万辆降到 2023 年的 10 万辆。面向大洋洲的商用车出口也出现了较为明显的下降。

（二）货车出口国家变化

在 2023 年的货车出口国中，俄罗斯、墨西哥市场增长相对较快，其他几个主力市场都出现了相对下降，尤其是澳大利亚、智利、越南等市场都出现了出口量大幅下降的被动情况（表 5-8）。

表 5-8 2023 年我国货车出口量排名、增速及增减量情况

2023 年前十		同比增速	2022 年前十		增减量各前五	
俄罗斯	143357	250%	智利	69299	俄罗斯	102438
墨西哥	61724	39%	越南	45545	墨西哥	17284
澳大利亚	27311	−12%	墨西哥	44440	阿尔及利亚	14550
智利	27036	−61%	俄罗斯	40919	乌兹别克斯坦	13985
越南	23550	−48%	澳大利亚	31061	沙特阿拉伯	6328
沙特阿拉伯	23370	37%	哥伦比亚	21145	南非	−6059
乌兹别克斯坦	20238	224%	厄瓜多尔	20230	厄瓜多尔	−6350
菲律宾	18338	2%	菲律宾	17897	哥伦比亚	−14798
秘鲁	15259	−1%	南非	17260	越南	−21995
阿尔及利亚	14648	14847%	沙特阿拉伯	17042	智利	−42263
总量 661952		前十占比 57%	总量增速 21%	总量 556258	前十占比 58%	增量前五合计 154585	前五增量占比 146%

（三）客车出口国家变化

2023 年的客车出口国家主要是秘鲁、沙特阿拉伯、越南、俄罗斯、墨西哥以及中亚部分国家等。客车出口出现下滑的市场主要是埃及、卡塔尔、智利等，但下降规模总体较小；出口增长市场以沙特阿拉伯、墨西哥、俄罗斯等国为主（表 5-9）。

表 5-9 2023 年我国客车出口量排名、增速及增减量情况

2023 年前十		同比增速	2022 年前十		增减量各前五	
秘鲁	6371	20%	秘鲁	5294	沙特阿拉伯	4385
沙特阿拉伯	4875	895%	埃及	5064	墨西哥	2617
越南	4706	55%	智利	3065	俄罗斯	2499
俄罗斯	4604	119%	越南	3029	乌兹别克斯坦	2273
墨西哥	4257	160%	厄瓜多尔	2426	哈萨克斯坦	2171
哈萨克斯坦	3597	152%	玻利维亚	2370	南非	−499
乌兹别克斯坦	2760	467%	俄罗斯	2105	巴基斯坦	−587
厄瓜多尔	2616	8%	菲律宾	1796	智利	−597
智利	2468	−19%	墨西哥	1640	卡塔尔	−717

（续）

2023 年前十		同比增速	2022 年前十		增减量各前五	
马来西亚	2199	129%	泰国	1529	埃及	-3616
总量 70049	前十占比 55%	—	总量 47178	前十占比 60%	增量前五合计 13945	前五增量占比 61%

五、商用车出口主力汽车企业变化分析

（一）商用车出口汽车企业结构

商用车行业的头部出口企业以国内优秀的商用车企业为主，比如北汽福田、中国重汽、江淮汽车、上汽大通等。表 5-10 显示，2023 年，北汽福田和中国重汽都达到了 12 万~13 万辆的出口规模；江淮和上汽大通达到近 8 万辆的出口规模；陕汽、东风的出口规模也达到 5.5 万辆；一汽的出口规模为 4.5 万辆。商用车出口量前两位的企业——北汽福田和中国重汽都实现了 50% 左右的较快增长，而上汽大通、长城汽车、长安汽车、厦门金龙等出现了出口负增长的情况。

表 5-10　2022—2023 年我国商用车企业出口量及增速情况

企业	2022 年出口量/辆			2023 年出口量/辆			增速
	货车	客车	合计	货车	客车	合计	
北汽福田	78113	9558	87671	118083	12650	130733	49%
中国重汽	79872	—	79872	123496	—	123496	55%
江淮汽车	57522	5677	63199	63999	15255	79254	25%
上汽大通	64761	13962	78723	49655	26528	76183	-3%
陕汽集团	34362	—	34362	56784	—	56784	65%
东风汽车	30677	722	31399	54143	1345	55488	77%
长城汽车	51063	—	51063	48262	—	48262	-5%
中国一汽	22000	—	22000	45017	—	45017	105%
长安汽车	40868	2565	43433	28735	8576	37311	-14%
江铃汽车	18214	3293	21507	19892	6478	26370	23%
郑州宇通	—	5683	5683	—	10165	10165	79%
比亚迪	685	2060	2745	6426	3148	9574	249%
成都大运	4164	—	4164	8507	—	8507	104%

（续）

企业	2022 年出口量 / 辆			2023 年出口量 / 辆			增速
	货车	客车	合计	货车	客车	合计	
厦门金旅	—	5305	5305	—	6946	6946	31%
华晨鑫源	5604	—	5604	6733	—	6733	20%
厦门金龙	—	6959	6959	—	6630	6630	−5%
河北中兴	8236	—	8236	5999	—	5999	−27%
苏州金龙	29	2711	2740	1	5247	5248	92%
上汽红岩	2637	—	2637	4605	—	4605	75%
徐工集团	3384	—	3384	3671	—	3671	8%
中通客车	—	2893	2893	—	3525	3525	22%
山西成功	1403	—	1403	3123	—	3123	123%

2024 年 1—9 月我国商用车企业出口量及增速情况见表 5-11。

表 5-11　2024 年 1—9 月我国商用车企业出口量及增速情况

企业	出口量 / 辆			增速		
	货车	客车	合计	货车	客车	合计
北汽福田	106786	11640	118426	35%	20%	33%
中国重汽	92394	—	92394	−9%	—	−9%
江淮汽车	72005	16113	88118	64%	45%	61%
长安汽车	48018	7297	55315	111%	8%	87%
上汽大通	35643	15159	50802	0%	−17%	−6%
东风汽车	43876	3975	47851	62%	305%	71%
陕汽集团	47172	—	47172	12%	—	12%
中国一汽	44811	—	44811	59%	—	59%
长城汽车	37512	—	37512	10%	—	10%
江铃汽车	18390	4386	22776	27%	13%	24%
郑州宇通	—	9090	9090	—	27%	27%
比亚迪	5408	2443	7851	−13%	11%	−7%
河北中兴	7671	—	7671	73%	—	73%
厦门金旅	—	5185	5185	—	−5%	−5%

（续）

企业	出口量/辆			增速		
	货车	客车	合计	货车	客车	合计
厦门金龙	—	5142	5142	—	3%	3%
苏州金龙	4	4362	4366	300%	22%	22%
鑫源汽车	4321	—	4321	—	—	—
中通客车		4025	4025		42%	42%
徐工集团	3516		3516	18%	—	18%
山西成功	3102		3102	40%		40%
成都大运	2266		2266	-69%		-69%

（二）商用车出口汽车企业变化分析

表 5-12 显示，由于 2023 年我国商用车出口爆发式增长，各家出口增长速度差异明显，北汽福田、中国重汽等企业出口强势增长。2024 年，各家商用车企业的出口增速出现了明显分化，部分企业在 2024 年前三季度保持同比增长。福田汽车保持 30% 左右的增长，出口市场相对稳定，但中国重汽从 2024 年第二季度以来出现下滑压力，受俄罗斯等市场的波动影响较大。江淮汽车和长安汽车的轻型货车和皮卡等产品出口增长较猛，出口表现不错。

表 5-12　2022—2024 年我国商用车企业出口量及增速情况

企业	2022年	2023年	2024年				2023年增速	2024年增速			
			一季度	二季度	三季度	汇总		一季度	二季度	三季度	合计
北汽福田	87671	130733	36541	42187	39698	118426	49%	33%	28%	40%	33%
中国重汽	79872	123496	34889	30243	27262	92394	55%	10%	-13%	-22%	-9%
江淮汽车	63199	79254	25514	29417	33187	88118	25%	45%	55%	81%	61%
长安汽车	43433	37311	19425	20782	15108	55315	-14%	109%	118%	41%	87%
上汽大通	78723	76183	18961	15884	15957	50802	-3%	-6%	-1%	-9%	-6%
东风汽车	31399	55488	13682	17808	16361	47851	77%	84%	90%	46%	71%
陕汽集团	34362	56784	13951	16369	16852	47172	65%	10%	17%	11%	12%
中国一汽	22000	45017	13102	18305	13404	44811	105%	68%	79%	33%	59%
长城汽车	51063	48262	10414	13786	13312	37512	-5%	19%	0%	14%	10%

（续）

企业	2022年	2023年	2024年 一季度	2024年 二季度	2024年 三季度	2024年 汇总	2023年增速	2024年增速 一季度	2024年增速 二季度	2024年增速 三季度	合计
江铃汽车	20987	24490	6250	7914	8612	22776	17%	1%	14%	62%	24%
郑州宇通	5683	10165	2598	3902	2590	9090	79%	92%	42%	-16%	27%
比亚迪	2745	9574	867	2404	4580	7851	249%	-78%	-14%	171%	-7%
河北中兴	8236	5999	2195	2672	2804	7671	-27%	65%	63%	91%	73%
厦门金旅	5305	6946	1374	1485	2326	5185	31%	-20%	-24%	31%	-5%
厦门金龙	6959	6630	1360	2381	1401	5142	-5%	26%	11%	-21%	3%
苏州金龙	2740	5248	826	1850	1690	4366	92%	-3%	19%	43%	22%

六、商用车出口重点海外市场变化分析

（一）俄罗斯、中亚五国和欧洲市场出口分析

近年欧美日韩汽车企业全面退出俄罗斯市场，俄罗斯本身的汽车供给也出现了严重问题。中国汽车对俄罗斯的出口量从2021年的12万辆上涨到2022年的16万辆，总体增长相对平稳，但2023年迅速达到91万辆的规模，实现了爆发式增长。其中，中国货车出口俄罗斯的数量从2022年的4万辆上升到2023年的14万辆，客车出口量也从2022年的2105辆上升到2023年的4604辆，都实现了翻倍甚至3倍以上的增长，说明中国车辆在俄罗斯受到了欢迎（表5-13）。

表5-13　2020—2024年我国汽车对俄罗斯出口量情况

（单位：辆）

车型		2020年	2021年	2022年	2023年	2024年 一季度	2024年 二季度	2024年 三季度	2024年 1—9月合计
乘用车		37923	111224	115133	755835	157748	261812	315282	734842
货车	非公路自卸车	—	—	—	1393	297	754	102	1153
	重型货车	2008	5938	24523	45228	4878	10977	13877	29732
	其他货车	3	5	11	327	15	59	9	83
	牵引车	6	85	7629	62537	6429	15451	23182	45062

（续）

车型		2020年	2021年	2022年	2023年	2024年一季度	2024年二季度	2024年三季度	2024年1—9月合计
货车	轻型货车	645	1290	5851	24534	3762	5426	9548	18736
	中型货车	679	939	2905	9338	1285	4311	4948	10544
	货车合计	3341	8257	40919	143357	16666	36978	51666	105310
客车	大型客车	514	592	1732	3301	849	1254	1525	3628
	中型客车	44	77	250	650	24	169	172	365
	轻型客车	4	4	123	653	14	4	28	46
	客车合计	562	673	2105	4604	887	1427	1725	4039
特种车		944	2867	4577	5253	1124	1838	2798	5760
总计		42770	123021	162734	909049	176425	302055	371471	849951

中国汽车企业对中亚五国的出口量也实现了爆发式增长，2021年近2.9万辆，到2022年上涨至6.6万辆，2023年达到30万辆的规模（表5-14）。其中，客车从2021年的833辆上升到2023年的7117辆，增长明显；货车也从2021年不足万辆的水平上升到2023年的3.4万辆。

表5-14　2020—2024年我国汽车出口中亚五国数量情况

（单位：辆）

车型		2020年	2021年	2022年	2023年	2024年一季度	2024年二季度	2024年三季度	2024年1—9月合计
乘用车		5198	15150	35999	254616	66679	52635	87053	206367
货车	非公路自卸车	—	—	—	881	241	168	199	608
	重型货车	5515	5043	5300	12244	2239	2049	2537	6825
	其他货车	7	2	54	153	165	54	106	325
	牵引车	1	48	2251	6147	1544	772	1081	3397
	轻型货车	2481	2719	4838	12591	2599	2697	2332	7628
	中型货车	1047	1204	975	1633	205	386	646	1237
	货车合计	9051	9016	13418	33649	6993	6126	6901	20020
客车	大型客车	322	372	669	2569	334	343	384	1061
	中型客车	800	324	687	2939	282	805	685	1772

（续）

车型		2020年	2021年	2022年	2023年	2024年			2024年 1—9月合计
						一季度	二季度	三季度	
客车	轻型客车	184	137	601	1609	16	41	26	83
	客车合计	1306	833	1957	7117	632	1189	1095	2916
特种车		1631	3703	14804	4345	918	1212	1197	3327
总计		17186	28702	66178	299727	75222	61162	96246	232630

欧洲市场规模巨大，2023年中国对欧洲的汽车出口表现也很优秀。见表5-15，在剔除俄罗斯市场的欧洲市场中，中国货车的出口从2022年的2.26万辆上升到2023年的3.56万辆；客车出口也从2022年的1406辆上升到2023年2219辆的较高水平，发展态势良好。

表5-15　2020—2024年我国汽车对欧洲出口量情况

（单位：辆）

车型		2020年	2021年	2022年	2023年	2024年			2024年 1—9月合计
						一季度	二季度	三季度	
乘用车		94829	305688	642113	904486	226219	206668	266932	699819
货车	轻型货车	2006	6637	7441	20663	5392	1904	2480	9776
	其他货车	2923	4884	14196	14529	1711	1200	1674	4585
	非公路自卸车	—	—	—	171	70	18	17	105
	中型货车	2	82	53	162	42	31	17	90
	重型货车	38	80	106	39	—	25	14	39
	牵引车	188	778	830	19	12	3	8	23
	货车合计	5157	12461	22626	35583	7227	3181	4210	14618
客车	大型客车	1038	812	1246	1591	885	678	540	2103
	轻型客车	22	15	97	239	47	118	98	263
	中型客车	33	113	63	389	33	109	40	182
	客车合计	1093	940	1406	2219	965	905	678	2548
特种车		3664	35336	30219	2158	687	1289	587	2563
总计		104743	354425	696364	944446	235098	212043	272407	719548

（二）东南亚市场出口变化分析

近几年中国汽车对东南亚市场的出口实现了相对较快的增长，2021年是24万辆，2022年上升至近44万辆，2023年达到54万辆。但货车的出口量出现了一定的下降，从2022年的87463辆下降到2023年的74560辆，尤其是对越南等国的货车出口出现了明显下降。2023年，随着疫情影响的减弱，中国客车对东南亚的出口从2022年的7606辆上升到2023年的1.16万辆（表5-16）。

表5-16　2020—2024年我国汽车出口东南亚数量情况

（单位：辆）

车型		2020年	2021年	2022年	2023年	2024年一季度	2024年二季度	2024年三季度	2024年1—9月合计
乘用车		77158	145397	331893	446346	114616	120692	134640	369948
货车	重型货车	18574	40573	26223	24278	7353	8358	8764	24475
	轻型货车	22939	29571	33588	21682	5092	6718	6116	17926
	牵引车	168	778	13264	12905	4322	5793	4027	14142
	中型货车	7956	11870	12444	7474	1885	2358	3039	7282
	非公路自卸车	—	—	—	4160	1015	1337	1234	3586
	其他货车	42	292	1944	4061	517	816	835	2168
	货车合计	49679	83084	87463	74560	20184	25380	24015	69579
客车	轻型客车	2950	1906	4810	8908	1870	2648	2392	6910
	中型客车	606	524	982	1193	420	337	560	1317
	大型客车	755	257	1814	1528	281	373	287	941
	客车合计	4311	2687	7606	11629	2571	3358	3239	9168
特种车		6724	13125	12458	8777	2169	3663	3045	8877
总计		137872	244293	439420	541312	139540	153093	164939	457572

（三）非洲市场出口变化分析

中国汽车企业对非洲的出口总量在2022年达到近23万辆，2023年也是23万辆水平，基本持平。总体来看，非洲经济低迷导致中国对非洲的乘用车出口数量出现下降，从2022年的近11.6万辆下降到2023年的10万辆；客车的出口数量从1万辆左右下降到2023年的8501辆。客车与特种车出口表现都相对较弱。但2023

年货车对非洲的出口实现了近 2 万辆的增长，增长的主要动力是牵引车的出口增长和自卸车的出口增长，这两种车型的增长拉动了货车总体出口量的小幅增长，从 2022 年的 9.5 万辆上升到 2023 年的 11.5 万辆（表 5-17）。

表 5-17　2020—2024 年我国汽车对非洲出口量情况

（单位：辆）

车型		2020 年	2021 年	2022 年	2023 年	2024 年一季度	2024 年二季度	2024 年三季度	2024 年 1—9 月合计
乘用车		73060	113092	115826	101163	36405	43448	49744	129597
货车	轻型货车	26898	38433	40630	43755	13915	10823	12737	37475
	牵引车	103	137	27267	35496	10157	9832	11322	31311
	重型货车	25255	46180	23103	27508	9067	9682	11028	29777
	中型货车	2775	5273	4103	5458	1104	1681	1804	4589
	非公路自卸车	—	—	—	2394	475	817	707	1999
	其他货车	12	29	49	399	28	73	94	195
	货车合计	55043	90052	95152	115010	34746	32908	37692	105346
客车	大型客车	1973	2376	2805	4225	838	1140	1282	3260
	轻型客车	12459	8988	7047	3841	833	931	1491	3255
	中型客车	103	130	225	435	32	149	84	265
	客车合计	14535	11494	10077	8501	1703	2220	2857	6780
特种车		3602	5717	7830	6990	4201	2605	2472	9278
总计		146240	220355	228885	231664	77055	81181	92765	251001

（四）北美洲市场出口变化分析

中国汽车对北美洲的出口量在 2021 年达到 19 万辆，2022 年为 41 万辆，2023 年上升到 62.5 万辆，实现了较大的增长（表 5-18）。以墨西哥为代表的中国汽车出口国呈现出爆发增长态势，其中的货车出口表现相对较强，从 2020 年的 1 万辆上升到 2023 年的 8.57 万辆，而且从季度表现来看，2023 年呈现季度相对较稳并持续上升的良好态势。2023 年客车的出口也达到了 7000 辆，并且在第四季度达到 2604 辆的较高出口水平。

表 5-18　2020—2024 年我国汽车对北美洲出口量情况

（单位：辆）

车型		2020 年	2021 年	2022 年	2023 年	2024 年 一季度	2024 年 二季度	2024 年 三季度	2024 年 1—9 月合计
乘用车		82750	151202	318951	521222	128455	142767	177732	448954
货车	轻型货车	6388	16394	55431	71377	23547	26228	28303	78078
	中型货车	2320	3244	4459	5344	1456	1882	1924	5262
	重型货车	916	1174	1323	2297	1123	1081	1108	3312
	牵引车	1020	4896	5637	3889	1340	1092	577	3009
	其他货车	32	919	1297	2613	1769	266	781	2816
	非公路自卸车	—	—	—	160	11	25	31	67
	货车合计	10676	26627	68147	85680	29246	30574	32724	92544
客车	轻型客车	535	488	1865	4027	1265	1135	1241	3641
	大型客车	259	359	583	2678	427	914	525	1866
	中型客车	297	100	373	287	100	255	327	682
	客车合计	1091	947	2821	6992	1792	2304	2093	6189
特种车		1584	13301	17026	10626	2173	4973	2819	9965
总计		96101	192077	406945	624520	161666	180618	215368	557652

七、未来出口市场预测

自 2021 年以来，中国汽车产业链充分体现出韧性较强的优势，中国汽车出口市场近三年表现很强劲。2021 年中国汽车出口销量为 219 万辆，同比增长 102%；2022 年中国汽车出口销量达到 340 万辆，同比增长 55%；2023 年 12 月，中国汽车出口 45.9 万辆，出口增速 32%；2023 年 1—12 月，中国汽车实现出口 522 万辆，出口增速 56%，持续强增长。2023 年汽车出口额 1016 亿美元，出口增速 69%；2023 年汽车出口均价为 1.9 万美元，同比 2022 年的 1.8 万美元，均价小幅提升。

（一）出口促进因素分析

出口增长动力是"天帮忙、高质量、人努力、地缘变"。中国汽车出口量暴增，成为世界第一，出口增长原因是全球 6000 多万辆的市场需求，而中国自主品牌燃油汽车品质提升、智能化领先带来的竞争力提升，叠加引领电动汽车的国际潮流带来的海外市场新蓝海也是中国汽车出口增长的重要原因。由于出口单价高、利润高，自主品牌依托出口获得了巨大的利润并分担了内销的成本压力。随着独联体国家需求逐步减少，未来增长仍需要靠新能源汽车增量。中国汽车出口实现增长的基础既有海外通货膨胀、海外企业供应链困局、地缘政治紧张、制造业产业萌发转型等带来的窗口机会，也有加入世界贸易组织（WTO）多年积淀下来的可供交流吸收的经验，更关键的是自主品牌的自强和创新。

第一是"天帮忙"，中国汽车产业链韧性强。中国汽车产业链韧性强，尤其体现在2021年开始的世界汽车芯片短缺，中国汽车企业在工业和信息化部等部委的指导下实现了产业链的紧密合作，确保了生产稳定、成本变化不大，增强了国际竞争力，实现出口和内需的良好供给保障。这一点突出体现在中国对澳大利亚及欧洲、东南亚出口暴增的效果中，这些地区都是传统的国际汽车企业出口的主销区域，我国取得了一定突破。

第二是"高质量"，新能源汽车的出口贡献增大。2021—2022年年初，随着中国汽车性价比的提升和汽车独资企业的出口量增长，中国汽车出口欧洲发达国家市场取得巨大突破。新能源汽车是中国汽车出口高质量增长的核心增长点，它改变了汽车出口依赖亚洲和非洲部分不发达国家和市场不规范国家的被动局面。2020年，我国新能源汽车出口22.4万辆，表现良好；2021年，我国新能源汽车出口59万辆，出口持续走强；2022年，我国累计出口新能源汽车112万辆；2023年1—12月，我国出口新能源汽车173万辆，同比增长55%，其中，新能源乘用车出口168万辆，同比增长62%，占新能源汽车出口量的97%。

第三是"人努力"，自主品牌企业很努力。2023年全国乘用车企业出口表现优秀，其中，奇瑞汽车出口922830辆、上汽乘用车出口685018辆、特斯拉（中国）出口344078辆、吉利汽车出口274101辆、长城汽车出口267756辆、比亚迪汽车出口242765辆、长安汽车出口191917辆、上汽通用五菱出口184935辆、上汽通用出口100006辆、江苏悦达起亚出口86899辆、江淮汽车出口85425辆、广汽传祺出口54798辆、易捷特出口53528辆、江铃福特出口43261辆、东风柳汽出口28904辆、智马达汽车出口24732辆、长安福特出口24636辆、一汽奔腾出口23719辆、海马汽车出口23280辆、上汽大通出口21318辆。

第四是"地缘变"，中国出口获得全面发展。前期中国对美洲的智利等国家的汽车出口表现较好，2022年，中国对俄罗斯出口汽车16万辆，2023年，中国对俄罗斯出口汽车91万辆，同比增长459%。由于安全原因，中国对中亚国家的出口又出现强势增长，乌兹别克斯坦、吉尔吉斯斯坦等国家成为中国汽车出口新增长点。随着国际环境的日益复杂，平行出口出现爆发式增长，估计2023年平行出口量为30万辆以上。平行出口的体系日益完善成熟，成为高端新能源汽车和对敏感市场出口的好帮手。

中国向发达国家市场和新兴经济体市场的新能源汽车出口呈现出高质量发展的局面，主要涉及西欧和东南亚市场。近两年，面向西欧和南欧的比利时、西班牙、斯洛文尼亚和英国等发达国家的汽车出口持续成为中国汽车出口的亮点。自主品牌的上汽乘用车、比亚迪等企业的新能源车型出口表现强势，虽然 2023 年 12 月新能源汽车出口欧洲暂时放缓，但随着红海也门袭击商船局势的缓和和中国汽车企业对欧洲反补贴政策影响的逐步适应，中国对欧洲的出口应该还能回升。

（二）出口市场未来走势

一，货车出口潜力大。2023 年全球重型货车销量约 300 万辆，中国重型货车出口增势不减，全球输出遍地开花。尤其是中国重型货车在海外重型货车新车及二手车中潜在可触达市场空间约为 100 万~120 万辆。不过，虽然中国重型货车出口步入增长快车道，但需要关注前期增量较大的俄罗斯市场的需求变化和政策变化。

二，强化燃油汽车出口。全球大中型客车销量约 25 万辆，中国大中型客车可触达的海外客车市场空间约为 15 万辆。大中型客车加速出口，新能源客车出口已经有一定规模，随着南半球的市场恢复，燃油汽车出口将是增长亮点。

三，挖掘电动汽车出口潜力。目前电动汽车出口海外的敏感度较高，政策趋紧。由于欧盟等国家的电动化政策效果不佳，因此，欧盟对中国电动汽车的打压态度日益明显，我国电动汽车出口面临反补贴政策等干扰。中国电动汽车出口道路曲折，但前途光明。

第三部分
细分市场报告

第 6 章　重型货车市场发展现状分析与未来趋势展望

本章作者：谢光耀

摘要：

2023 年重型货车市场实现了恢复性增长，销量同比上涨 35.59%，至 911085 辆，国际化、燃气化、电动化等特征明显。本文详细分析了 2022—2023 年我国重型货车市场的演变，并对 2024—2025 年的行业发展趋势进行了预测和展望。

一、重型货车市场发展现状与总体特征

（一）重型货车市场发展总体特征

2023 年我国重型货车市场实现了恢复性增长和触底反弹，当年销量同比上涨 35.59%，至 911085 辆。

"V 形反转"是 2023 年重型货车市场表现出来的一个明显特征。这一年，几个主要细分领域都实现了同比较大幅度的增长。根据中汽协会数据，我国牵引车累计销售 50.4 万辆，同比增长 69%；重型货车出口达到 27.6 万辆，刷新历史纪录，比上年增长 58%。从终端实销数据来看，2023 年国内天然气重型货车销量高达 15.2 万辆，同比爆发式增长 307%；新能源重型货车累计销售 3.4 万辆，同比增长 36%。2012—2023 年我国重型货车市场销量及同比情况见表 6-1。

表 6-1　2012—2023 年我国重型货车市场销量及同比情况

年份	重型货车销量/辆	同比增长
2012	636001	-27.78%
2013	774104	21.71%
2014	743991	-3.89%
2015	550716	-25.98%
2016	732919	33.08%
2017	1116851	52.38%
2018	1147884	2.78%
2019	1174252	2.30%

（续）

年份	重型货车销量/辆	同比增长
2020	1618932	37.87%
2021	1395290	−13.81%
2022	671942	−51.84%
2023	911085	35.59%

注：数据来源于中汽协会。

中汽协会数据显示，我国商用车行业销量从2022年的330.0万辆（表6-2）回升到2023年的403.1万辆，同比增长22.13%。其中，在货车领域，重型货车增长35.59%，中型货车增长11.96%，轻型货车增长17.08%，微型货车增长23.60%；在客车领域，大型客车同比增长4.03%，中型客车增长3.79%，轻型客车增长25.13%。作为商用车中波动幅度最大的车型，重型货车的同比增速最大，其在2023年的占比提升至22.60%，提高了2.24个百分点。

表6-2　2021—2023年我国商用车行业细分领域销量增速及占比情况

细分市场	2023年 销量/辆	2023年 同比增速	2023年 销量占比	2022年 销量/辆	2022年 同比增速	2022年 销量占比	2021年 销量/辆	2021年 同比增速	2021年 销量占比
重型货车	911085	35.59%	22.60%	671942	−51.84%	20.36%	1395290	−13.81%	29.09%
中型货车	107149	11.96%	2.66%	95699	−46.46%	2.90%	178755	12.34%	3.73%
轻型货车	1894515	17.08%	47.00%	1618091	−23.40%	49.03%	2112502	−3.92%	44.05%
微型货车	626492	23.60%	15.54%	506886	−16.15%	15.36%	604548	−14.65%	12.61%
大型客车	53564	4.03%	1.33%	51490	7.03%	1.56%	48109	−15.37%	1.00%
中型客车	38162	3.79%	0.95%	36768	−19.47%	1.11%	45658	−3.10%	0.95%
轻型客车	399907	25.13%	9.92%	319582	−22.26%	9.68%	411077	19.42%	8.57%
商用车总体	4030874	22.13%	100.00%	3300458	−31.18%	100.00%	4795939	−6.57%	100.00%

注：数据来源于中汽协会。

2023年重型货车市场大幅增长的驱动力，主要是宏观经济的复苏，以及货车企业加速"出海"。图6-1显示，2023年，我国社会经济生活的重心转移到经济发展上来，GDP增速从2022年的3.0%提高到5.2%，经济活动增加，经济活力增强，社会消费品零售总额同比增长了7.2%（2022年是同比下降的），这带来了公路货运量的恢复性增长，物流运输行业的购车需求也随之增加；再加上2022年有一部分换车需求因疫情防控等因素暂时搁置，因此，随着 2023 年经济复苏，国内购车、换车需求反弹是必然的。图 6-2 也显示，2023 年中有 10 个月的重型货车销量都实现了同比大幅增长，市场复苏趋势较为明显。由于固定资产投资，尤其房地产投资低迷，重型自卸车销量同比下降 4%、水泥搅拌车同比下降 15%；另外，由于车多货少、运力过剩等因素的存在，2023 年公路货运竞争越来越激烈，运价不断走低，物流运输的盈利性变差，也给 2024 年国内重型货车市场蒙上了一层阴影。

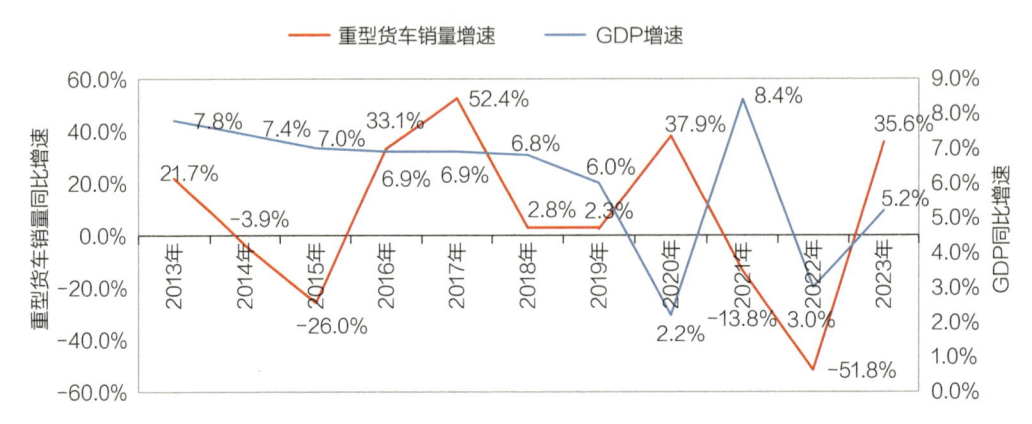

图 6-1 2013—2023 年我国 GDP 同比增速与重型货车销量同比增速

注：数据来源于中汽协会、国家统计局。

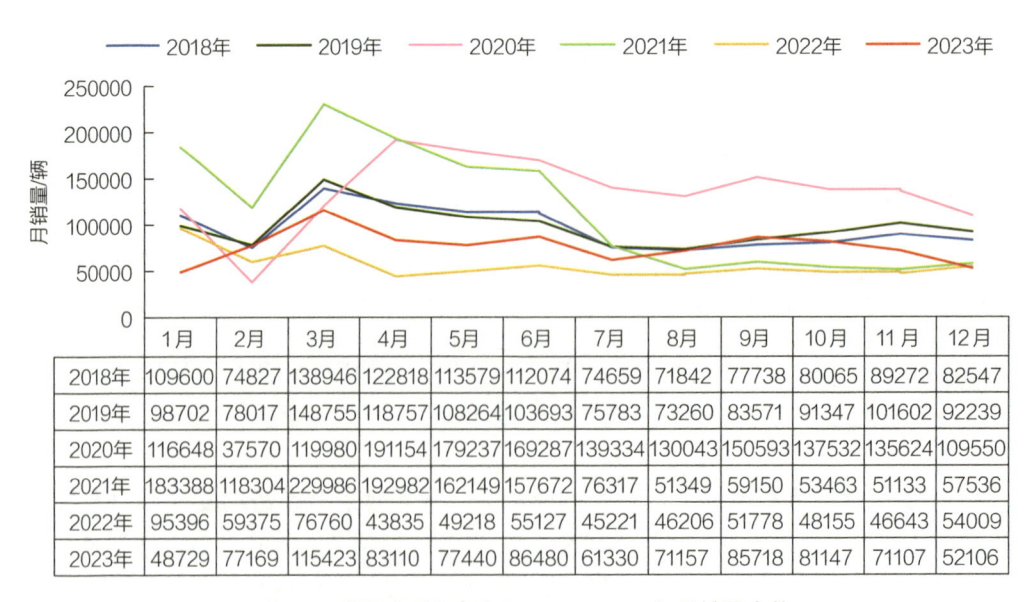

	1月	2月	3月	4月	5月	6月	7月	8月	9月	10月	11月	12月
2018年	109600	74827	138946	122818	113579	112074	74659	71842	77738	80065	89272	82547
2019年	98702	78017	148755	118757	108264	103693	75783	73260	83571	91347	101602	92239
2020年	116648	37570	119830	191154	179237	169287	139334	130043	150593	137532	135624	109550
2021年	183388	118304	229986	192982	162149	157672	76317	51349	59150	53463	51133	57536
2022年	95396	59375	76760	43835	49218	55127	45221	46206	51778	48155	46643	54009
2023年	48729	77169	115423	83110	77440	86480	61330	71157	85718	81147	71107	52106

图 6-2 我国重型货车市场 2018—2023 年月销量走势

注：数据来源于中汽协会。

根据中汽协会数据，2023 年我国重型货车出口量为 27.6 万辆，同比增长 58%。这是继重型货车出口 2022 年刷新历史纪录之后，创下的又一新高。

2023 年，天然气重型货车爆发式增长至 15 万辆以上，销量和渗透率双双创下历史新高；新能源重型货车突破 3 万辆，同比增长 36%。这是 2023 年重型货车市场的两大特征。

值得一提的是，2023 年重型货车市场的大功率特征愈发明显。图 6-3 显示，2019—2023 年，受到我国物流运输业向高效化、集约化转型升级的影响和推动，牵引车销量中 400 马力（1 马力 =735.499W）以上车型一直占据着 80% 以上的份额，我国重型货车在大马力化方面已经比肩欧洲货车，在节能性、可靠性、耐久性、安全性等指标上也在快速向欧洲靠拢。2022 年，400 马力以上牵引车占比首次突破 90%；2023 年，在 13L 及以上排量天然气重型货车大卖的强力助推下，400 马力以上牵引车占比超过 98%，500 马力以上牵引车占比更是首次突破 40% 大关，同比提升了 15.44 个百分点。截至 2023 年，中国大马力重型货车的占比已经超过了欧洲货车。

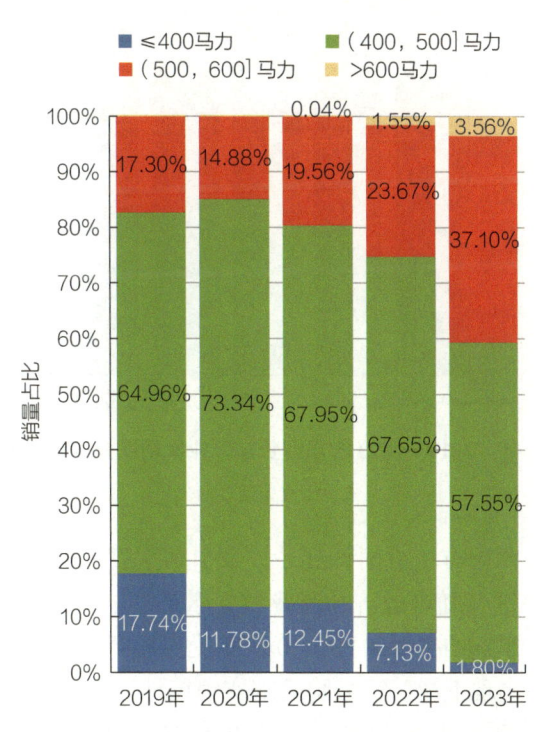

图 6-3　2019—2023 年柴油及燃气牵引车按功率分类销量占比

注：数据来源于机动车交通事故责任强制保险终端实销统计。

（二）重型货车市场产品结构分析

2023 年，重型货车市场的产品结构也有了新的变化。如图 6-4 所示，根据机动车交通事故责任强制保险（简称交强险）终端实销数据，牵引车的占比突破了 50%，国内销量达到 32.2 万辆，同比增长 58.2%。牵引车也是四大品种中唯一一个占比上升的品种；重型自卸车的份额从 2022 年的 10.6% 萎缩至 8.0%，销量也从 2022 年的 5.1 万辆下降至 2023 年的 4.9 万辆；重型专用车和重型普通货车的占比也有所下降，分别从 2022 年的 25.3%、21.6% 下降至 2023 年的 19.4% 和 20.0%。

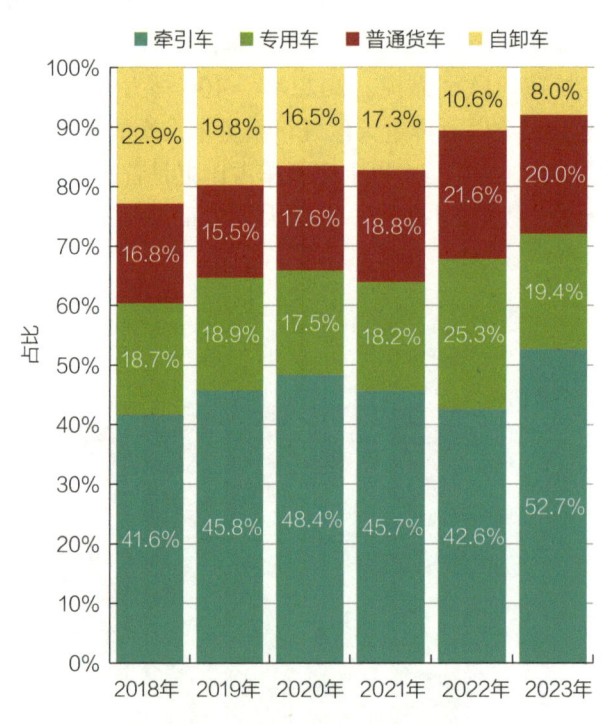

图 6-4　2018—2023 年重型货车行业按用途分类销量占比

注：数据来源于交强险终端实销统计。

造成这种变化的原因有三方面。其一，牵引车主要承担内需、社会消费等驱动的物流运输作业，2023 年随着经济和消费的复苏而率先实现恢复性增长。其二，自卸车作为工程建设类车辆的主要品种，2023 年受房地产投资、基建投资等固定资产投资不景气的影响而出现下滑。交强险终端实销统计数据显示，2023 年国内重型自卸车销量只有 4.91 万辆，比 2022 年进一步下降 4%；水泥搅拌车销量从 2022 年的 2.14 万辆下降至 2023 年的 1.81 万辆，同比下降 15%。2022 年的重型自卸车和水泥搅拌车销量已经分别大幅下跌了 79% 和 76%，2023 年仍在继续下滑，可见工程车辆形势之严峻。其三，2023 年随着公路运价走低和 LNG 价格走低，天然气重型货车由于经济性较好、能耗较低（相比柴油车），能为用户节省大量使用成本，因此销量爆发式增长307%，而天然气重型货车销量中95%以上都是牵引车，趁着这个"气车"（天然气汽车）大规模替代"油车"（柴油汽车）的契机，重型货车中的牵引车占比迅速上升至52.7%，同比上涨了10.1百分点，市场占比的增速惊人。

（三）重型货车行业竞争格局演变

2023年，我国重型货车市场竞争格局有"变"，也有"不变"。首先是"不变"。根据表6-3中汽协会数据，2023年行业销量排名前五企业继续保持不变，中国重汽、一汽解放、陕汽集团、东风汽车和福田汽车五家企业保持了领先优势，与其他企业拉开了很大差距，仅第五名福田汽车与第六名的份额差距就有7个百分点，销量差距在6万辆以上。并且，这五家头部企业的市场集中度还在持续扩大，2023年合计份额达到87.85%，同比上升了0.53个百分点。"不变"的还有市场销量排名前十企业。

表6-3 我国重型货车市场2021—2023年企业销量及份额情况

2023年排名	重型货车企业	2023年总销量/辆	2022年总销量/辆	2021年总销量/辆	2023年同比增长	2023年份额	2022年份额	2021年份额
1	中国重汽	234229	158829	286367	47.47%	25.71%	23.64%	20.52%
2	一汽解放	184387	125571	346531	46.84%	20.24%	18.69%	24.84%
3	陕汽集团	149470	107943	193144	38.47%	16.41%	16.06%	13.84%
4	东风汽车	143405	126768	264411	13.12%	15.74%	18.87%	18.95%
5	福田汽车	88866	67582	105387	31.49%	9.75%	10.06%	7.55%
6	大运汽车	25051	17372	30348	44.20%	2.75%	2.59%	2.18%
7	江淮汽车	19240	14420	34156	33.43%	2.11%	2.15%	2.45%
8	徐工汽车	16265	12374	19263	31.44%	1.79%	1.84%	1.38%
9	北奔重汽	12283	7877	12632	55.94%	1.35%	1.17%	0.91%
10	上汽红岩	10007	13107	63007	-23.65%	1.10%	1.95%	4.52%
	其他	27882	20099	40044	38.72%	3.06%	2.99%	2.87%
	市场总计	911085	671942	1395290	35.59%	100.00%	100.00%	100.00%

注：数据来源于中汽协会。

"不变"的还有第一的"宝座"未易主。2023年，中国重汽蝉联自2022年夺魁以来的行业第一。根据中汽协会数据，2023年中国重汽的重型货车销量达到23.42万辆，同比增长47.47%，保持行业销量第一。2023年，中国重汽在海外出口领域继续"一骑绝尘"，其重型货车出口量高达12.06万辆，占到了中国重型货车出口量的43.66%。

"变"的主要是重型货车销量排名前十企业内部的排位。陕汽集团在2023年以微弱优势超过东风公司，跃居行业第三，份额上升至16.41%。陕汽实现地位跃升的主要原因在于出口。除了陕汽位次发生变化外，前十名企业中另外一家位次变化的企业是北奔重汽。这家总部位于内蒙古包头的企业市场排名两年内连续晋升，2022年市场排名从2021年的第11名闯入前十，2023年又从2022年的第十名晋级至第九名，市场份额也上升至1.35%。

"变"的还有份额。2023年，市场份额同比上升的企业有五家，分别是中国重汽（25.71%）、一汽解放（20.24%）、陕汽集团（16.41%）、大运汽车（2.75%）、北奔重汽（1.35%），市场份额分别上升了2.07、1.55、0.34、0.16和0.18个百分点。

作为重型货车中最主要的、占比超过50%的产品品种，牵引车细分市场销量和企业排名直接决定着汽车企业在重型货车行业中的表现和位次。根据表6-4中汽协会数据，2021—2023年牵引车销量前六强一直很稳定，没有出现"新入局者"，这六家企业也是重型货车行业的前六强企业。2023年牵引车第八名"易主"，江淮汽车从2022年的第11名跃升至第八，市场份额也上升至1%。总体来看，一汽解放、中国重汽、陕汽集团、东风汽车、福田汽车作为行业前五强企业，份额均保持在10%以上，跟后面的腰部企业和尾部企业拉开的差距非常大，份额相差都在7个百分点以上。

表6-4 我国牵引车细分市场2021—2023年企业销量及份额情况

2023年排名	牵引车企业	2023年销量/辆	2022年销量/辆	2021年销量/辆	2023年同比增长	2023年份额	2022年份额	2021年份额
1	一汽解放	123341	64522	198355	91.16%	24.45%	21.61%	29.31%
2	中国重汽	120412	61739	122870	95.03%	23.87%	20.67%	18.15%
3	陕汽集团	82860	51522	104588	60.82%	16.43%	17.25%	15.45%
4	东风汽车	60179	41793	99130	43.99%	11.93%	13.99%	14.65%
5	福田汽车	59685	41606	76633	43.45%	11.83%	13.93%	11.32%
6	大运汽车	23934	16248	27467	47.30%	4.74%	5.44%	4.06%
7	北奔重汽	8791	5231	6866	68.06%	1.74%	1.75%	1.01%
8	江淮汽车	5028	1765	6215	184.87%	1.00%	0.59%	0.92%
9	徐工汽车	4431	3943	5742	12.38%	0.88%	1.32%	0.85%
10	上汽红岩	3888	4012	21234	-3.09%	0.77%	1.34%	3.14%
	其他	11908	6259	7719	90.25%	2.36%	2.10%	1.14%
	市场总计	504457	298640	676819	68.92%	100.00%	100.00%	100.00%

注：数据来源于中汽协会。

（四）重型货车出口形势分析

2023年，中国重型货车实现出口27.62万辆，再创历史新高，销量同比增长58%。根据中汽协会数据，我国重型货车出口近三年间连续迈上新台阶，2021年首次突破10万辆大关，2022年突破17万辆，2023年首次突破20万辆大关。中国重型货车出口火爆，意味着我国重型货车的全球竞争力持续上升，在独联体、非洲、东南亚、中东等战略区域"攻城略地"，与欧洲货车巨头、日韩货车企业直接竞争并且不断攻占欧洲和日韩汽车企业的原有领地。从比较优势来看，中国重型货车拥有以下差异化竞争力。首先是供应链稳定成熟，组织体系灵活高效，客户订单需求的生产及发运速度快；其次是产品性价比高，单车价格只有欧洲品牌的一半不到。另外，中国出口地目前以发展中国家和地区为主，客户要求车辆"多拉快跑"，还要能适应当地恶劣路面。相比欧洲重型货车只能"吃细粮"，中国重型货车能"吃粗粮"，底盘适应性强，既可在路况较好的道路行驶，也可适应复杂道路工况，对油品的适应性也较好。因此，2021—2023年是中国重型货车出口由量变走向质变的关键时期，全球越来越多用户爱上"中国造"的重型货车。

从行业竞争态势来看，我国的重型货车出口多年来一直保持着"一超多强"的行业格局，其中，"一超"指的是中国重汽，"多强"则是指陕汽集团、一汽解放、福田汽车和东风汽车。表6-5显示，中国重汽的出口份额始终在40%以上，2021年是47.54%，2022年是45.72%，2023年是43.66%，可谓一枝独秀。中国重汽也是2023年唯一一个出口总量超过10万辆的重型货车企业，与第二名、第三名拉开了至少6万辆的差距，出口的强势也直接助推了中国重汽在2022—2023年连续两年稳居中国重型货车市场销量榜第一。除了重汽，出口份额在10%以上的还有陕汽和一汽解放，后者在2023年的出口表现提升很大，其当年海外销量达到44817辆，同比增长109.28%，份额提升了近4个百分点，与第二名的差距进一步缩小。

表6-5 我国重型货车企业2021—2023年出口量及份额情况

2023年排名	重型货车企业	2023年出口量/辆	2022年出口量/辆	2021年出口量/辆	2023年同比增长	2023年出口份额	2022年出口份额	2021年出口份额
1	中国重汽	120584	79872	54050	50.97%	43.66%	45.72%	47.54%
2	陕汽集团	56499	34282	19043	64.81%	20.46%	19.62%	16.75%
3	一汽解放	44817	21415	14315	109.28%	16.23%	12.26%	12.59%
4	福田汽车	19945	16397	6047	21.64%	7.22%	9.39%	5.32%
5	东风汽车	16390	10326	10197	58.73%	5.93%	5.91%	8.97%
6	上汽红岩	4605	2637	2018	74.63%	1.67%	1.51%	1.77%
7	江淮汽车	3996	2623	2692	52.34%	1.45%	1.50%	2.37%

（续）

2023年排名	重型货车企业	2023年出口量/辆	2022年出口量/辆	2021年出口量/辆	2023年同比增长	2023年出口份额	2022年出口份额	2021年出口份额
8	徐工汽车	3673	3384	3257	8.54%	1.33%	1.94%	2.86%
9	大运汽车	3278	2202	894	48.86%	1.19%	1.26%	0.79%
10	远程商用车	1346	906	761	48.57%	0.49%	0.52%	0.67%
	其他	1031	659	420	56.45%	0.37%	0.38%	0.37%
	市场总计	276164	174703	113694	58.08%	100.00%	100.00%	100.00%

注：数据来源于中汽协会。

二、电动化和燃气化：重型货车的"双轮驱动"

（一）新能源重型货车发展形势

重型货车的电动化，是中国重型货车行业的四大重要发展趋势之一（四大发展趋势分别为电动化、全球化、燃气化、智能化）。表 6-6 显示，2021 年是新能源重型货车发展元年，这一年里，新能源重型货车销量首次突破万辆规模；2022 年，新能源重型货车同比增长 130%，销量规模达到 2.51 万辆，首次突破 2 万辆；2023 年，新能源重型货车增速有所放缓，销量突破 3 万辆（34168 辆），同比增长 36%，并且在国内重型货车整体销量中的占比（渗透率）达到 5.58%，相比 2022 年提高了 0.36 个百分点。从动力类型来看，纯电动是绝对主力，2021—2023 年连续三年都占据了 85% 以上的份额（表 6-7），但由于燃料电池重型货车和混合动力重型货车的占比提升，2023 年纯电动重型货车的占比下降至 88.75%。

表 6-6　2021—2023 年新能源重型货车按动力类型划分的销量及增长情况

动力类型	年销量/辆 2023年	2022年	2021年	2023年销量同比增长
纯电动	30324	22584	9650	34.27%
燃料电池	3612	2456	779	47.07%
混合动力	232	32	19	625.00%
总计	34168	25072	10448	36.28%

注：数据来源于交强险终端实销统计。

表 6-7　2021—2023 年新能源重型货车按动力类型划分的销量占比及占比变化情况

动力类型	占比 2023 年	占比 2022 年	占比 2021 年	2023 年占比变化
纯电动	88.75%	90.08%	92.36%	−1.33%
燃料电池	10.57%	9.80%	7.46%	0.78%
混合动力	0.68%	0.13%	0.06%	0.55%

注：数据来源于交强险终端实销统计。

从图 6-5 可以看到，新能源重型货车 2023 年 12 个月的销量多数都呈同比增长，只有 1 月是同比下降的。2023 年 12 月创造了截至目前新能源重型货车月销量的历史纪录（6187 辆）。虽然当前阶段还面临着单车价格偏高、动力电池质量偏大、单趟行驶里程较短（一般为 50~200km）、运营场景受限（主要用于钢厂、电厂、煤矿、港口、渣土运输、环卫等倒短线路和场景）等市场"痛点"，但其契合国家"双碳"目标要求，代表着未来的方向，发展潜力巨大。

	1月	2月	3月	4月	5月	6月	7月	8月	9月	10月	11月	12月
2020年	261	79	143	132	153	173	353	268	266	239	241	311
2021年	161	113	345	308	378	407	673	813	1113	1279	1852	3006
2022年	2283	940	1506	1123	1825	2443	1443	1847	1782	1714	2051	6115
2023年	1439	1192	1888	2276	1899	2796	2370	2900	3173	3417	4631	6187

图 6-5　国内新能源重型货车 2020—2023 年月销量走势

注：数据来源于交强险终端实销统计。

1. 新能源品类占比变化情况

从新能源重型货车的各个品类来看，牵引车占比一直超过 50%（表 6-8、表 6-9）。2023 年，牵引车在新能源重型货车中的占比为 55.39%，同比变化不大，这主要是由于牵引车的车和货总质量大（法规限制下为49t），单趟运输效率高、收益高，因此受到更多新能源汽车用户的青睐。2023年，新能源牵引车在国内牵引车整体销量中的占比为5.87%，比2022年的6.93%减少了1个百分点，略高于2023年新能源重型货车在国内重型货车整体销量中5.58%的占比。

表6-8 2021—2023年新能源重型货车按用途划分的销量及增长情况

用途	年销量/辆 2023年	年销量/辆 2022年	年销量/辆 2021年	2023年销量同比增长
新能源牵引车	18926	14122	5528	34.02%
新能源专用车	8167	4455	2779	83.32%
新能源自卸车	6633	6136	2125	8.10%
新能源普通货车	442	359	16	23.12%
市场总计	34168	25072	10448	36.28%

注：数据来源于交强险终端实销统计。

表6-9 2021—2023年新能源重型货车按用途划分的销量占比情况

用途	占比 2023年	占比 2022年	占比 2021年	2023年占比变化
新能源牵引车	55.39%	56.33%	52.91%	−0.93%
新能源专用车	23.90%	17.77%	26.60%	6.13%
新能源自卸车	19.41%	24.47%	20.34%	−5.06%
新能源普通货车	1.29%	1.43%	0.15%	−0.14%

注：数据来源于交强险终端实销统计。

重型自卸车在新能源自卸车中的比例由2022年的24.47%下降至2023年的19.41%，下滑了5.06个百分点，这主要是重型自卸车市场整体不景气、需求减少所致。但由于2023年重型自卸车市场国内销量同比下降4%，而新能源重型自卸车同比逆势增长8%，新能源重型自卸车市场的渗透率提高了1.48个百分点，达到13.51%。总体来看，由于各地政府都在积极推行城建渣土车辆的绿色零碳化（因为需要进城），新能源自卸车的渗透率还有很大的提升空间。

2023年占比变化最大的是新能源专用车，其占比从2022年的17.77%提高至23.90%，上升了6.13个百分点。新能源专用车占比快速上升的主要原因是水泥搅拌车的大规模电动化。根据交强险终端实销统计数据，2023年，国内混凝土搅拌车整体销量同比下降了 15%，而新能源混凝土搅拌车的销量同比增长了 147%，从 2022 年的 2152 辆上升到 2023 年的 5315 辆，混凝土搅拌车的电动化渗透率也因此从 2022 年的 10.06% 大幅上升至 2023 年的 29.29%——这是所有重型货车品种中新能源化渗透率最高的一个细分品种。

2. 传统汽车企业与造车新势力的"对决"

2023 年是新能源重型货车"造车新势力"与传统内燃机巨头们的对决年。这一年里，新能源重型货车的头部企业仍然是以徐工汽车、三一集团、远程新能源商用车、宇通集团等为代表的"造车新势力"们（表 6-10），但一汽解放、陕汽集团、中国重汽等传统重型货车的豪强们奋起直追，位次有明显提高。笔者此前曾经分析过，相比传统的柴油和天然气重型货车，新能源重型货车的特征就是不再需要传统内燃机和 10 档以上变速器，电池、电机、新能源专用变速器等都可以外购，研发投入要求较少，技术门槛明显降低，是造车新势力颠覆重型货车市场格局的最好切入点。因此，近年来，徐工汽车、三一集团、远程新能源商用车、宇通集团等"造车新势力"凭借灵活的企业机制、强大的企业对企业（B2B）直销团队等差异化竞争力，迅速进入市场并成为这个细分行业的佼佼者。但随着新能源重型货车这个新兴产业的崛起，传统的头部汽车企业也日益重视并加大各方面投入，在 2023 年收获了更多成果。表 6-10 显示，陕汽集团、一汽解放、中国重汽的行业排名从 2022 年的第 10、第 9、第 11 上升至 2023 年的第 6、第 7、第 8 名，并且各自的同比增速都远高于 36% 的行业整体增幅；新能源重型货车行业的前 8 强企业中已经有 4 家传统的头部豪强（2022 年只有一家东风汽车）。

表 6-10　2022—2023 年新能源重型货车企业销量及份额情况

2023 年排名	新能源重型货车企业	2023 年销量/辆	2022 年销量/辆	同比增长	2023 年份额	2022 年份额	2023 年份额增减
1	徐工汽车	5373	2788	92.72%	15.73%	11.12%	+4.61%
2	三一集团	5327	4196	26.95%	15.59%	16.74%	-1.15%
3	远程新能源商用车	3616	2837	27.46%	10.58%	11.32%	-0.73%
4	宇通集团	3438	2597	32.38%	10.06%	10.36%	-0.30%
5	东风汽车	3150	2848	10.60%	9.22%	11.36%	-2.14%
6	陕汽集团	2377	910	161.21%	6.96%	3.63%	+3.33%
7	一汽解放	2158	934	131.05%	6.32%	3.73%	+2.59%
8	中国重汽	1981	706	180.59%	5.80%	2.82%	+2.98%

（续）

2023 年排名	新能源重型货车企业	2023 年销量/辆	2022 年销量/辆	同比增长	2023 年份额	2022 年份额	2023 年份额增减
9	福田汽车	1237	1485	−16.70%	3.62%	5.92%	−2.30%
10	上汽红岩	889	1703	−47.80%	2.60%	6.79%	−4.19%
11	北奔重汽	799	1526	−47.64%	2.34%	6.09%	−3.75%
12	大运汽车	642	436	47.25%	1.88%	1.74%	+0.14%
	其他	3181	2106	51.04%	9.31%	8.40%	+0.91%
	市场总计	34168	25072	36.28%	100%	100%	—

注：数据来源于交强险终端实销统计。

（二）天然气重型货车市场发展现状

2023 年，重型货车的"燃气化"也成为这个行业重要的发展特征之一。图 6-6 和图 6-7 显示，2023 年，国内天然气重型货车创下了几个新纪录：销量爆发式增长 307%，年销量达到 15.2 万辆，创造新纪录；燃气化的渗透率从 2022 年的 7.76% 飙升至 24.80%，一举超过了 2020 年的 9.03%，创造历史新高；全年 12 个月的月度渗透率始终高于 10%，最高时接近 42%（9 月和 10 月），可谓"前无古人"。

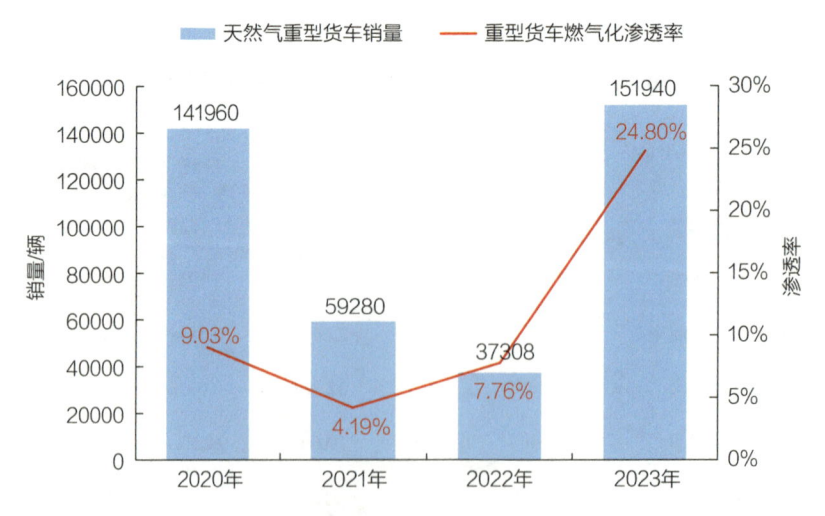

图 6-6 2020—2023 年国内天然气重型货车销量及渗透率

注：数据来源于交强险终端实销统计。

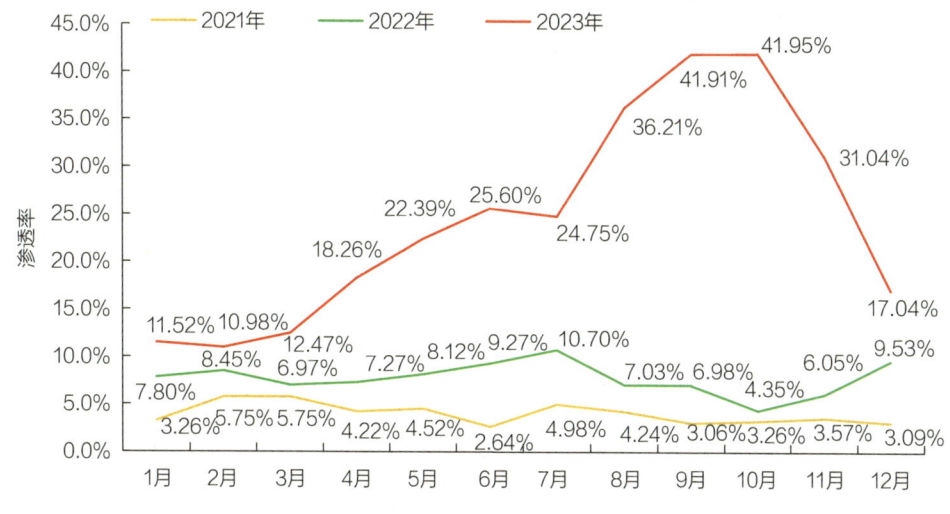

图 6-7　2021—2023 年国内天然气重型货车渗透率月度走势

注：数据来源于交强险终端实销统计。

天然气重型货车在 2023 年爆发增长的主要原因如下。2023 年年初，LNG 的每千克批发价格还在 7 元以上，与同时段 0 号柴油的批发价格相差无几。天然气重型货车的购置价格本身比同类柴油车型高 8 万~10 万元，其优势完全在于油气价差所带来的使用成本节约。2023 年 3 月上旬，LNG 的每千克批发价格跌破 6 元，3 月下旬跌破 5 元，此后便一直在低位徘徊；而同时期的柴油批发价格基本在 7.5~8.5 元/L，油气价差从 3 月开始便很快拉开到 2 元以上，5 月以后就基本稳定在 3 元以上，天然气重型货车的使用经济性优势展露无遗。油气价差在 3 元左右，相当于一辆天然气牵引车每百千米可节约能耗成本 80 元左右，一年跑 10 万~15 万 km 就能节约 8 万~12 万元。气价持续走低，再加上公路运价在 2023 年也持续走低，天然气重型货车市场在连续 4 个月（4—7 月）保持月销万辆规模之后，于 8 月陡然攀升到 1.9 万辆，9 月跃升到 2.5 万辆水平，10 月达到 2.3 万辆，直到 11 月中下旬北方供暖季的到来导致气价快速上涨后，天然气重型货车的增长才戛然而止。

2023 年，国内天然气重型货车的竞争格局呈现出以下几个特点。首先，头部企业仍然是一汽解放、中国重汽、陕汽集团和东风汽车这 4 家，并且与其后企业拉开了较大差距。其次，头部企业之间的竞争态势也形成了"一超多强"的局面，一汽解放以 5 万辆以上的销量、30% 以上的份额一枝独秀（表 6-11），与第 2 名拉开了 10 个百分点以上的份额差距；第 2 名中国重汽、第 3 名陕汽集团和第 4 名东风汽车之间的差距非常小。可以预见，2024 年天然气重型货车市场围绕份额与销量的竞争将会异常激烈。

表 6-11　2022—2023 年天然气重型货车企业销量及份额情况

2023 年排名	天然气重型货车企业	2023 年销量/辆	2022 年销量/辆	同比增长	2023 年份额	2022 年份额	2023 年份额增减
1	一汽解放	50868	12025	323.02%	33.48%	32.23%	+1.25%
2	中国重汽	26893	6941	287.45%	17.70%	18.60%	-0.90%
3	陕汽集团	25378	6989	263.11%	16.70%	18.73%	-2.03%
4	东风汽车	24761	4888	406.57%	16.30%	13.10%	+3.19%
5	福田汽车	13592	2772	390.33%	8.95%	7.43%	+1.52%
6	大运汽车	4594	1523	201.64%	3.02%	4.08%	-1.06%
7	上汽红岩	2522	842	199.52%	1.66%	2.26%	-0.60%
8	远程商用车	824	217	279.72%	0.54%	0.58%	-0.04%
9	北奔重汽	732	435	68.28%	0.48%	1.17%	-0.68%
10	联合重卡	620	210	195.24%	0.41%	0.56%	-0.15%
	其他	1156	466	148.07%	0.76%	1.25%	-0.49%
	市场总计	151940	37308	307.26%	100%	100%	—

注：数据来源于交强险终端实销统计。

三、重型货车行业趋势展望

市场呈现恢复性快速增长的 2023 年结束后，进入 2024 年，重型货车行业形势变得逐渐严峻起来。根据中汽协会数据，从 1 月到 9 月，我国重型货车月销量只有 1 月呈现同比大幅增长，2 月则同比大幅下滑；3—5 月销量同比基本持平，6 月、7 月、8 月和 9 月销量"掉头向下"，同比明显下滑（图 6-8）。从中可见公路货运市场车多货少、运力过剩、运价低迷已然是行业"新常态"，购车需求缺乏后劲，重型货车市场面临着量价齐跌的困境。

（一）2024 年市场变化特征

实际上，国内终端销量数据所显示出来的行业现状，比中汽协会的批发数据还要严重。一方面，根据中汽协会数据，2024 年 1—9 月，我国重型货车市场累计销量为 682678 辆，同比下降 3.38%，净减少约 2.39 万辆；其中累计出口销量达到

	1月	2月	3月	4月	5月	6月	7月	8月	9月	10月	11月	12月
2022年	95396	59375	76760	43835	49218	55127	45221	46206	51778	48155	46643	54009
2023年	48729	77169	115423	83110	77440	86480	61330	71157	85718	81147	71107	52106
2024年	96866	59788	115756	82300	78150	71363	58293	62450	57712	—	—	—

图 6-8 我国重型货车市场 2022—2024 年月销量走势

注：数据来源于中汽协会。

22.14 万辆，同比增长 5.32%，净增加约 1.12 万辆。另一方面，根据交强险终端实销统计数据，2024 年 1—9 月，国内重型货车终端销量仅为 43.12 万辆，比上年同期的 47.23 万辆下降 8.71%，净减少约 4.12 万辆。这也就是说，剔除出口之后的国内批发销量以及实际的终端销量都是减少的，厂家和经销商库存较高，几个主要的重型货车生产企业为了在有限的存量市场竞争中提升新车销量并抢占市场份额，同时加快消化库存，于 2024 年上半年发起了激烈的价格战，这带来了两个结果：一是市场份额不断向优势企业集中；二是行业盈利水平快速下降，不少汽车企业的国内业务甚至陷入了亏损。

2024 年前 9 个月，国内市场表现最亮眼的就是新能源重型货车，天然气重型货车逐渐风光不再。根据交强险终端实销统计数据，天然气重型货车在 2024 年 1—7 月的销量都是快速增长的（图 6-9），月平均增速达到 99.36%，而 8 月、9 月形势便"急转直下"。1—7 月，国内天然气重型货车市场累计销量达到 12.67 万辆，同比增长 98.45%，接近翻倍，尤其是 2024 年 3 月，当月的天然气重型货车销量接近 3 万辆（2.93 万辆），是历史次高，仅次于 2019 年 6 月的 3.91 万辆，同比高速增长 207.84%。2024 年 1—7 月，国内重型货车的燃气化渗透率上升至 36.46%，比 2023 年全年 24.80% 的渗透率还要高出 11.66 个百分点。但由于 2024 年 8—9 月 LNG 气价持续上涨，天然气重型货车的快速发展也开始"受阻"，2024 年 8 月、9 月天然气重型货车销量同比大幅下降，分别同比下降了 35.25% 和 61.65%，月度渗透率分别只有 30.52%、21.68%；1—9 月国内重型货车的燃气化渗透率从 1—7 月的 36.46% 下降至 34.41%，后市不容乐观。该细分市场的"回暖"很可能要等到 2025 年开春以后。

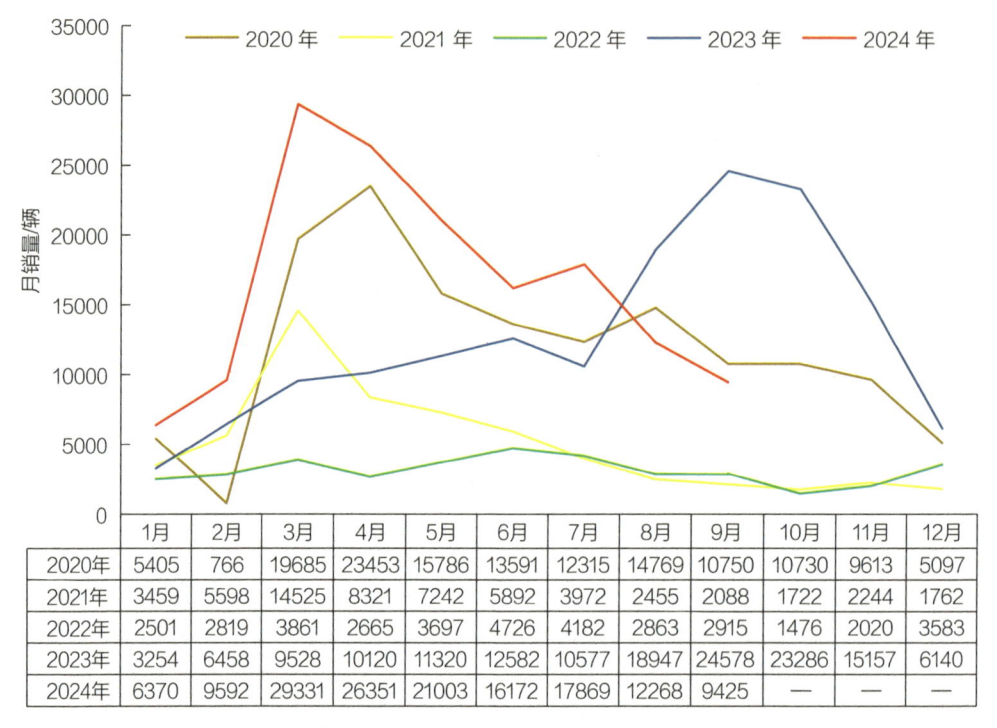

	1月	2月	3月	4月	5月	6月	7月	8月	9月	10月	11月	12月
2020年	5405	766	19685	23453	15786	13591	12315	14769	10750	10730	9613	5097
2021年	3459	5598	14525	8321	7242	5892	3972	2455	2088	1722	2244	1762
2022年	2501	2819	3861	2665	3697	4726	4182	2863	2915	1476	2020	3583
2023年	3254	6458	9528	10120	11320	12582	10577	18947	24578	23286	15157	6140
2024年	6370	9592	29331	26351	21003	16172	17869	12268	9425	—	—	—

图 6-9　天然气重型货车市场 2020—2024 年月销量走势

注：数据来源于交强险终端实销统计。

再看新能源重型货车。2024 年 1—9 月，新能源重型货车市场国内销量达到 4.85 万辆，同比高速增长 143.40%；2024 年 6—9 月也是新能源重型货车市场有史以来销量最高的 4 个月，9 月更是创造了史上最高单月销量，这是新能源重型货车月销量首次超过 7000 辆（图 6-10）。此外，2024 年 9 月，新能源重型货车在重型货车市场终端销量的占比达到 18.14%，较上月占比（15.68%）有所提升，新能源重型货车渗透率已连续 4 个月超过 10%（图 6-11）。2024 年前 3 个季度，新能源重型货车在重型货车市场终端销量的占比达到 11.25%，较 2023 年全年的占比（5.58%）提升不少，与上年同期相比更是高了很多（上年同期占比约为 4.22%）（图 6-12）。

第三部分 细分市场报告

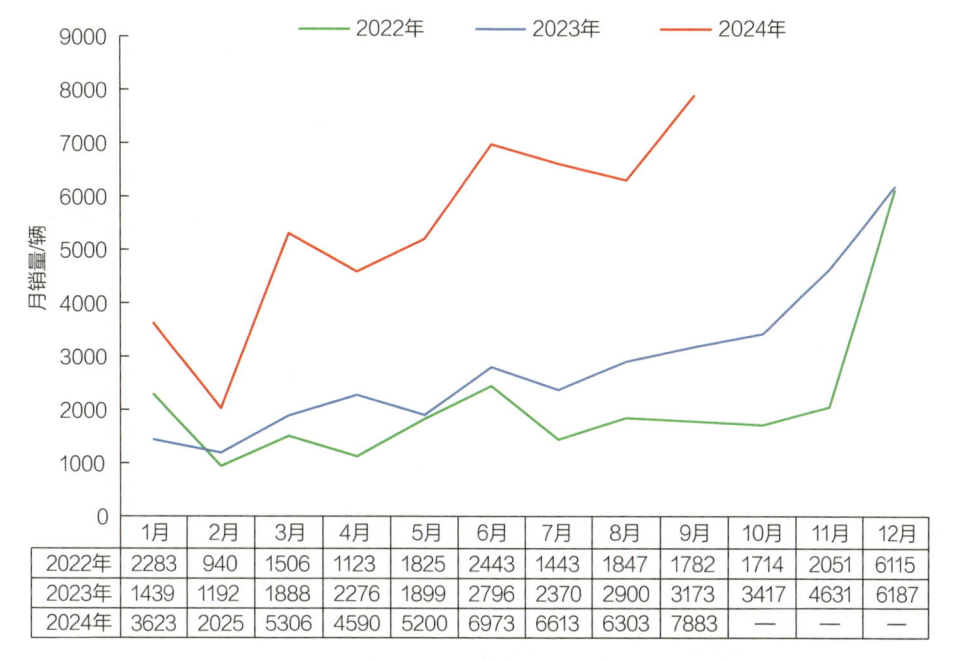

	1月	2月	3月	4月	5月	6月	7月	8月	9月	10月	11月	12月
2022年	2283	940	1506	1123	1825	2443	1443	1847	1782	1714	2051	6115
2023年	1439	1192	1888	2276	1899	2796	2370	2900	3173	3417	4631	6187
2024年	3623	2025	5306	4590	5200	6973	6613	6303	7883	—	—	—

图 6-10　新能源重型货车市场 2022—2024 年月销量走势

注：数据来源于交强险终端实销统计。

图 6-11　2024 年 1—9 月新能源重型货车销量及其在国内重型货车市场销量占比

注：数据来源于交强险终端实销统计。

087

图 6-12　2019—2024 年 9 月国内新能源重型货车销量及渗透率

注：数据来源于交强险终端实销统计。

（二）货车"以旧换新"政策对市场的影响

2024 年 7 月 31 日，交通运输部、财政部发布《关于实施老旧营运货车报废更新的通知》（以下简称《通知》）。《通知》提出，"支持报废国三及以下排放标准营运类柴油货车，加快更新一批高标准低排放货车。对提前报废国三及以下排放标准营运柴油货车、提前报废并新购国六排放标准货车或新能源货车、仅新购符合条件的新能源货车，分档予以补贴。已获得中央其他资金渠道支持的车辆，不纳入本次补贴资金支持范围。上述补贴政策实施期限为本文件印发之日至 2024 年 12 月 31 日。"表 6-12、表 6-13 为具体补贴标准。

表 6-12　提前报废老旧营运柴油货车补贴标准

车辆类型	提前报废时间	补贴标准 /（万元 / 辆）
中型	满 1 年（含）不足 2 年	1.0
	满 2 年（含）不足 4 年	1.8
	满 4 年（含）以上	2.5
重型	满 1 年（含）不足 2 年	1.2
	满 2 年（含）不足 4 年	3.5
	满 4 年（含）以上	4.5

注：数据来源于交通运输部。

表 6–13 新购营运货车补贴标准

车辆类型		新购国六排放标准营运柴油货车补贴标准/（万元/辆）	新购新能源营运货车补贴标准/（万元/辆）
中型		2.5	3.5
重型	2 轴	4.0	7.0
	3 轴	5.5	8.5
	4 轴及以上	6.5	9.5

注：数据来源于交通运输部。

《通知》的出台，给陷入低谷的国内货车市场打了一支"强心剂"，有利于促进老旧柴油货车的集中淘汰，并刺激新车市场的销售。尤其是中重型货车细分市场更是直接受益者（除新能源城市冷链配送货车之外的轻型货车未被纳入补贴范围）。根据《通知》，一辆已经使用 10~11 年的国三排放标准营运柴油重型货车报废后可以拿到 4.5 万元的补贴，如果车主再新购国六排放标准营运柴油重型货车（4 轴及以上车型）的话，可以再拿到 6.5 万元的补贴，报废＋新购的单辆车合计补贴就是 11 万元；如果车主新购的是新能源重型货车（4 轴及以上车型），那就可以拿到 9.5 万元的补贴，报废＋新购的单辆车合计补贴是 14 万元。

补贴政策出台后，2024 年最后一个季度的重型货车销量预期不再那么悲观，预计 2024 年全年多个细分领域有望实现一定程度的同比增长，尤其是新能源重型货车细分领域将因为补贴的支持而获得进一步的加速发展和渗透率提升。

在国三排放标准老旧营运柴油货车基本完成淘汰之后，2025 年的重型货车市场又会如何呢？这需要看国四排放标准老旧柴油货车的较大规模提前淘汰能否在 2025 年启动，该政策很可能会直接决定 2025 年的重型货车市场销量是涨还是降。

第7章　大中型客车市场发展现状分析与行业趋势展望

本章作者：谢光耀

摘要：

2023年是我国大中型客车市场发展史上很关键的一年。这一年，大中型客车行业在连续6年下降后，终于止跌回升；这一年，尽管公交客车、新能源客车、校车都遭遇了同比较大幅度的下滑，但座位客车和客车出口挑起了大梁，助力市场整体实现了增长；这一年，座位客车市场占比在时隔7年之后重新超过公交客车，完成了一次新的超越。本章详细阐述了2022—2023年大中型客车市场的发展变化，并对2024年细分市场的表现进行了分析和预测。

一、大中型客车市场发展总体特征

大中型客车市场（大中型客车指车身长度在7m以上的客车），是我国最早实现50%以上电动化率的汽车细分市场，也是中国汽车产业中较早具备全球竞争力的细分产业，很早就走出了国门，甚至批量走入欧洲发达国家市场。

2023年，大中型客车市场实现了同比小幅增长，扭转了此前连续6年的下滑态势。图7-1、表7-1显示，2022年，受疫情、经济增速减缓、客流出行减少等

图7-1　我国大中型客车市场2013—2023年销量与同比增长情况

注：数据来源于中国公路学会客车分会。

因素的影响，我国大中型客车市场销量只有 8.42 万辆，比上年同期下降了 3.80%。这一年里，座位客车的销量跌至谷底，同比下降高达 34.35%；新能源客车受到 2023 年 1 月 1 日起新能源汽车财政购置补贴全部取消的影响，2022 年销量同比增长 24.64%，但也未能扭转行业总量下降的趋势。

表 7-1　2013—2023 年我国大型客车与中型客车市场销量情况

年份	大型客车销量/辆	同比增长	中型客车销量/辆	同比增长	大中型客车总销量/辆	同比增长
2013	85906	0.71%	79621	–5.52%	165527	–2.38%
2014	85506	–0.47%	75620	–5.03%	161126	–2.66%
2015	90807	6.20%	71296	–5.72%	162103	0.61%
2016	97971	7.89%	96631	35.53%	194602	20.05%
2017	95456	–2.57%	72432	–25.04%	167888	–13.73%
2018	84532	–11.44%	66937	–7.59%	151469	–9.78%
2019	73178	–13.43%	61153	–8.64%	134331	–11.31%
2020	55362	–24.35%	40971	–33.00%	96333	–28.29%
2021	48610	–12.20%	38915	–5.02%	87525	–9.14%
2022	50324	3.53%	33878	–12.94%	84202	–3.80%
2023	53292	5.90%	34634	2.23%	87926	4.42%

注：数据来源于中国公路学会客车分会。

2023 年经济复苏，国内旅游客运重新活跃，大量被压抑的市场购车需求释放出来，推动了大中型客车市场的恢复性增长，当年销量同比小幅增长 4.42% 至 8.79 万辆。触底反弹、"艰难转正"，是 2023 年大中型客车市场的第一个鲜明特征。

根据国家统计局数据，2023 年全年我国公路旅客运输总量达到 45.7 亿人次，比上年增长 28.9%；公路旅客运输周转量达到 3517.6 亿人千米，比上年增长 46.1%。公路客流量的大幅增长，带动了包括旅游客车、通勤客车、班线客车在内的座位客车销量的同比较大上涨。中国公路学会客车分会数据显示，2023 年我国大中型座位客车销量达到 43813 辆，同比增速高达 88.64%（表 7-2），在整个大中型客车市场中的销量占比同比上升至 49.83%（表 7-3），在时隔 7 年之后重新超过公交客车。

表 7-2　2013—2023 年我国大中型座位客车市场销量情况

年份	大型座位客车销量/辆	同比增长	中型座位客车销量/辆	同比增长	大中型座位客车总销量/辆	同比增长
2013	36883	−11.93%	41817	−7.19%	78700	−9.47%
2014	35411	−3.99%	38768	−7.29%	74179	−5.74%
2015	41380	16.86%	35423	−8.63%	76803	3.54%
2016	41098	−0.68%	33821	−4.52%	74919	−2.45%
2017	39777	−3.21%	24990	−26.11%	64767	−13.55%
2018	28954	−27.21%	21239	−15.01%	50193	−22.50%
2019	27498	−5.03%	21374	0.64%	48872	−2.63%
2020	17420	−36.65%	12410	−41.94%	29830	−38.96%
2021	20710	18.89%	14671	18.22%	35381	18.61%
2022	15164	−26.78%	8062	−45.05%	23226	−34.35%
2023	28073	85.13%	15740	95.24%	43813	88.64%

注：数据来源于中国公路学会客车分会。

表 7-3　2017—2023 年我国大中型客车市场分车型占比情况

年份	2017	2018	2019	2020	2021	2022	2023
公交客车占比	56.20%	61.27%	57.40%	62.43%	50.90%	65.24%	44.99%
座位客车占比	38.58%	33.14%	36.38%	30.97%	40.42%	27.58%	49.83%
校车占比	4.44%	4.59%	4.41%	5.05%	6.80%	4.21%	3.28%
其他专用类客车占比	0.78%	1.00%	1.81%	1.55%	1.88%	2.97%	1.90%

注：数据来源于中国公路学会客车分会。

　　与座位客车销量大幅增长形成鲜明对比的，是公交客车和校车两个细分领域销量的同比下降。2023 年，我国校车市场累计销售只有 2887 辆，同比下降 18.63%（表 7-4），在大中型客车市场的占比也进一步下降至 3.28%。纵观校车市场的发展史，从 2012 年到 2023 年，市场占比不断下降，已经从 2017 年的 4.44% 下降至 2023 年的 3.28%；销量规模也从 2012 年的 1.53 万辆（历年市场销量最高纪录）下降至 2017 年的 0.75 万辆，再降至 2022 年的 3548 辆，2023 年又进一步下滑至 2887 辆。作为带有一定公益性质的交通运输产品，校车长期缺乏财政上的支持，仅靠民间的资金投入，显然难以为继。

表 7-4　2013—2023 年我国大中型校车市场销量情况

年份	大型校车销量/辆	同比增长	中型校车销量/辆	同比增长	大中型校车总销量/辆	同比增长
2013	1455	−39.38%	9736	−24.26%	11191	−26.64%
2014	1270	−12.71%	7563	−22.32%	8833	−21.07%
2015	1406	10.71%	7354	−2.76%	8760	−0.83%
2016	561	−60.10%	7553	2.71%	8114	−7.37%
2017	586	4.46%	6872	−9.02%	7458	−8.08%
2018	1224	108.87%	5725	−16.69%	6949	−6.82%
2019	1560	27.45%	4362	−23.81%	5922	−14.78%
2020	1129	−27.63%	3736	−14.35%	4865	−17.85%
2021	1453	28.70%	4497	20.37%	5950	22.30%
2022	980	−32.55%	2568	−42.90%	3548	−40.37%
2023	1046	6.73%	1841	−28.31%	2887	−18.63%

注：数据来源于中国公路学会客车分会。

公交客车市场 2023 年的总销量是 39554 辆，同比下降 27.99%（表 7-5），市场占比也从 2022 年的 65.24% 下降至 2023 年的 44.99%，减少了 15 个百分点以上。这是公交客车销量占比自 2016 年超过座位客车销量占比以后，近八年来首次"输给"公路客车市场。表 7-3 显示，2023 年，公交客车销量占比为 44.99%，比座位客车的 49.83% 低了近 5 个百分点。

表 7-5　2013—2023 年我国大中型公交客车市场销量情况

年份	大型公交客车销量/辆	同比增长	中型公交客车销量/辆	同比增长	大中型公交客车总销量/辆	同比增长
2013	47396	17.38%	27244	5.21%	74640	12.63%
2014	48598	2.54%	28510	4.65%	77108	3.31%
2015	47864	−1.51%	27631	−3.08%	75495	−2.09%
2016	56069	17.14%	54214	96.21%	110283	46.08%
2017	54805	−2.25%	39544	−27.06%	94349	−14.45%
2018	53938	−1.58%	38870	−1.70%	92808	−1.63%
2019	43637	−19.10%	33463	−13.91%	77100	−16.93%
2020	36266	−16.89%	23878	−28.64%	60144	−21.99%

（续）

年份	大型公交客车销量/辆	同比增长	中型公交客车销量/辆	同比增长	大中型公交客车总销量/辆	同比增长
2021	26051	−28.17%	18495	−22.54%	44546	−25.93%
2022	33494	28.57%	21437	15.91%	54931	23.31%
2023	23762	−29.06%	15792	−26.33%	39554	−27.99%

注：数据来源于中国公路学会客车分会。

"公路升、公交降、校车降"是2023年大中型客车市场的第二个总体特征。公交客车的占比和销量双双下降，主要是新能源客车市场透支的影响。表7-6显示，2022年我国大中型新能源客车销量同比大涨24.64%，达到56029辆，扭转了从2019年至2021年市场的连续下降态势。然而，到了2023年，大中型新能源客车市场再度下滑，当年销量降至最近八年来的历史最低，只有35810辆，同比降幅达到36.09%；其中，新能源公交客车下降38.81%至30005辆，新能源座位客车同比下降12.77%至5232辆。2022年和2023年新能源客车销量的变化，可以用"此长彼消"来形容，由于2022年是新能源客车享受国家财政购置补贴的最后一年，因此，国内很多公交客车用户和座位客车用户都抢在2022年年底之前购车并上牌，这导致对2023年市场的提前透支，也导致2023年新能源客车市场的大幅下滑。

表7-6　2016—2023年我国大中型新能源客车市场销量情况

年份	大中型新能源公交客车销量/辆	同比增长	大中型新能源座位客车销量/辆	同比增长	大中型新能源客车总销量/辆	同比增长
2016	92355	—	13878	—	106233	—
2017	74737	−19.08%	10513	−24.25%	85484	−19.53%
2018	82091	9.84%	5387	−48.76%	87552	2.42%
2019	66468	−19.03%	3709	−31.15%	70919	−19.00%
2020	52793	−20.57%	2963	−20.11%	55808	−21.31%
2021	40777	−22.76%	4086	37.90%	44953	−19.45%
2022	49038	20.26%	5998	46.79%	56029	24.64%
2023	30005	−38.81%	5232	−12.77%	35810	−36.09%

注：数据来源于中国公路学会客车分会。中国公路学会客车分会是从2016年开始统计新能源客车市场及企业销量的，因此，2016年新能源客车销量同比增长数据缺失。

2023年大中型客车市场发展的第三个特征，就是出口大幅增长。2023年，我国大中型客车生产企业向海外出口车辆达到32185辆，比上年同期的21729辆大幅增长 48.12%，净增加 10456 辆。出口的增长，为我国大中型客车市场"艰难转正"创造了利好条件，也充分彰显出我国客车产品的全球竞争力。

2023 年行业的第四个特征，是竞争格局变化不大，"三大阵营"泾渭分明。见表 7-7，从 2021 年到 2023 年，行业内鲜有"黑马"企业进入前十，尤其是行业前八，最近三年来一直未变——宇通客车、苏州金龙海格、厦门金龙、厦门金旅、中通客车、福田欧辉、比亚迪和中车电动；只有第九和第十名，近年来有一些"新鲜血液"：比如，2022 年，南京金龙开沃从 2021 年的十名以外跻身行业第九，当年销量为 3197 辆；2023 年，吉利控股集团旗下的远程新能源商用车从 2022 年的十名以外跻身行业第十，当年销量为 1969 辆，同比增长 12.77%。究其原因，主要还是客车领域的大规模新能源化已经基本结束（比乘用车的电动化还要早很多年），公交领域的电动化率更是已经超过 75%，新能源客车高补贴、高增长的时代已经一去不复返，再加上大中型客车市场最近几年来不断萎缩，最近四年更是已经萎缩至年销量不到十万辆的规模。2018 年前，时不时能见到"造车新势力"进入新能源客车领域"淘金"的新闻，最近几年已很少见，留下来的都是能长期经营的客车生产企业。

表 7-7 大中型客车企业 2021—2023 年销量及份额情况

2023 年排名	大中型客车企业	2023 年总销量/辆	2022 年总销量/辆	2021 年总销量/辆	2023 年同比增长	2023 年份额	2022 年份额	2021 年份额
1	宇通客车	31770	23733	33467	33.86%	36.13%	28.19%	38.24%
2	苏州金龙海格	8886	6922	7964	28.37%	10.11%	8.22%	9.10%
3	厦门金龙	7266	6316	6418	15.04%	8.26%	7.50%	7.33%
4	厦门金旅	6776	6059	5470	11.83%	7.71%	7.20%	6.25%
5	中通客车	6598	7591	7048	-13.08%	7.50%	9.02%	8.05%
6	福田欧辉	4519	5737	2658	-21.23%	5.14%	6.81%	3.04%
7	比亚迪	4421	3754	4487	17.77%	5.03%	4.46%	5.13%
8	中车电动	3262	4291	4147	-23.98%	3.71%	5.10%	4.74%
9	安凯客车	2990	2085	2311	43.41%	3.40%	2.48%	2.64%
10	远程新能源商用车	1969	1746	921	12.77%	2.24%	2.07%	1.05%
	其他	9469	15968	12634	-40.70%	10.77%	18.96%	14.43%
	市场总计	87926	84202	87525	4.42%	100.00%	100.00%	100.00%

注：数据来源于中国公路学会客车分会。

从行业竞争格局来看，大中型客车市场的主要企业可以划分为"三大阵营"。"第一阵营"只有一家，就是宇通客车，宇通客车年销量高达 3 万辆，市场份额也常年保持在 25% 以上，2023 年更是达到 33.86%，被称为客车行业"一超多强"中的"一超"。"第二阵营"包括苏州金龙海格、厦门金龙、厦门金旅、中通客车，这几家企业的年销量规模在 6000 辆以上，但不到 1 万辆。"第三阵营"包括福田欧辉、比亚迪、中车电动、安凯客车、远程新能源商用车等企业，这几家企业的年销量规模低则近 2000 辆，高则超过 4000 辆。

二、大中型新能源客车市场发展态势

2023 年的大中型新能源客车市场（以下简称新能源客车）遭遇了较大挫折。见表 7-8，无论销量还是渗透率，都在 2023 年创下历史新低。2023 年，我国新能源客车市场总销量只有 35810 辆，同比大幅下降 36.09%，在大中型客车市场上的渗透率降至 40.73%，同比下降了近 26 个百分点。而在 2022 年，新能源客车的销量和同比增速分别达到 56029 辆和 24.64%，渗透率高达 66.54%。究竟是什么原因使然呢？

表 7-8　2016—2023 年大中型客车市场新能源渗透率

年份	新能源客车销量/辆	大中型客车总销量/辆	新能源渗透率
2016	106233	194602	54.59%
2017	85484	167888	50.92%
2018	87552	151469	57.80%
2019	70919	134231	52.79%
2020	55808	96333	57.93%
2021	44953	87525	51.36%
2022	56029	84202	66.54%
2023	35810	87926	40.73%

注：数据来源于中国公路学会客车分会。

首先，就是新能源汽车补贴政策终止导致的提前消费。2021 年 12 月 31 日，财政部等四部委发布的《关于 2022 年新能源汽车推广应用财政补贴政策的通知》中明确"2022 年新能源汽车购置补贴政策于 2022 年 12 月 31 日终止"。表 7-9、表 7-10 显示，2022 年购买一辆新能源公交客车的单车补贴上限是 6.48 万元，购买一辆非公交领域的新能源客车的单车补贴上限是 5.04 万元，这些补贴从 2023 年 1 月 1 日起"清零"。

表 7-9　2022 年新能源客车补贴方案（公共领域）

车辆类型	中央财政补贴标准 /（元/kW·h）	中央财政补贴调整系数			中央财政单车补贴上限 / 万元		
					6m < L ≤ 8m	8m < L ≤ 10m	L > 10m
非快充类纯电动客车	360	单位载质量能量消耗量 /（W·h/km·kg）			1.8	3.96	6.48
		0.18（含）~ 0.17	0.17（含）~ 0.15	0.15 及以下			
		0.8	0.9	1			
快充类纯电动客车	648	快充倍率			1.44	2.88	4.68
		3C~5C（含）	5C~15C（含）	15C 以上			
		0.8	0.9	1			
插电式混合动力（含增程式）客车	432	节油率水平			0.72	1.44	2.74
		60%~65%（含）	65%~70%（含）	70% 以上			
		0.8	0.9	1			

单车补贴金额 =Min{ 车辆带电量 × 单位电量补贴标准；单车补贴上限 } × 调整系数（包括：单位载质量能量消耗量系数、快充倍率系数、节油率系数）

表 7-10　2022 年新能源客车补贴方案（非公共领域）

车辆类型	中央财政补贴标准 /（元/kW·h）	中央财政补贴调整系数			中央财政单车补贴上限 / 万元		
					6m < L ≤ 8m	8m < L ≤ 10m	L > 10m
非快充类纯电动客车	280	单位载质量能量消耗量 /（W·h/km·kg）			1.4	3.08	5.04
		0.18（含）~ 0.17	0.17（含）~ 0.15	0.15 及以下			
		0.8	0.9	1			
快充类纯电动客车	504	快充倍率			1.12	2.24	3.64
		3C~5C（含）	5C~15C（含）	15C 以上			
		0.8	0.9	1			

（续）

车辆类型	中央财政补贴标准 /（元/kW·h）	中央财政补贴调整系数			中央财政单车补贴上限/万元		
					6m < L ≤ 8m	8m < L ≤ 10m	L > 10m
插电式混合动力（含增程式）客车	336	节油率水平			0.56	1.12	2.13
		60%~65%（含）	65%~70%（含）	70%以上			
		0.8	0.9	1			

单车补贴金额 =Min{ 车辆带电量 × 单位电量补贴标准；单车补贴上限 } × 调整系数（包括：单位载质量能量消耗量系数、快充倍率系数、节油率系数）

因此，"新能源客车购置补贴自 2023 年 1 月 1 日起退出"这一重要产业政策，直接驱动着众多新能源客车用户在 2022 年下半年提前采购新能源客车。这造成了两个结果，一是 2022 年新能源客车"寅吃卯粮"，销量、同比增速和渗透率都大幅上涨；二是 2023 年新能源客车的销量和渗透率都大幅下降。因此，2022 年大中型客车市场，尤其公交客车市场同比增长，实际上是提前透支了 2023 年的销量，也为 2023 年新能源客车市场的低迷埋下了隐患。

新能源客车市场的变化，对公交客车市场影响巨大。此前也曾提到，2022 年我国大中型公交客车销量同比上升了 23.31%，2023 年同比下滑了 27.99%，造成这种局面的主要原因就是 2022 年市场对 2023 年的提前透支。表 7-11 显示，大中型公交客车市场的新能源渗透率最近八年一直都在 75% 以上，市场上每卖出 100 辆公交客车，就至少有 75 辆车是新能源客车，新能源客车市场的任何风吹草动都会造成公交客车市场的波动。反观以旅游客运、通勤租赁、班线客运为主要用途的座位客车市场，新能源化率就相对较低，即便在新能源市场提前透支的 2022 年，大中型座位客车的新能源化率也只有 25.82%，并且 2023 年就迅速降至 11.94%（表 7-12）。这也从侧面说明，座位客车很可能是未来几年新能源客车市场要持续重点突破的细分领域。

表 7-11　2016—2023 年大中型公交客车新能源渗透率

年份	新能源公交客车销量/辆	大中型公交客车总销量/辆	新能源渗透率
2016	92355	110283	83.74%
2017	74737	94349	79.21%
2018	82091	92808	88.45%

（续）

年份	新能源公交客车销量/辆	大中型公交客车总销量/辆	新能源渗透率
2019	66468	77100	86.21%
2020	52793	60144	87.78%
2021	40777	44546	91.54%
2022	49038	54931	89.27%
2023	30005	39554	75.86%

注：数据来源于中国公路学会客车分会。

表7-12　2016—2023年大中型座位客车新能源渗透率

年份	新能源座位客车销量/辆	大中型座位客车总销量/辆	新能源渗透率
2016	13878	74919	18.52%
2017	10513	64767	16.23%
2018	5387	50193	10.73%
2019	3709	48872	7.59%
2020	2963	29830	9.93%
2021	4086	35381	11.55%
2022	5998	23226	25.82%
2023	5232	43813	11.94%

注：数据来源于中国公路学会客车分会。

大中型新能源客车细分领域的主要企业，多数也都是大中型客车市场的主要"玩家"，比如宇通客车、比亚迪、中通客车、苏州金龙海格、厦门金龙、厦门金旅、中车电动、安凯客车、远程新能源商用车等。但与多数大中型客车生产企业2023年销量实现同比增长不同的是，新能源客车这个细分领域内的企业销量多数都是下降的。造成这种现象的原因主要是2023年新能源客车市场销量同比大幅下降了36.09%，整体规模降至4万辆以下，"覆巢之下安有完卵"，行业内的主要企业销量下降在所难免。表7-13显示，宇通客车仍然是这个细分市场的销量冠军，行业第一的地位非常稳定，但其销量下降了41.27%；前十强中唯二逆势上涨的企业，是比亚迪和远程新能源商用车，这两家企业销量在2023年分别同比增长17.77%和12.77%，排名也分别上升至第二和第八，上升势头明显。

表 7-13 大中型新能源客车企业 2021—2023 年销量及份额情况

2023年排名	大中型新能源客车企业	2023年销量/辆	2022年销量/辆	2021年销量/辆	2023年同比增长	2023年份额	2022年份额	2021年份额
1	宇通客车	6313	10749	11420	−41.27%	17.63%	19.18%	25.40%
2	比亚迪	4421	3754	4487	17.77%	12.35%	6.70%	9.98%
3	中车电动	3251	4281	4067	−24.06%	9.08%	7.64%	9.05%
4	福田欧辉	3099	4195	1329	−26.13%	8.65%	7.49%	2.96%
5	厦门金龙	2667	3440	2720	−22.47%	7.45%	6.14%	6.05%
6	苏州金龙海格	2567	4575	3078	−43.89%	7.17%	8.17%	6.85%
7	厦门金旅	2525	3831	1546	−34.09%	7.05%	6.84%	3.44%
8	远程新能源商用车	1969	1746	921	12.77%	5.50%	3.12%	2.05%
9	中通客车	1764	4475	4453	−60.58%	4.93%	7.99%	9.91%
10	上海申沃	1545	2009	812	−23.10%	4.31%	3.59%	1.81%
	其他	5689	12974	10120	−56.15%	15.89%	23.16%	22.51%
	市场总计	35810	56029	44953	−36.09%	100.00%	100.00%	100.00%

注：数据来源于中国公路学会客车分会。

三、大中型客车出口形势分析

客车出口连续三年快速增长。表 7-14 显示，从 2021 年至 2023 年，我国大中型客车出口总量分别达到 17450 辆、21729 辆和 32185 辆，同比分别增长 14.52%、24.52% 和 48.12%，增速逐年扩大。

表 7-14 2017—2023 年我国大中型客车出口量情况

年份	大型客车出口量/辆	同比增长	中型客车出口量/辆	同比增长	大中型客车合计出口量/辆	同比增长
2017	15258	17.82%	5708	1.46%	20966	12.87%
2018	13952	−8.56%	5912	3.57%	19864	−5.26%
2019	17044	22.16%	5667	−4.14%	22711	14.33%
2020	12103	−28.99%	3135	−44.68%	15238	−32.90%
2021	11289	−6.73%	6161	96.52%	17450	14.52%
2022	16456	45.77%	5273	−14.41%	21729	24.52%
2023	24874	51.15%	7311	38.65%	32185	48.12%

注：数据来源于中国公路学会客车分会。

2023 年，我国大中型客车出口销量超 3 万辆，创历史新高。其中，大型客车是主力军，出口量为 24874 辆，同比增长 51.15%；中型客车出口量同比上涨 38.65% 至 7311 辆。从品种来看，公交客车占比在 50% 以上，2023 年出口量达到 17227 辆，同比增长 30.30%（表 7-15），市场占比为 53.52%；座位客车销量上升更快，2023 年出口 14609 辆，同比上涨 82.41%，占比从 2022 年的 36.86% 增长至 2023 年的 45.39%。

表 7-15 2022—2023 年我国大中型客车分车型出口量及同比增长情况

车型分类		出口量/辆		2023 年出口量增量/辆	2023 年出口量同比增长
		2023 年	2022 年		
大型客车（车长 > 10m）	大型客车合计	24874	16456	8418	51.15%
	座位客车	11170	5937	5233	88.14%
	公交客车	13548	10430	3118	29.89%
	校车	155	79	76	96.20%
	其他	1	10	-9	-90.00%
中型客车（10m ≥ 车长 > 7m）	中型客车合计	7311	5273	2038	38.65%
	座位客车	3439	2072	1367	65.97%
	公交客车	3679	2791	888	31.82%
	校车	109	52	57	109.62%
	其他	84	358	-274	-76.54%
大中型客车合计	各车型合计	32185	21729	10456	48.12%
	座位客车合计	14609	8009	6600	82.41%
	公交客车合计	17227	13221	4006	30.30%
	校车合计	264	131	133	101.53%
	其他合计	85	368	-283	-76.90%

注：数据来源于中国公路学会客车分会。

2023 年的客车市场上，多数客车企业的海外业务也同比大增。表 7-16 显示，2023 年我国出口量前十名企业与 2022 年相同，依旧是宇通客车、厦门金旅、苏州金龙海格、中通客车、比亚迪、厦门金龙、福田欧辉、安凯客车、亚星客车和亚星新能源商用车。不过，相比于 2022 年，2023 年的企业排位有所变化。第一是"老大哥"宇通客车，是 2023 年唯一出口量破万的客车企业，在出口总量中的占比超过了30%，遥遥领先；第二名厦门金旅2023年出口大中型客车4447辆，同比增长51.31%；苏州金龙海格从2022年的出口第五名跃升至2023年的出口第三，出口量达到4272辆，同比增长90.46%；中通客车排名下滑一位，2023年出口3674辆，同比增长29.28%；比亚迪客车的出口量从2022年的第六名升至2023年的第五，出口大中型客车3115辆，同比增长54.67%；厦门金龙排名上升了一位，从2022年的第七升至2023年的第六，出口量为2389辆，同比增长35.66%。除此之外，福田欧辉排名下滑了三位，安凯客车排名上升了二位，亚星客车和亚星新能源商用车的排名各自下降了一位。

表 7-16 大中型客车企业 2022—2023 年出口销量及同比增长情况

2023年排名	客车企业名称	出口量/辆 2023年	出口量/辆 2022年同期	出口量增量/辆	出口量同比增长
1	宇通客车	10139	5610	4529	80.73%
2	厦门金旅	4447	2939	1508	51.31%
3	苏州金龙海格	4272	2243	2029	90.46%
4	中通客车	3674	2842	832	29.28%
5	比亚迪	3115	2014	1101	54.67%
6	厦门金龙	2389	1761	628	35.66%
7	福田欧辉	1333	2329	-996	-42.77%
8	安凯客车	1165	384	781	203.39%
9	亚星客车	1007	654	353	53.98%
10	亚星新能源商用车	208	387	-179	-46.25%
	其他	436	566	-130	-29.82%
	市场总计	32185	21729	10456	48.12%

注：数据来源于中国公路学会客车分会。

四、大中型客车行业趋势展望

经历了"艰难翻盘"的2023年之后，2024年的大中型客车市场有了新的转机。2024年1—7月，我国大中型客车市场累计销量达到56883辆，比上年同期的44740辆上涨27.14%，净增量为12143辆（图7-2）。很明显，2024年的市场形势比2023年要好，其中的主要增长点就在于出口和座位客车。

从细分领域情况来看，2024年1—7月，大中型客车出口量达到24568辆，同比大幅增长41.66%，净增量为7225辆，其中座位客车出口贡献5254辆，公交客车出口贡献1702辆，校车与其他车型出口贡献269辆。座位客车（国内+出口）1—7月

图 7-2 我国大中型客车市场 2016—2024 年 7 月销量与同比增长情况

注：数据来源于中国公路学会客车分会。

累计销售 37160 辆，同比增长 55.98%，净增加 13337 辆，剔除 5254 辆出口增量后的国内增量为 8083 辆；公交客车（国内+出口）1—7 月累计销售 16973 辆，同比下滑 8.79%，净减少 1635 辆，剔除 1702 辆出口增量后的国内减量为 3337 辆，可见公交客车市场形势之严峻。我国大中型客车市场 2020—2024 年月销量走势如图 7-3 所示。

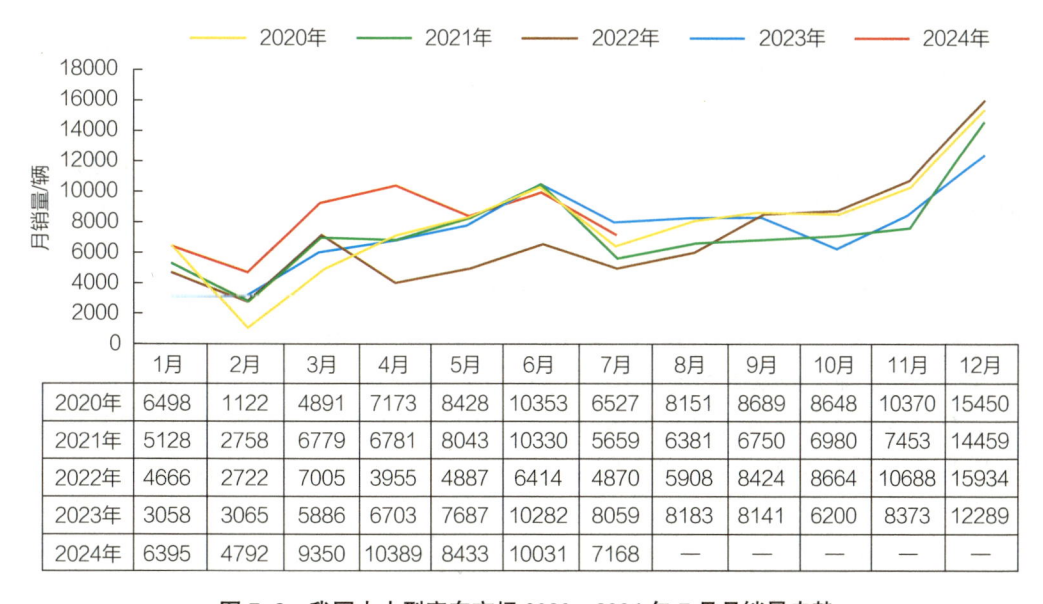

	1月	2月	3月	4月	5月	6月	7月	8月	9月	10月	11月	12月
2020年	6498	1122	4891	7173	8428	10353	6527	8151	8689	8648	10370	15450
2021年	5128	2758	6779	6781	8043	10330	5659	6381	6750	6980	7453	14459
2022年	4666	2722	7005	3955	4887	6414	4870	5908	8424	8664	10688	15934
2023年	3058	3065	5886	6703	7687	10282	8059	8183	8141	6200	8373	12289
2024年	6395	4792	9350	10389	8433	10031	7168	—	—	—	—	—

图 7-3 我国大中型客车市场 2020—2024 年 7 月月销量走势

注：数据来源于中国公路学会客车分会。

从新能源客车市场的变化来看，座位客车和公交客车的表现是"冰火两重天"。2024年1—7月，我国大中型新能源客车销售16101辆，比上年同期的16337辆下降1.44%，其中，新能源座位客车累计销售5341辆，同比上涨168.26%，净增加3350辆，座位客车的新能源渗透率也上升至14.37%。大中型新能源座位客车市场的高速增长，主要是通勤租赁市场车辆更新利好新能源汽车，以及中短途旅游客运对新能源汽车的需求增长所致，其背后的核心驱动力包括：新能源座位客车的技术日益成熟，可靠性和出勤率快速提升；磷酸铁锂动力电池价格的持续下降带来整车价格的下降，进而带来了客车用户车辆购置成本的快速降低；旅游通勤市场越来越看重车辆的全生命周期成本（TCO），新能源车辆相比柴油车辆的经济性优势和运营成本优势十分明显。

但要注意的是，相比方兴未艾的新能源座位客车，新能源公交客车细分市场的表现不如人意，2024年1—7月销量仅为10404辆，同比下降26.45%，净减少3742辆，公交客车的新能源渗透率从上年同期的76.02%下降至61.30%。新能源公交客车下滑较大，造成了国内公交客车整体市场的下滑，其背后的原因，主要还是各地公交公司采购和运营资金紧缺（部分地区甚至出现了公交车辆停运的窘境）。

2024年下半年，市场迎来了新的政策性机遇。2024年7月，交通运输部和财政部发布了"关于印发《新能源城市公交车及动力电池更新补贴实施细则》的通知"（以下简称通知）明确提出："对城市公交企业（以下简称申请人）更新新能源城市公交车及更换动力电池，给予定额补贴。""每辆车平均补贴6万元，其中，对更新新能源城市公交车的，每辆车平均补贴8万元；对更换动力电池的，每辆车补贴4.2万元。各地根据财政部、交通运输部安排的补贴资金和下达的绩效目标，制定本地补贴标准。""补贴资金支持车龄8年及以上，即2016年12月31日前（含当日，下同）注册登记的城市公交车车辆更新和新能源城市公交车辆动力电池更换。""拟申请补贴资金的申请人，应在完成新能源城市公交车及动力电池更新后及时向属地交通运输主管部门提交补贴资金申请，截止日期为2025年1月20日。"

通知的印发，对于销量持续下行的新能源公交客车市场可谓雪中送炭。新能源公交客车市场在2024年持续下滑，最主要的原因就是地方财政紧张，无法支撑各地国有城市公交企业对新能源公交客车的批量采购。通知中对于车辆更新的资金补助部分缓解了地方的燃眉之急，因此，2024年的新能源客车市场将因为该补贴政策的出台以及座位客车的持续电动化而发生"逆转"，实现一定程度的同比增长，这也将助推2024年全年的大中型客车行业总销量上升至最近5年来的新高度。

第8章 轻型客车市场发展变化分析与行业趋势判断

本章作者：谢光耀

摘要：

2023年，轻型客车市场整体增长25.13%，出口达到7.75万辆，同比增长85.73%，新能源车型销量同比上涨47.88%至13.73万辆，创历史新高。本章详细阐述了轻型客车市场2023年的发展轨迹、出口与新能源车型等各个细分领域的走势，并对2024年以及未来轻型客车行业发展趋势进行分析和预判。

一、轻型客车市场近年来发展走势

（一）市场整体走势与驱动力分析

轻型客车（以下简称轻客）是指车身长度在4.5m以上、7m及以下的客车。与7m以上的大中型客车主要用于载人不同，轻客主要分为城市物流、载客、专用三大类车型，其中80%以上的车型都是物流车，专用类和载客用途的车型合计占比不到20%。

2023年，国内轻客市场总销量（交强险终端实销统计口径）为33.79万辆，其中用于城市物流配送的车型销量为28.31万辆，市场占比达到83.78%（图8-1）。物流车型又可细分为专业物流车型和客货两用车型，专业物流车型主要是盲窗厢式货车，用于快递、城市配送货运等专业物流运输场景；客货两用车型的主要运营场景

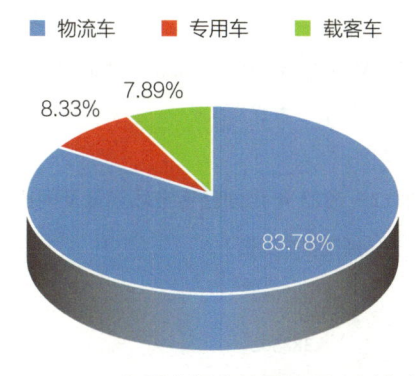

图8-1 2023年国内轻客销量按用途划分占比

注：数据来源于交强险终端实销统计。交强险数据反映的是国内终端上牌销量。

是城市内的客货混装和客货兼容，也即车辆申报的是客车公告，但主要用于拉货或者拉货兼载人，这样可以规避货车进城受限制的问题，其用户类型以个体工商户、中小微企业和个体运输户为主；载人的车型主要用于短途客运、旅游客运、商务接待、班车通勤、支线公交、校车等场景，2023年的销量占比是7.89%；还有一类车型是专用车，是基于轻客底盘进行专业改装后的车辆，包括救护车、旅居车、宿营车、警车、通信车、指挥车、邮政车、运钞车、售货车等，应用场景非常广泛，2023年占比为8.33%。

相比销量"大起大落"的货车市场，轻客市场的发展相对平稳一些。图8-2和表8-1显示，根据中汽协会的批发销量口径（国内+出口），从2021年至2023年，我国轻客市场销量规模基本保持在30万~40万辆级别，即便是受疫情影响最大的2022年销量也超30万辆。2023年，轻客市场重回上升通道，当年销量同比上涨25.13%。

图8-2 我国轻客市场2012—2023年销量与同比增长情况

注：数据来源于中汽协会。

表8-1 2012—2023年我国轻客市场销量及同比增长情况

年份	轻型客车销量/辆	同比增长
2012	337654	4.71%
2013	388302	15.00%
2014	443054	14.10%

（续）

年份	轻型客车销量/辆	同比增长
2015	431997	−2.50%
2016	353632	−18.14%
2017	348253	−1.52%
2018	334593	−3.92%
2019	332604	−0.59%
2020	344225	3.49%
2021	411077	19.42%
2022	319582	−22.26%
2023	399907	25.13%

注：数据来源于中汽协会。中汽协会销量反映的是各家汽车企业自愿上报的批发销量，包含国内批发销量和出口批发销量。

2023年轻客行业呈现恢复性增长，市场规模从32万辆回升到40万辆（表8-2）。此外，新能源渗透率高歌猛进，超过40%，是各家传统汽车企业和"造车新势力"企业重点布局的领域。

表8-2　2021—2023年我国商用车行业细分领域销量、增速及占比情况

细分市场	2023年 销量/辆	2023年 同比增速	2023年 销量占比	2022年 销量/辆	2022年 同比增速	2022年 销量占比	2021年 销量/辆	2021年 同比增速	2021年 销量占比
大型客车	53564	4.03%	1.33%	51490	7.03%	1.56%	48109	−15.37%	1.00%
中型客车	38162	3.79%	0.95%	36768	−19.47%	1.11%	45658	−3.10%	0.95%
轻型客车	399907	25.13%	9.92%	319582	−22.26%	9.68%	411077	19.42%	8.57%
重型货车	911085	35.59%	22.60%	671942	−51.84%	20.36%	1395290	−13.81%	29.09%
中型货车	107149	11.96%	2.66%	95699	−46.46%	2.90%	178755	12.34%	3.73%
轻型货车	1894515	17.08%	47.00%	1618091	−23.40%	49.03%	2112502	−3.92%	44.05%
微型货车	626492	23.60%	15.54%	506886	−16.15%	15.36%	604548	−14.65%	12.61%
商用车总体	4030874	22.13%	100.00%	3300458	−31.18%	100.00%	4795839	−6.57%	100.00%

注：数据来源于中汽协会。

2023年轻客市场实现同比增长的第一驱动力，是宏观经济的复苏带来的公路运输量的增长。2023年，我国社会经济生活的重心转移到经济发展上来，GDP增速从2022年的3.0%提高到5.2%，经济活动增加，经济活力增强，物流、客流、商流回归正常；再加上2022年有一部分换车需求被暂时抑制，因此，2023年国内购车、换车需求反弹成为必然。图8-3也显示，在2023年的12个月份中，有11个月的轻客销量都实现了同比大幅增长，市场复苏趋势较为明显。

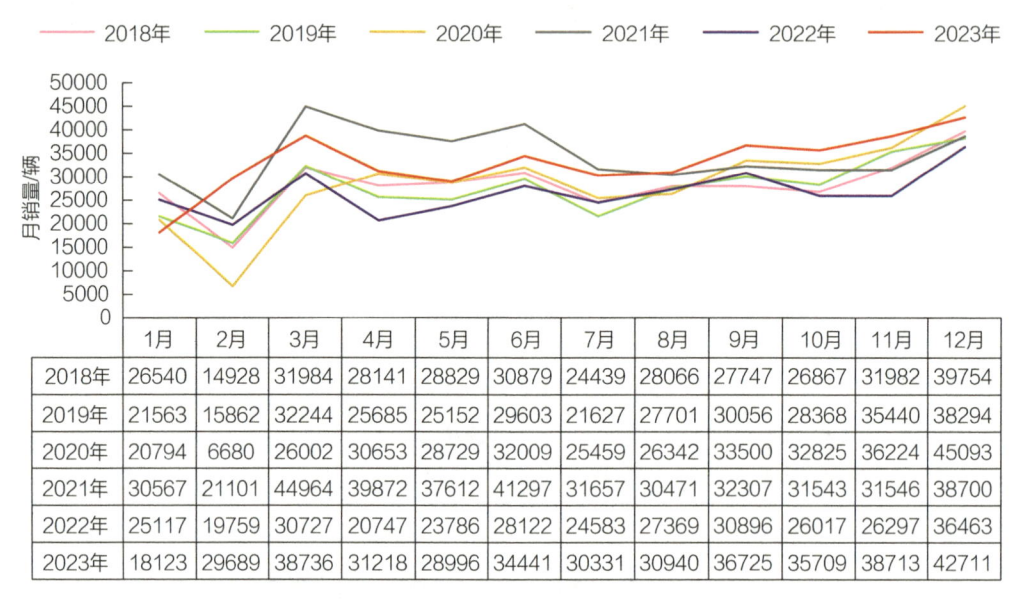

	1月	2月	3月	4月	5月	6月	7月	8月	9月	10月	11月	12月
2018年	26540	14928	31984	28141	28829	30879	24439	28066	27747	26867	31982	39754
2019年	21563	15862	32244	25685	25152	29603	21627	27701	30056	28368	35440	38294
2020年	20794	6680	26002	30653	28729	32009	25459	26342	33500	32825	36224	45093
2021年	30567	21101	44964	39872	37612	41297	31657	30471	32307	31543	31546	38700
2022年	25117	19759	30727	20747	23786	28122	24583	27369	30896	26017	26297	36463
2023年	18123	29689	38736	31218	28996	34441	30331	30940	36725	35709	38713	42711

图8-3 我国轻客市场2018—2023年月销量走势

注：数据来源于中汽协会。

实际上，轻客是跨界车型，既跨"货运业"，也跨"客运业"，还跨"家用消费"，常用于旅居车（俗称房车）和宿营车的改装，因此同时受到多个行业需求的影响。根据交通运输部发布的《2023年交通运输行业发展统计公报》，公路运输2023年全年完成营业性货运量403.37亿t，比上年增长8.7%（2022年同比下降5.5%），完成货物周转量73950亿t·km，比上年增长6.9%（2022年同比下降1.2%）；全年完成公路人员流动量565.56亿人次，比上年增长26.1%，其中，营业性客运量110.12亿人次，增长22.4%（2022年同比下降30.3%），营业性旅客周转量4740.04亿人·km，增长38.1%（2022年同比下降33.7%）。因此，无论是货运量的增长，还是客运量的增长，又或是社会消费品零售总额的增长（2023年同比增长7.2%），都给轻客行业带来了实质性的利好刺激，进而推动其增长。

表8-3显示，根据国内交强险终端实销统计，2023年国内轻客市场销量接近34万辆，同比增长19.41%，净增长超过5万辆，其中，物流车同比增长25.75%

至 28.31 万辆，是行业增长的最大贡献者，其电动化趋势非常明显，在轻客总销量中的占比也达到 83.78%，是绝对的销售主力；旅居车（房车）和宿营车合计为 5364 辆，同比上涨 67.15%；用于旅游、通勤、商务接待等用途的座位客车同比增长 12.04% 至 2.09 万辆。销量同比下降的细分领域是公交客车、校车以及专用车，其中，公交客车下降的原因主要是 2023 年 1 月 1 日起新能源汽车购置补贴取消所带来的 2022 年对新能源客车市场的透支，校车销量下滑的原因是民间组织和个体对专用校车的购买力快速下降；专用车销量同比下降的原因则是医疗救护车订单的大幅减少，如果剔除救护车销量大幅下降的影响，轻客中的专用车销量是同比上升的。

表 8-3　2022—2023 年国内轻客按用途划分的销量及占比情况

用途	2023 年 销量/辆	同比增速	销量占比	2022 年 销量/辆	销量占比
物流车	283064	25.75%	83.78%	225103	79.56%
专用车	22790	−19.40%	6.75%	28274	9.99%
座位客车	20942	12.04%	6.20%	18691	6.61%
公交客车＋校车	5706	−25.51%	1.69%	7660	2.71%
旅居车＋宿营车	5364	67.15%	1.59%	3209	1.13%
国内轻客合计	337866	19.41%	100.00%	282937	100.00%

注：数据来源于交强险终端实销统计。

（二）轻客企业竞争格局分析

2023 年，由于新能源渗透率快速提高，再加上出口销量增长迅速，轻客行业竞争格局发生了变化。首先，轻客行业销量榜前十名中没有"新面孔"，仍然是长安汽车、上汽大通、江铃汽车、福田汽车、南京依维柯、江淮汽车、东风汽车、厦门金龙、厦门金旅和宇通客车。其次，销量榜内部排名有较大变动，长安汽车从 2022 年的第三名跃升至 2023 年的销量冠军，销量达 89524 辆，市场份额上升至 22.39%；上汽大通、福田汽车、南京依维柯和宇通客车分别保持了行业第二、第四、第五和第十；江淮汽车从 2022 年的第七上升至 2023 年的第六，厦门金龙从 2022 年的第六滑落至 2023 年的第八，厦门金旅从 2022 年的第八下降至 2023 年的第九；东风汽车轻客销量则从 2022 年的第九名上升两位，2023 年在轻客销量榜上排名第七（表 8-4）。

表 8-4 2021—2023 年我国轻客企业销量及份额情况

2023年排名	轻客企业	2023年总销量/辆	2022年总销量/辆	2021年总销量/辆	2023年同比增长	2023年份额	2022年份额	2021年份额
1	长安汽车	89524	53445	55850	67.51%	22.39%	16.72%	13.59%
2	上汽大通	81402	60872	80701	33.73%	20.36%	19.05%	19.63%
3	江铃汽车	77666	76190	99791	1.94%	19.42%	23.84%	24.28%
4	福田汽车	53154	37400	43263	42.12%	13.29%	11.70%	10.52%
5	南京依维柯	30007	27123	33387	10.63%	7.50%	8.49%	8.12%
6	江淮汽车	23042	11534	10245	99.77%	5.76%	3.61%	2.49%
7	东风汽车	11976	9143	23836	30.99%	2.99%	2.86%	5.80%
8	厦门金龙	10347	14416	15139	−28.23%	2.59%	4.51%	3.68%
9	厦门金旅	6837	10626	14679	−35.66%	1.71%	3.32%	3.57%
10	宇通客车	4748	6465	8361	−26.56%	1.19%	2.02%	2.03%
	其他	11204	12368	25825	−9.41%	2.80%	3.87%	6.28%
	市场总计	399907	319582	411077	25.13%	100.00%	100.00%	100.00%

注：数据来源于中汽协会。

总体看，2023 年乃至未来几年的轻客行业，得"欧系轻客""新能源"和"出口"者得天下。轻客在欧美被称为 VAN，是英文"封闭式厢式车"的缩写。其中，VAN又分为大 VAN 和中 VAN，大 VAN 源自欧洲，引入中国后被称为欧系轻客或宽体轻客，以依维柯、江铃福特全顺、上汽大通等车型为代表；中 VAN 引入中国后被称为日系轻客或窄体轻客，以金杯海狮、风景海狮、金龙海狮等车型为代表。无论是大VAN，还是中 VAN，都可载人、载货，亦可客货两用和进行专业改装，因此又被称为轻型多功能商用车。2023 年轻客行业前十强中，有六家企业主销欧系轻客：上汽大通、江铃汽车和南京依维柯的轻客销量中 90% 以上都是欧系轻客产品；江淮汽车排名行业第六，其轻客销量中 85% 以上是"江淮星锐"品牌欧系轻客产品；东风汽车排名行业第七，其轻客销量中 65% 以上是"东风御风"品牌欧系轻客产品；福田汽车排名行业第四，其轻客销量中有 40% 是"福田图雅诺"欧系轻客产品。

再看出口。根据中汽协会数据，2023 年轻客出口表现抢眼，全年出口 7.75 万辆，比上年同期的 4.17 万辆增长 85.73%。其中出口业绩较为优秀的企业包括上汽大通、江淮汽车、福田汽车、长安汽车、江铃汽车、厦门金龙和厦门金旅（表8-5）。2023 年，上汽大通以 2.65 万辆的出口量蝉联轻客出口第一，同比增长 90%，出口对其销量的贡献率为 32.59%，上汽大通也借此保持了轻客行业销量前二甲的位置；江淮汽车2023年实现轻客出口1.53万辆，排名该细分领域第二，同比增长170.64%，出口对其销量的贡献率高达66.49%；2023年排名出口第三的福田汽车，在2023年轻客行业销量排名第四，出口对其销量的贡献率为21.15%；2023年排名出口第六的厦门金龙，在2023年轻客行业销量排名第八，出口对其销量的贡献率为40.98%；2023年排名出口第七的厦门金旅，在2023年轻客行业销量排名第九，出口对其销量的贡献率为36.45%。

表8-5 2022—2023年我国轻客企业出口量及份额情况

2023年出口排名	轻客企业	2023年出口量/辆	2022年同期出口量/辆	2023年同比	2023年出口份额	2022年同期出口份额
1	上汽大通	26528	13962	90.00%	34.24%	33.47%
2	江淮汽车	15321	5661	170.64%	19.77%	13.57%
3	福田汽车	11244	7406	51.82%	14.51%	17.75%
4	长安汽车	8576	2565	234.35%	11.07%	6.15%
5	江铃汽车	5020	2773	81.03%	6.48%	6.65%
6	厦门金龙	4240	5158	−17.80%	5.47%	12.36%
7	厦门金旅	2492	2385	4.49%	3.22%	5.72%
8	江铃晶马	1365	499	173.55%	1.76%	1.20%
9	东风汽车	1039	189	449.74%	1.34%	0.45%
10	苏州金龙	976	348	180.46%	1.26%	0.83%
	其他	686	774	−11.37%	0.89%	1.86%
	市场总计	77487	41720	85.73%	100.00%	100.00%

注：数据来源于中汽协会。

最后看新能源轻客。根据交强险终端实销统计（不含出口），2023年，我国共计销售33.79万辆轻客，其中新能源轻客销量为13.73万辆，轻客的新能源渗透率已超40%，也就是说，国内每卖出10辆轻客，就有4辆是新能源车型。在电动化趋势下，各家企业围绕新能源车型的布局不断加速，竞争日益激烈，行业格局持续发生变化，各家企业都有靠实力"上位"的机会。就2023年而言，在新能源轻客终端市场表现优秀的企业，都是在我国轻客市场销量领先的企业。轻客行业第一名的长安汽车，在当年新能源轻客销量中排名第三；轻客行业第四名的福田汽车，也在当年新能源轻客销量中排名第四名；轻客行业第二名的上汽大通，在当年新能源轻客销量中排名第六；轻客行业第三名的江铃汽车，在当年新能源轻客销量中排名第九（销量同比增长175.61%）；轻客行业第六名的江淮汽车，在当年新能源轻客销量中排名第八（销量同比爆发式增长1519.25%）；轻客行业第七名的东风公司，在当年新能源轻客销量中排名第五（表8-6）[⊖]。

表8-6　2022—2023年我国新能源轻客企业销量及份额情况

2023年排名	新能源轻客企业	2023年销量/辆	上年同期销量/辆	2023年同比增长	2023年份额	上年同期份额
1	远程新能源商用车	42218	24234	74.21%	30.74%	26.10%
2	开瑞新能源	21686	10308	110.38%	15.79%	11.10%
3	长安汽车	17896	5067	253.19%	13.03%	5.46%
4	福田汽车	12418	7126	74.26%	9.04%	7.67%
5	东风汽车	11404	10583	7.76%	8.30%	11.40%
6	上汽大通	6672	10323	-35.37%	4.86%	11.12%
7	浙江新吉奥	6363	6676	-4.69%	4.63%	7.19%
8	江淮汽车	3028	187	1519.25%	2.21%	0.20%
9	江铃汽车	2610	947	175.61%	1.90%	1.02%
10	厦门金旅	2185	5102	-57.17%	1.59%	5.49%
	其他	10844	12309	-11.90%	7.90%	13.26%
	市场总计	137324	92862	47.88%	100.00%	100.00%

注：数据来源于交强险终端实销统计。

（三）新能源轻客细分市场分析

在商用车的七大品种中，轻型客车是继大型客车、中型客车之后，新能源渗透率超过40%的第三个品种。根据交强险终端实销统计，2023年，国内商用车的新能源渗透率首次超过10%，达到10.86%，其中，大型客车、中型客车的新能源渗透率分别为48.94%和44.88%，双双下降了超过20个百分点（关于大中型客车市场的变化，详见本书第7章）；重型货车的新能源渗透率是5.58%，中型货车、轻型货车、微型货车的新能源渗透率分别是3.41%、9.72%和1.20%，皮卡的新能源渗透率是2.25%；而轻型客车的新能源渗透率达到40.64%，不但同比增长了7.82个百分

⊖ 由于对轻客品类的理解和定义不同，远程新能源商用车和开瑞新能源的轻客销量均未体现在中汽协会的轻客销量中。

点，处于上升阶段，而且首次超过 40%。图 8-4 显示，轻型客车的新能源化从 2021 年首次迈过 10% 的门槛，此后便"一发不可收拾"，2022 年达到 32.82%，2023 年达到 40.64%，趋势向好。

图 8-4 2017—2023 年我国新能源轻客市场销量与渗透率情况

注：数据来源于交强险终端实销统计。

轻客的电动化速度如此之快，主要有以下三个驱动力。

一是城市路权优势。轻客市场的销量主体是用于城市配送和货物运输的物流车，因此，轻客是城市污染排放治理的主要车型。最近几年，在积极践行"双碳"目标的环境下，正有越来越多一、二线城市甚至三、四线城市的地方政府出台相关政策文件，对零排放的新能源物流车开放主城区的道路通行权，因此，VAN 类新能源轻客获得了长足的发展，销量从 2020 年的 1.70 万辆增长至 2021 年的 3.36 万辆，2022 年爆发增长至 9.29 万辆，渗透率突破至 32.82%；2023 年达到 13.73 万辆，渗透率高达 40.64%。

二是油电价差下，电动轻客相比燃油轻客的经济性优势。从近两年的情况来看，一辆货厢容积 6m³ 左右、车长 4.8m 左右的纯电动轻客（也称为中 VAN 或纯电动面包车）购置价格仅比同配置的燃油车型贵 2 万~3 万元，但每千米能耗比油车节约至少一半，油电差价带来的运营经济性十分可观，并且还享受不受限制的城区通行路权。因此，电动车型售价的不断下降（源于动力电池价格的下降以及轻客行业的竞争），及其在使用过程中的经济性优势，近几年来持续促进着轻客市场的快速电动化（纯电动车型是绝对主力，见表 8-7），并且推动了轻客产品朝着更高电

表 8-7 2020—2023 年我国轻客按动力类型划分的销量及占比情况

动力类型	2023年 销量/辆	2023年 同比增速	2023年 销量占比	2022年 销量/辆	2022年 同比增速	2022年 销量占比	2021年 销量/辆	2021年 同比增速	2021年 销量占比	2020年 销量/辆	2020年 同比增速	2020年 销量占比
纯电动	137278	47.84%	40.63%	92853	176.06%	32.82%	33635	98.05%	11.78%	16983	15.77%	7.46%
燃料电池	23	净增	0.01%	0	-100.00%	0.00%	5	-50.00%	0.00%	10	-96.75%	0.00%
插电式混合动力	23	155.56%	0.01%	9	净增	0.00%	0	0.00%	0.00%	0	0.00%	0.00%
传统动力	200542	5.51%	59.36%	190075	-24.55%	67.18%	251907	19.64%	88.22%	210547	-3.84%	92.53%
轻客整体	337866	19.41%	100.00%	282937	-0.91%	100.00%	285547	25.49%	100.00%	227540	-2.73%	100.00%

注：数据来源于交强险终端实销统计。

池容量、更大车身长度、更大货厢容积（货厢容积从 5m³ 到 6m³，再到 7~8m³ 甚至 10m³）的方向发展。

三是商业模式不断创新带来的优势。在新能源轻客这个"新物种"的发展过程中，离不开行业内各家整车企业、经销商以及生态链上企业的商业模式创新，其中包括：厂家和经销商为个体驾驶员、物流公司等用户提供的车辆租赁运营服务；货运平台公司以提供货源为由头，吸引大量个体驾驶员加盟平台并购买车辆或租赁车辆；整车企业、电池企业、零部件企业、金融租赁机构、充换电企业等共建生态圈等。

由于新能源轻客是"新物种"，产品迭代速度很快，各家企业围绕营销创新、生态链创新、金融创新等方面的竞争此起彼伏，因此，这个细分市场的行业竞争格局并不稳定，有时候几笔大订单就能决定某个企业半年度甚至全年的行业排名。表 8-6 显示，2023 年，远程新能源商用车蝉联行业销量冠军，全年累计销售 4.22 万辆，同比增长 74.21%，市场份额达到 30.74%，上升了 4.65 个百分点；开瑞新能源从上年度的行业第四上升至 2023 年度的行业第二，其新能源轻客销量达到 2.17 万辆，同比增长 110.38%，市场份额为 15.79%，同比上升了 4.69 个百分点；长安汽车的新能源轻客排名从 2022 年的第八名上升至 2023 年的行业第三，市场份额上升至 13.03%，同比上涨了 7.58 个百分点，是所有主流企业中份额上升最快的。2023 年行业排名和份额实现同比上升的企业还有：福田汽车排名上升一位至第四，份额上升了 1.37 个百分点；江淮汽车从十名开外上升至第八，份额上涨了 2 个百分点；江铃汽车从十名开外上升至第九，份额同比上涨了 0.88 个百分点。当然，2023 年行业销量排名同比下降的企业也不止一家。

二、轻型客车行业趋势展望

（一）2024 年形势分析

进入 2024 年，轻客行业的发展步伐"慢了下来"。根据中汽协会批发销量统计，1—5 月，轻客市场销量的同比增速为 9.23%；1—6 月市场销量的同比增速放缓至 4.54%；2024 年 1—7 月，我国轻客市场销量为 22.16 万辆，同比仅增长 3.01%。2024 年 1—9 月，我国轻客行业累计销售 28.42 万辆，同比增速进一步放缓至 0.50%，全年市场压力较大（图 8-5）。

轻客行业表现不及预期的原因主要有以下两方面。

一方面，2024 年，社会零售品消费总额增速在放缓。根据国家统计局数据，国内社会零售品消费总额 2024 年 1—6 月累计同比增速为 3.7%（上年同期是

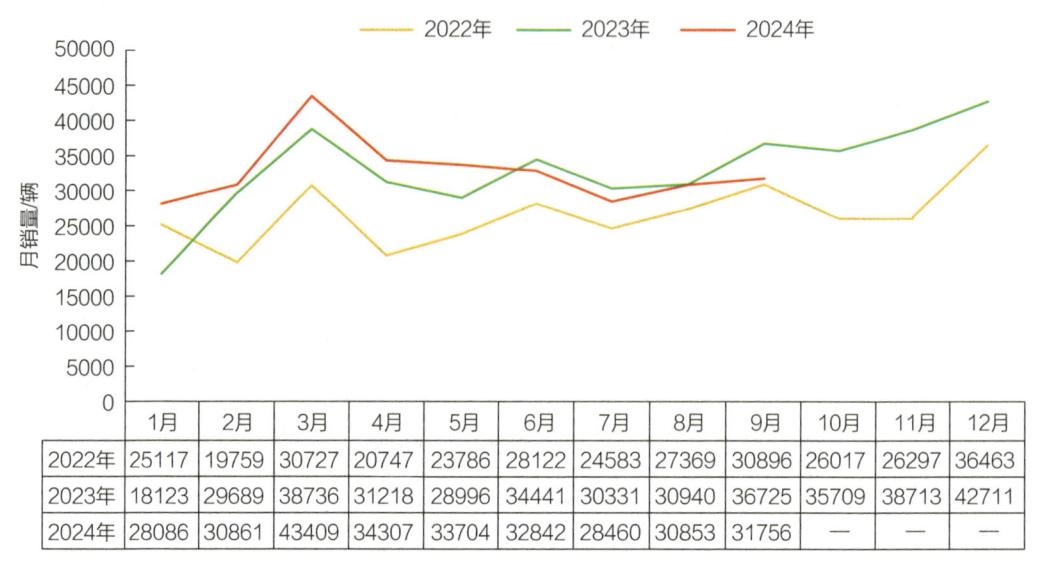

	1月	2月	3月	4月	5月	6月	7月	8月	9月	10月	11月	12月
2022年	25117	19759	30727	20747	23786	28122	24583	27369	30896	26017	26297	36463
2023年	18123	29689	38736	31218	28996	34441	30331	30940	36725	35709	38713	42711
2024年	28086	30861	43409	34307	33704	32842	28460	30853	31756	—	—	—

图 8-5 我国轻客市场 2022—2024 年月销量走势

注：数据来源于中汽协会。

8.2%），比 1—5 月的 4.1% 减少了 0.4 个百分点；1—9 月的社会零售品消费总额累计增速是 3.3%，比上半年又减少了 0.4 个百分点。社会零售品消费总额增速放缓的结果就是社会零售品消费所带来的货物运输量的环比减少，而轻客的主体部分又是从事城市配送用途的车辆，再加上城市配送物流市场上本身就一直存在的车辆过剩、运力过剩、运价低迷等状况，因此，国内轻客市场的终端购车需求减弱是必然的。

另一方面，从出口情况来看，轻客出口量也在"减速"。根据中汽协会数据，2024 年 1—9 月我国轻客出口量为 6.28 万辆，同比增长 10.73%，相比于 2023 年 85.73% 的同比增速，2024 年 1—9 月的轻客出口增速显然降低了不少。

不过，尽管轻客行业发展速度放缓，但新能源轻客细分市场并未"减速"。根据交强险终端实销统计，2024 年 1—9 月，国内新能源轻客累计销量达到 17.38 万辆，同比大幅增长 86.26%。从渗透率情况来看，新能源轻客已经在整个新能源商用车市场"一骑绝尘"。图 8-6 显示，从 2024 年 2 月起，轻客的新能源月度渗透率就已经连续超过大型客车和中型客车，渗透率稳居高位，成为市场上"最靓的那个仔"。2024 年 1—9 月，轻客市场的新能源累计渗透率达到 55.03%，不但远远超过上年，也超过了 2024 年 1—9 月的大型客车新能源渗透率（36.48%）和中型客车新能源渗透率（39.68%）。照这个发展速度，国内轻客市场的新能源化率超过 70% 应该会很快。

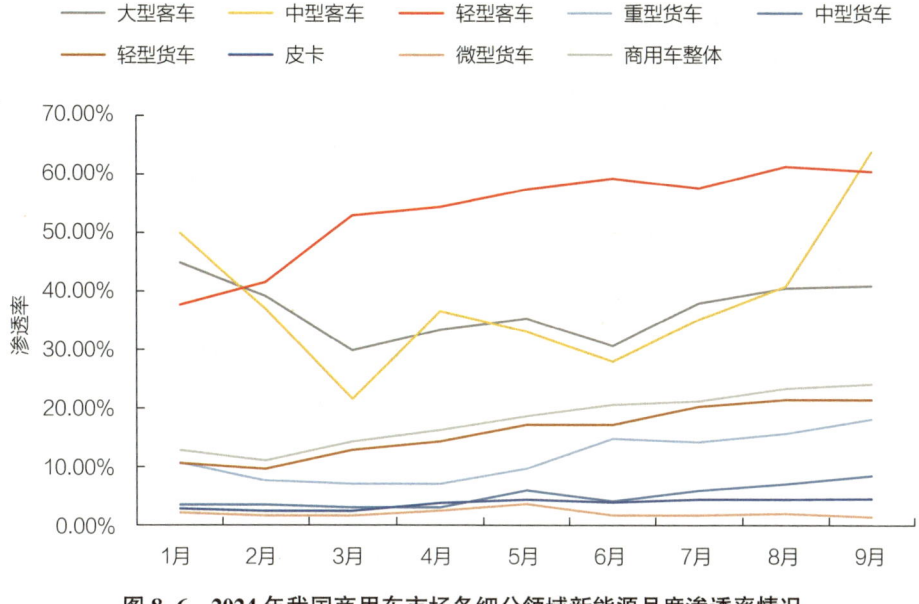

图 8-6　2024 年我国商用车市场各细分领域新能源月度渗透率情况

注：数据来源于交强险终端实销统计。

（二）轻客行业趋势展望

尽管轻客市场短期内面临波动，但我国轻客行业仍具有很大的发展空间和增长机遇。

第一是大有可为的电动化。截至 2024 年，轻客行业是继大型客车、中型客车之后第三个迈过 50% 电动化率的商用车细分领域。轻客是城市物流和专用改装的主力军，其主要作业环境和应用场景都在城区内甚至核心主城区，因此，"十四五"和"十五五"期间，轻客市场的厢式物流车、城市专用车、客货两用车、客运车等车型的电动化率还有进一步的上升空间。

第二是国内轻客市场还有继续增长的机会。在国民经济建设过程中，中小微企业、个体工商户业主和运输户是不可或缺的主力，他们在从事自身业务时需要投入运输车辆，而传统货车进城在多数城市都是受限的，因此，可"乘"可"商"、可载人可拉货、多功能属性强、进城受限较少的轻客就是其首选车型之一。另外，大量创业中青年投身城市配送运输行业，他们或通过购买新能源物流车或通过租赁新能源物流车来实现自己事业的发展，无论是哪种形式，都会带来新能源轻客等绿色零排放城市物流车辆的增长机遇。

第三是专业化分工推动轻客类专用改装车辆的增长。随着城市作业的专业化协作与细化分工，各种专用车辆不断涌现，尤其是冷链车、疫苗运输车、房车、宿营车、餐车、咖啡车等关系到民生和人民美好生活需要的专用车辆，增长空间巨大。VAN类轻客作为用途广泛、改装便捷的轻型多功能商用车平台，是城市专用车市场的"好帮手"和"能手"，未来还有很大的发展潜力。

第四是中国轻客产品拥有较大的出口空间。中国的商用车产品具有低成本、高性价比、环境适应性好的比较优势和竞争力，轻客产品同样如此。尤其是VAN类车型，进入新兴发达国家或地区和老牌发达国家或地区的机会非常大。2024—2025年以及之后的"十五五"阶段，中国的主流轻客企业及其产业链合作伙伴将加快"出海"，以清晰的海外战略、高性价比的车型、快速迭代的技术以及领先的新能源产品，将"版图"拓展至包括欧美等发达国家或地区在内的全球市场。

第9章　轻微型货车市场发展现状与未来趋势分析

本章作者：周丹 ⊖

摘要：

轻型货车、微型货车等商用车主要细分车型市场在 2023 年都收获了"多连增"。轻微型货车在 2023 年的"成绩"均达到近十年来销量第四高的中等偏上水平，基本与 2020 年前的水平相当。本章重点阐述了近十年轻、微型货车行业走势及 2023 年市场趋势和竞争格局，并对 2024 年轻、微型货车市场进行了分析和判断。

一、轻型货车市场分析及趋势预判

（一）2023 年市场概况

2023 年，轻型货车在整个货车市场中的占比达到 53.53%，较上年（55.94%）缩窄 2.41 个百分点。轻型货车在整个货车市场中的占比在 2016—2021 年均低于 50%，2022 年和 2023 年占比超过 50%（表 9-1）。

表 9-1　2022 和 2023 年货车各细分市场销量及占比变化一览

项目	货车整体	重型货车	中型货车	轻型货车	微型货车
2023 年销量/万辆	353.92	91.11	17.88	189.45	62.65
2022 年销量/万辆	289.26	67.19	15.91	161.81	50.69
同比增长	22%	36%	12%	17%	24%
2023 年占比	100%	25.74%	3.03%	53.53%	17.70%
2022 年占比	100%	23.23%	3.31%	55.94%	17.52%
2023 年占比增减	0%	2.51%	−0.28%	−2.41%	0.18%

注：数据来源于中汽协会。中汽协会的"轻型货车"销量中包含了皮卡销量。

见表 9-1，轻型货车市场 2023 年 17% 的增幅，比货车市场整体 22% 的累计增幅低 5 个百分点，跑输货车市场"大盘"。不过，2023 年轻型货车市场 189.45 万辆的全年销量与历年水平相比，并不难看。

图 9-1 显示，轻型货车市场自 2010 年达到行业顶峰（196 万辆）后，销量持续

⊖ 周丹，农学学士，第一商用车网资深编辑。

下滑，2013 年（190.83 万辆）小幅回升后又连续三年下跌。2016 年是轻型货车市场最近十几年的绝对低谷，从 2017 年开始，在国家治理超载超限、取消低速货车，电商快递物流、冷链运输等细分市场兴起，皮卡解禁等利好因素的共同作用下，轻型货车市场连续两年实现稳步增长。2019 年，轻型货车市场同比小降 0.6%，未能延续增长势头。2020 年，轻型货车市场以 219.89 万辆的年销量站上历史之巅，这是我国轻型货车市场年销量首次突破 200 万辆。2021 年，轻型货车市场保持 200 万辆级别，交出累计销售 210.98 万辆的历史第二好成绩。2022 年，轻型货车市场平均月销量不足 14 万辆，全年累计销量刚过 160 万辆。2023 年，轻型货车市场销售 189.45 万辆，这一水平在近十年里能排到第四位。2023 年 1—12 月轻型货车市场销量及累计增幅走势如图 9-2 所示。

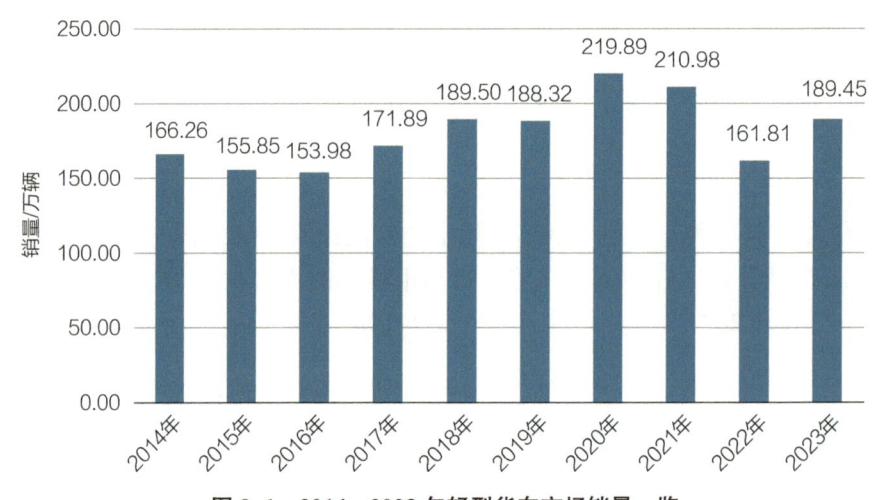

图 9-1　2014—2023 年轻型货车市场销量一览

注：数据来源于中汽协会。

图 9-2　2023 年 1—12 月轻型货车市场销量及累计增幅走势图

注：数据来源于中汽协会。

（二）行业竞争格局分析

2023 年，我国轻型货车市场累计销售 189.45 万辆，同比增长 17%，较 2022 年全年销量净增长约 27.64 万辆。具体到轻型货车生产企业来看，2023 年，轻型货车市场共有 6 家企业累计销量突破 10 万辆，前两名的企业超过 20 万辆（表 9-2）。

表 9-2　2023 年轻型货车（含皮卡）主流企业销量一览

企业	2023 年销量 / 万辆	2023 年份额	同比增长	2022 年销量 / 万辆	2022 年份额	份额增减
福田汽车	45.17	23.84%	45%	31.07	19.20%	+4.64%
长城汽车	20.23	10.68%	8%	18.67	11.54%	−0.86%
东风汽车	19.43	10.25%	11%	17.52	10.83%	−0.58%
江淮汽车	17.01	8.98%	11%	15.29	9.45%	−0.47%
长安汽车	16.57	8.75%	−4%	17.19	10.62%	−1.88%
江铃汽车	12.25	6.46%	−4%	12.76	7.89%	−1.42%
上汽大通	8.87	4.68%	−15%	10.46	6.46%	−1.78%
中国重汽	8.32	4.39%	18%	7.06	4.36%	+0.03%
远程商用车	8.16	4.31%	54%	5.30	3.28%	+1.03%
鑫源汽车	6.45	3.41%	71%	3.77	2.33%	+1.08%
江西五十铃	3.91	2.06%	1%	3.88	2.40%	−0.34%
一汽解放	3.58	1.89%	−9%	3.95	2.44%	−0.55%
总计	189.45	100%	17%	161.81	100%	—

注：数据来源于中汽协会。

由表 9-2 可见，12 家年销量超过 3.5 万辆的企业构成了 2023 年轻型货车市场的"主体"，这 12 家企业合计份额接近九成（89.71%），其中有三家企业年度份额超过 10%：福田汽车、长城汽车和东风汽车分食了 2023 年轻型货车市场 23.84%、10.68% 和 10.25% 的份额。

由表 9-2 还可见，主流企业（累计销量前 12）八增四降：福田汽车、长城汽车、东风汽车、江淮汽车、中国重汽、远程商用车、鑫源汽车和江西五十铃 2023 年销量同比分别增长 45%、8%、11%、11%、18%、54%、71% 和 1%，其中，福田汽车、中国重汽、远程商用车和鑫源汽车跑赢轻型货车市场"大盘"；同时也有企业降幅达到两位数，下滑最严重的上汽大通 2023 年销量同比下降 15%，比 2022 年净减少近 1.6 万辆。

2023 年累计销量增幅跑赢市场"大盘"的福田汽车、中国重汽、远程商用车和鑫源汽车四家企业，市场份额较 2022 年均有增长，其中福田汽车、远程商用车和鑫源汽车增长最为明显，分别增长了 4.64、1.03 和 1.08 个百分点。

由表 9-3 可见，2023 年轻型货车市场行业格局变化不大，排名一到八位的企业中仅发生了一组换位，江淮汽车上升一位至行业第四，长安汽车下滑一位至行业第五。八名之后的变化如下：远程商用车上升三位至行业第九；鑫源汽车上升一位跻身行业前十；江西五十铃和一汽解放双双被挤出行业前十。

表 9-3　2023 年轻型货车主流企业排名变化一览

2023 年排名	企业	2023 年销量/万辆	2022 年销量/万辆	同比增长	销量增减量/万辆	2022 年排名
1	福田汽车	45.17	31.07	45%	14.10	1
2	长城汽车	20.23	18.67	8%	1.56	2
3	东风汽车	19.43	17.52	11%	1.90	3
4	江淮汽车	17.01	15.29	11%	1.72	5
5	长安汽车	16.57	17.19	−4%	−0.62	4
6	江铃汽车	12.25	12.76	−4%	−0.51	6
7	上汽大通	8.87	10.46	−15%	−1.59	7
8	中国重汽	8.32	7.06	18%	1.26	8
9	远程商用车	8.16	5.30	54%	2.86	12
10	鑫源汽车	6.45	3.77	71%	2.69	11
11	江西五十铃	3.91	3.88	1%	0.03	10
12	一汽解放	3.58	3.95	−9%	−0.36	9
	总计	189.45	161.81	17%	27.64	—

注：数据来源于中汽协会。

（三）2024 年轻型货车市场走势分析

2024 年，我国轻型货车市场除了继续受到"新能源路权"（《交通运输大规模设备更新行动方案》）、"蓝牌新规"（《关于进一步加强轻型货车、小微型载客汽车生产和登记管理工作的通知》）、"促冷链物流发展"（《"十四五"冷链物流发展规划》《关于加快推进冷链物流运输高质量发展的实施意见》）、"皮卡解禁"（GB/T 40712—2021《多用途货车通用技术条件》明确皮卡"多用途货车"身份，各地取消皮卡进城限制）等政策及法规影响外，营运货车"以旧换新"补贴政策（《关于实施老旧营运货车报废更新的通知》）的出台也将对轻型货车市场产生一定影响。

表 9-4 及图 9-3 显示，2024 年 1—9 月，我国轻型货车市场累计销售 139.48 万辆，同比增长 2%，比 2023 年同期净增长约 2.95 万辆。尽管如此，受市场大环境影响，2024 年第四季度轻型货车行业的压力同样非常大。

表 9-4 2024 年 1—9 月轻型货车增幅与货车市场整体增幅对比

项目	1月	2月	3月	4月	5月	6月	7月	8月	9月	1—9月累计
轻型货车市场销量/万辆	16.22	11.40	20.98	15.84	15.72	16.4	13.34	13.30	15.75	139.48
轻型货车市场增幅	82%	−35%	0.1%	4%	7%	3%	−2%	−7%	−4%	2%
货车市场整体增幅	82%	−26%	4%	1%	2%	−5%	−6%	−14%	−26%	−2%

注：数据来源于中汽协会。

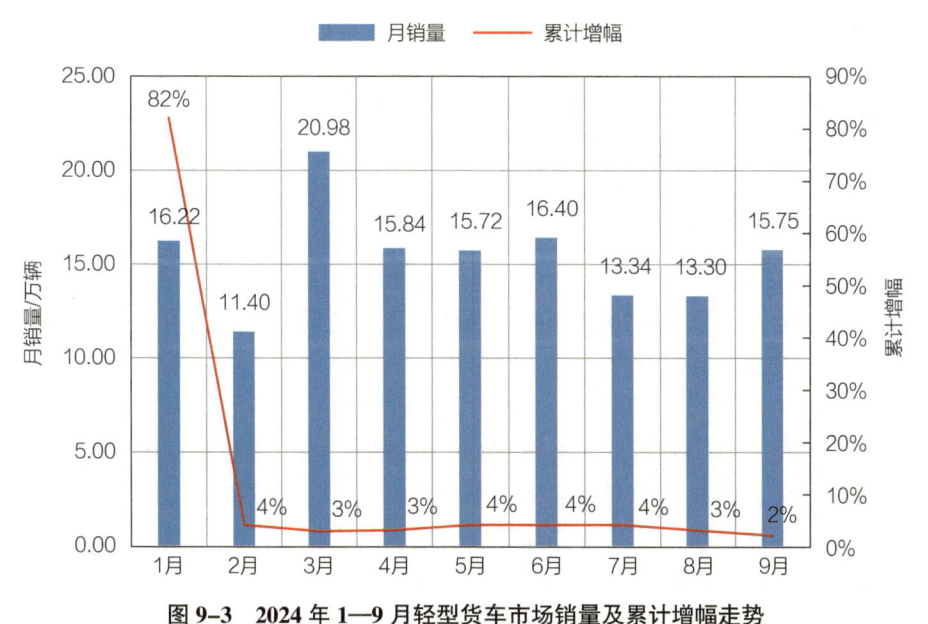

图 9-3 2024 年 1—9 月轻型货车市场销量及累计增幅走势

注：数据来源于中汽协会。

轻型货车前三季度累计销售 139.48 万辆，同比增长 2%，连续 6 个月跑赢货车市场"大盘"（注：货车市场整体销量在 8 月过后已步入下降区间，前三季度累计销量同比下降 2%），展示出轻型货车市场较强的韧性，2024 年该市场多个细分领域有望实现增长。

首先是新能源轻型货车。机动车上险数据显示，2024 年上半年，我国新能源轻型货车（1.8~6t）累计销售 17.7 万辆，同比增长 89%，在轻型货车市场的占比达到

16.9%，渗透率首次突破 15% 关口。其中，3~4t 车型同比增长 131%，4~6t 车型同比增长 187%，增长最为突出。照此发展，2024 年新能源轻型货车的"增量"有望超过 10 万辆。

其次是冷链物流轻型货车。"十四五"期间，冷链物流行业迎来重大发展，国内冷冻、冷链市场目前正处于成长周期。中国物流与采购联合会最新数据显示，2024 年上半年，我国冷链物流需求平稳增长，市场规模呈现继续扩大的态势。2024 年上半年，冷链物流量达到 2.2 亿 t，同比增长 4.4%。基于此，冷藏车，尤其是新能源冷藏车出现爆发式增长。2024 年上半年，全国新能源冷藏车销售 4803 辆（以轻型货车为主要车型），同比大幅增长 293%。随着"以旧换新"政策的落实、充电桩等配套设施的不断完善，新能源冷藏车市场的发展有望进一步提速。

此外，机械式自动变速器（AMT）轻型货车、天然气（主要是 CNG）轻型货车等车型，以及最近几年越来越难以忽视的出口市场（过去两年，我国货车出口稳定增长，出口销量中约有一半为轻型货车产品），都有望为 2024 年轻型货车市场贡献相应的"增量"。

二、微型货车市场分析及趋势预判

（一）2023 年市场概况

微型货车在货车市场的存在感一直比较弱，但在《国家乡村振兴战略规划（2018—2022 年）》，以及"2024 年新能源汽车下乡活动"的助力下，微型货车市场的发展前景仍被多方看好。

同时，一方面，"消费降级"具体到货车市场来看有一个较为明显的趋势就是轻型货车小型化；另一方面，末端物流的"新物种"mini 卡也是微型货车市场的一股新力量；此外，新能源车型在微型货车领域的渗透也越来越快。因此，微型货车在货车市场的占比虽小，其存在感却难以忽视，各家主机厂推出微型货车新产品的速度也非常快，因此，微型货车市场是一个日渐繁荣的细分市场。

2023 年，我国微型货车市场全年累计销售 62.65 万辆，同比增长 24%。2023 年，微型货车在整个货车市场的占比为 17.70%，较上年（17.52%）略微提升 0.18 个百分点（图 9-4）。

2023 年，微型货车市场销量增幅为 24%，在货车市场 4 个细分领域仅次于重型货车市场（36%）；微型货车市场 2023 年全年 62.65 万辆的销量与 2021 年（60.45 万辆）基本相当，2023 年微型货车在货车市场的份额占比为 17.70%，而 2021 年占比仅有 14.10%，从这个角度而言，近两年微型货车的存在感在增强。

微型货车 2010 年在《汽车行业调整振兴规划》政策刺激下曾短暂突破 60 万辆

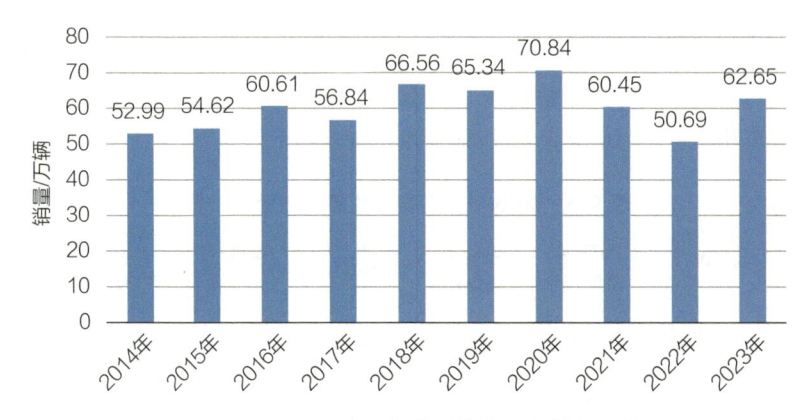

图 9-4 2014—2023 年微型货车市场销量一览

注：数据来源于中汽协会。

（61.21 万辆），随后回归理性，进入平稳发展期，2012—2015 年销量均处于 50 万～55 万辆区间；2014—2016 年微型货车市场连续 3 年实现增长，在 2016 年销量再次突破 60 万辆，但连续增长势头未能在 2017 年延续，年销量再次跌至 60 万辆以下。2018—2021 年微型货车市场销量均保持 60 万辆以上水平，并在 2020 年创造了 70.84 万辆的史上最高销量，之后 3 年，微型货车市场再次走出"V"形走势，在 2023 年回到正常水平区间。单从年销量看，2023 年微型货车市场 62.65 万辆的年销量在近十年算是中上水平（图 9-4）。

如图 9-5 所示，从单月销量的角度看，2023 年微型货车市场平均月销量约 5.17 万辆，其中 4 月、5 月、9 月、10 月和 12 月销量超过 6 万辆，1 月、2 月、7 月和 8 月销量低于 5 万辆，3 月、6 月和 11 月则在 5 万～6 万辆区间内。

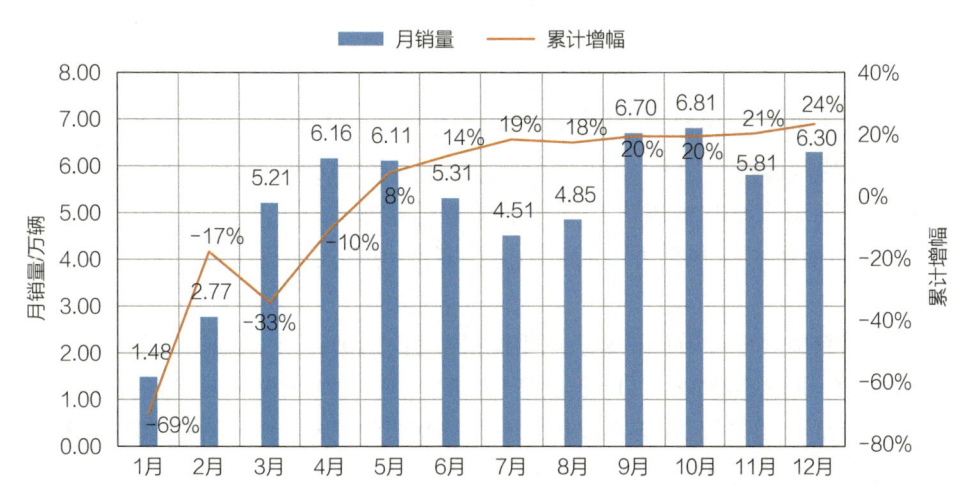

图 9-5 2023 年 1—12 月微型货车市场销量及累计增幅走势

注：数据来源于中汽协会。

（二）行业竞争格局分析

2023 年，我国微型货车市场累计销售 62.65 万辆，同比增长 24%。2023 年全年，微型货车市场仅有 10 家企业实现销售（表 9-5）。

表 9-5　2023 年微型货车生产企业销量一览

2023 年排名	企业	2023 年销量/辆	2022 年销量/辆	同比增长	2023 年份额	2022 年份额	份额增减
1	上汽通用五菱	368362	290121	27%	58.80%	57.24%	+1.56%
2	东风汽车	72536	70022	4%	11.58%	13.81%	-2.24%
3	山东凯马	67509	43465	55%	10.78%	8.57%	+2.20%
4	长安汽车	61059	68244	-11%	9.75%	13.46%	-3.72%
5	奇瑞汽车	42339	27486	54%	6.76%	5.42%	+1.34%
6	远程商用车	13279	6137	116%	2.12%	1.21%	+0.91%
7	福田汽车	1198	847	41%	0.19%	0.17%	+0.02%
8	佛山飞驰	200	0	—	0.03%	0.00%	+0.03%
9	新龙马汽车	7	251	-97%	0.00%	0.05%	-0.05%
10	昌河汽车	3	266	-99%	0.00%	0.05%	-0.05%
	总计	62.65	50.69	24%	100%	100%	0.00%

注：数据来源于中汽协会。

由表 9-5 可见，2023 年有 7 家实现同比增长（其中佛山飞驰为净增长）。累计增幅最高的是远程商用车，2023 年销量同比增长 116%；此外，上汽通用五菱、山东凯马、奇瑞汽车和福田汽车等企业的累计增幅也高于微型货车市场 2023 年整体 24% 的增幅；东风汽车 2023 年微型货车销量的同比增幅则低于市场整体增幅。

2023 年微型货车市场有 3 家企业年度份额超过 10%，上汽通用五菱、东风汽车和山东凯马分别占 58.80%、11.58% 和 10.78% 的份额（图 9-6）。排名首位的上汽通用五菱 2023 年销量较 2022 年增长 27%，净增长约 7.8 万辆，约占 2023 年微型货车市场增量的 2/3（65.42%）。

2023 年，上汽通用五菱、山东凯马、奇瑞汽车、远程商用车、福田汽车及佛山

图 9-6　2023 年微型货车市场企业销量及份额一览

注：数据来源于中汽协会。

飞驰 6 家企业微型货车销量实现增长，且增幅高于微型货车市场整体 24% 的增幅，2023 年市场份额较 2022 年均有不同程度的提升。其中，上汽通用五菱、山东凯马和奇瑞汽车 3 家企业的市场份额提升超过 1 个百分点，山东凯马份额提升了 2.20 个百分点，份额提升最为明显。

（三）2024 年微型货车市场走势分析

与轻型货车市场一样，微型货车市场受政策影响极大，2009 年的《汽车行业调整振兴规划》就曾刺激微型货车市场爆发过一次。2023 年，我国微型货车市场主要受到《关于进一步加强轻型货车、小微型载客汽车生产和登记管理工作的通知》《乡村振兴战略规划（2018—2022 年）》《关于开展 2023 年新能源汽车下乡活动的通知》和《交通运输大规模设备更新行动方案》等政策及法规的影响，2024 年，上述因素对微型货车市场的影响还在持续。需要注意的是，《关于实施老旧营运货车报废更新的通知》中的营运货车以旧换新补贴并不覆盖微型货车领域。

2023 年，微型货车市场全年销量为 62.65 万辆，同比增长 24%，较 2022 年销量净增长约 12 万辆，这也给 2024 年微型货车市场继续保持增长制造了一定的难度。2024 年前 9 个月，微型货车市场仅在 2 月和 3 月两次跑赢货车市场"大盘"，1 月以及 4—9 月均跑输货车市场"大盘"。7 月过后，微型货车市场累计销量进入下降区间，前三季度累计销量降幅已接近二成（-19%），同样跑输货车市场"大盘"（表 9-6）。

表 9-6 2024 年 1—9 月微型货车销量情况与货车整体市场对比

项目	1月	2月	3月	4月	5月	6月	7月	8月	9月	1—9月
微型货车销量/万辆	1.91	3.36	6.56	5.90	5.26	4.43	3.00	2.67	1.86	35.42
微型货车销量同比增幅	29%	21%	26%	−4%	−14%	−15%	−32%	−45%	−72%	−19%
货车市场同比增幅	82%	−26%	4%	1%	2%	−5%	−6%	−14%	−26%	−2%

注：数据来源于中汽协会。

如表 9-6 和图 9-7 所示，2024 年 1—9 月，我国微型货车市场累计销售 35.42 万辆，同比下降 19%。2024 年 1—9 月，微型货车市场平均月销量约 3.88 万辆。2023 年微型货车市场平均月销量为 5.17 万辆。历年数据显示，微型货车市场基本是下半年表现好于上半年，且第四季度平均月销量最高。按照前几年的走势，微型货车市场在 2024 年第四季度应该还有一波"行情"，但前三季度销量降幅已接近二成的微型货车市场，在第四季度"起死回生"的难度已经非常大。

图 9-7 2024 年微型货车市场销量及累计增幅走势

注：数据来源于中汽协会。

具体到细分车型来看，在传统燃油车型方面，微型货车仍以汽油车型为主，高舒适性、大马力、大排量、大装载空间的微型货车产品越来越受到市场推崇。同时，各类新能源微型货车，尤其是纯电动微型货车是 2024 年微型货车市场的一大亮点。首先是政策的支持，"2024 年新能源汽车下乡活动"中在商用车领域受益最大的就是新能源微型货车。《新能源汽车产业发展规划（2021—2035年）》提出特定区域物流配送车辆中新能源汽车不低于80%，纯电动微型货车在城市配送市场也能分一杯羹。其次，聚焦配送最后一千米的新能源mini卡目前正处于市场培育期，也有望为微型货车市场贡献新的增量。不过需要注意的是，新能源货车续保费用较高对用户的购买热情有一定影响。最后是出口市场，随着中国新能源商用车的迅速发展，中国商用车品牌在海外市场争相攻城略地，而新能源微型货车就是不少企业打向海外的"第一张牌"。

第 10 章　皮卡市场发展现状分析与未来趋势展望

本章作者：崔东树

摘要：

近期，中国皮卡车型出口爆发式增长，实现对国际市场的全面突破，汽车企业出口量对总销量的贡献度达到 50% 左右，部分汽车企业的出口量占自身总销量的 80% 以上。未来，随着皮卡文化的快速普及和出口市场的持续走强，皮卡市场仍具有巨大的发展潜力。

2023 年皮卡销量为 51.3 万辆，同比下降 0.1%；2024 年 1—6 月皮卡销量为 26.2 万辆，实现同比增长 3%。近两年，房地产行业低迷，皮卡消费群体购买力不强，但在促消费政策下，皮卡总体需求形势改善，因此，皮卡在国内的销量走势较平稳，而出口市场增量表现较强。

皮卡进城的效果远不如下乡的效果好，西北、东北等地区的市场持续走强，而限购城市和限行城市的皮卡需求并未实现强增长。国外汽车市场需求暴增，推动 2023 年下半年以来我国皮卡出口持续增长。

2023 年，我国皮卡产销相对平稳。国内皮卡市场的长城汽车、江铃汽车、郑州日产、江西五十铃的表现一直较好。出口市场波动较大，部分皮卡企业抓住出口机遇实现强势增长，上汽大通、长城汽车、江淮汽车、长安汽车的出口规模巨大，出口量占部分厂家总销量近三成。国内皮卡市场的格局相对稳定，长城汽车、江铃汽车、郑州日产、江西五十铃四家企业构成的皮卡"一超三强"格局继续保持平稳。国内电动皮卡市场逐步启动，吉利雷达等电动皮卡逐步培育市场。

一、皮卡市场总体分析

（一）全国皮卡市场走势对比

2018 年皮卡销量为 45 万辆，增长 10%；2019 年皮卡累计销量为 44 万辆，同比下降 3%；2020 年皮卡销量为 48 万辆，同比增长 9%；2021 年皮卡销量为 55 万辆，同比增长 14%，达到近年来峰值。2022 年皮卡总体走势相对平稳，销量达到 51.3 万辆，较 2021 年下降 6%（表 10-1）。

表 10-1　2019—2024 年皮卡市场分季度和半年销量走势

年份	一季度 销量/万辆	一季度 同比增速	二季度 销量/万辆	二季度 同比增速	二季度 环比增速	上半年 销量/万辆	上半年 同比增速	下半年 销量/万辆	下半年 同比增速	年度 销量/万辆	年度 同比增速
2019	11.1	5%	11.0	−4%	−1%	22.1	0%	21.8	−6%	43.9	−3%
2020	6.7	−40%	13.9	27%	109%	20.6	−7%	27.3	25%	47.8	9%
2021	13.5	103%	14.0	0%	3%	27.5	34%	27.1	−1%	54.6	14%
2022	12.9	−4%	12.9	−7%	0%	25.9	−6%	25.5	−6%	51.3	−6%
2023	12.1	−6%	13.4	3%	10%	25.5	−1%	25.8	1%	51.3	0%
2024	12.8	6%	13.4	0%	4%	26.2	3%	—	—	—	—

注：数据来源于中国汽车流通协会乘用车市场信息联席分会（简称乘联会）。

2023 年皮卡总体销量为 51.3 万辆，同比下降 0.1%，皮卡市场走势相对平稳。2024 年 1—6 月皮卡销量为 26.2 万辆，同比增长 3%，总体表现不错。

（二）历年皮卡市场月度走势变化

2023 年春节时间较早，因此，2—6 月销量保持高位。2024 年 1—3 月销量剧烈波动，4—6 月皮卡销量走势因出口因素而相对平稳。2023 年皮卡市场走势相对平稳，销量在 4 万～5 万辆的月份有 9 个月，形成淡旺季区别不明显的走势。2024 年皮卡批发市场的走势较强，1 月开局较强，3—4 月同比实现正增长，但 5—6 月的 4.5 万辆左右的销量同比下降（图 10-1）。

图 10-1　2021—2024 年我国皮卡市场走势

注：数据来源于乘联会。

皮卡属于生产资料车型，一般在春节之前购买皮卡的用户相对较少，春节之后的3—12月皮卡销售进入旺季，这一时期也是房地产企业、工程项目和单位采购皮卡需求增长的时期。

皮卡市场直接反映了小私营业主的发展情况。皮卡市场已经成为疫情后汽车市场回暖的先头兵。但由于房地产市场低迷，第三产业运营压力较大，皮卡市场回暖也很艰难。另一方面，皮卡出口市场快速增长，多种因素作用下，皮卡市场日益复杂。

（三）皮卡出口表现强劲

2024年皮卡出口出现持续走强的特征，3—6月呈现阶梯式攀升的良好局面（图10-2）。长城汽车、上汽大通、长安汽车、江淮汽车、北汽福田等企业出口表现优秀。但近期商用车出口增速放缓是比较明显的共同特征。

图10-2　2020—2024年我国皮卡出口走势

注：数据来源于乘联会。

全国皮卡市场2023年累计出口皮卡13.2万辆，增速4%。2024年皮卡行业出口表现更加强劲，2024年6月皮卡出口2.2万辆，行业出口占比继续保持高位。2023年皮卡出口量占皮卡总销量的26%，2024年6月占比达到45%，较2023年出口量占比提升19个百分点，中国自主品牌皮卡出口表现较好（表10-2）。

表 10-2　2019—2024 年皮卡出口走势

年份	1—5月 销量/万辆	1—5月 同比增速	6月 销量/万辆	6月 同比增速	6月 环比增速	上半年 销量/万辆	上半年 同比增速	下半年 销量/万辆	下半年 同比增速	年度 销量/万辆	年度 同比增速
2019	1.3	17%	0.3	-47%	12%	1.6	-2%	2.5	15%	4.0	8%
2020	1.0	-26%	0.3	16%	151%	1.3	-20%	3.0	21%	4.2	5%
2021	2.7	181%	0.8	175%	47%	3.5	179%	4.2	42%	7.8	83%
2022	4.2	56%	1.0	30%	56%	5.3	50%	7.5	77%	12.8	65%
2023	4.5	7%	1.1	3%	-7%	5.6	6%	7.7	2%	13.2	4%
2024	8.9	97%	2.2	103%	-4%	11.1	98%				

注：数据来源于乘联会。

二、皮卡市场环境分析

（一）皮卡产品管理政策"去货车化"

GB/T 40712—2021《多用途货车通用技术条件》从 2022 年 5 月 1 日起正式实施。该标准适用于双排座椅多用途货车，单排皮卡不在多用途货车的范围内。标准对皮卡车做了明确定义，并对尺寸、爬坡能力、燃油经济性、货箱、轮胎等方面做出要求，提出了"货箱顶部长应不超过整车长度的 35% 且不大于 1850mm""座椅间距不小于 650mm""货箱应只有后栏板为可开闭状态""至少有后排座椅配置 ISOFIX 儿童约束系统固定装置"等详细条款，以保证皮卡车的客货两用属性及行驶安全。同时，标准对皮卡车的碰撞性能、安全带、儿童约束系统及固定点、座椅及头枕、制动、视野、轮胎等提出了更高要求，明确这些方面的技术要求应与乘用车有关指标保持一致；而由于皮卡车对动力性有更高的需求，所以在节能和环保方面，污染物排放限值、燃料经济性、车内空气质量以及电磁兼容性的技术要求与现有标准保持一致即可。

相比 2020 年 12 月发布的征求意见稿，标准正式文件删除了"额定装载质量应不大于 500 kg"以及有关外部照明和光信号、三角警告牌、反光背心的要求，而一直以来备受关注的货箱不能设计为三面全开的条款仍然被保留。

（二）皮卡进城政策放宽

部分省市试点皮卡解禁，相关部委就皮卡解禁政策发声。2024 年 1 月，内蒙古包头市公安局交通管理支队发布《关于调整多用途货车（皮卡车）交通管理措施的通告》，规定在全市范围内全面取消多用途货车（皮卡车）进城通行限制，多用途货车（皮卡车）享有小型普通客车同等通行权利。

2024年3月初，河南省郑州市公安局公安交通管理局发布《关于优化部分货运车辆市区道路通行管理措施的通知》，决定自2024年3月15日起，对部分货运车辆市区道路通行管理措施进行优化，其中，轻型多用途货车在市区道路不限行。

2024年3月末，黑龙江省牡丹江市皮卡车参照小型载客汽车标准可在市区道路通行，不受载货汽车限行的政策限制。

2024年4月，广西南宁交警发布《关于南宁市城市道路交通管理的通告》，在南宁城区内的限制通行管理措施中不包含皮卡车，皮卡车与其他载货汽车有着明显不同的待遇。

（三）皮卡拖挂新增C6资质取得效果

2022年4月1日起实施的《机动车驾驶证申领和使用规定》新增"轻型牵引挂车"准驾车型（C6），规定中明确定义了轻型牵引挂车这一类车型定义以及所需的C6驾驶资质，为轻型车拖挂这一新兴现象确立了法律依据，让皮卡+拖挂的汽车列车驾驶方式合法化，让拖挂车驾驶员操控经验更丰富。2023年年底已取得C6准驾车型驾驶证的驾驶员数量达140万人，更好地满足了群众驾驶小型旅居挂车的出行需求，促进了房车旅游新业态的发展，使群众驾驶房车旅游更便利。

（四）皮卡产品乘用化的趋势明显

皮卡是乘用车细分市场的重要组成，与多功能运动车型（SUV）消费需求有密切关系。近些年有关皮卡乘用化的政策建议越来越多，这反映了当前国内市场对于皮卡乘用车身份的急切需求。在2024年的全国两会上，吉利集团董事长李书福、小米集团董事长兼CEO雷军、江汽集团质量改进工程师程韬等代表都对皮卡提出了相关建议。其中，"将皮卡划归为乘用车"不约而同地成为建议核心。

三、皮卡市场销售区域特征

（一）皮卡市场区域变化

皮卡市场的主力区域以西北、西南地区为主，西部地区的皮卡需求较大。2023年以来，西北地区的皮卡需求表现较强。目前来看，西南、西北地区的皮卡需求占到总体需求的44%左右，成为两大核心市场，其中，2024年西南市场规模较大（表10-3）。

表 10-3　2019—2024 年我国皮卡市场分区域需求占比走势

销售区域	2019 年	2020 年	2021 年	2022 年	2023 年	2024 年上半年合计	2024 年一季度	2024 年二季度
东北	6.1%	7.5%	7.9%	8.9%	8.5%	9.1%	8.5%	9.8%
东部－华北	10.4%	12.1%	12.8%	11.7%	11.3%	11.4%	11.3%	11.5%
东部－华东	5.1%	5.6%	6.2%	6.6%	6.6%	6.4%	6.3%	6.4%
东部－华南	10.5%	10.3%	10.1%	9.3%	8.3%	8.1%	7.5%	8.6%
东部直辖市	9.3%	2.8%	1.8%	1.9%	2.1%	2.2%	2.3%	2.1%
西北	16.6%	18.7%	20.2%	20.5%	24.1%	24.0%	23.8%	24.3%
西南	22.7%	23.3%	21.3%	21.0%	20.1%	20.1%	21.6%	18.5%
中部－黄河流域	5.4%	6.2%	6.0%	6.0%	5.8%	5.6%	5.5%	5.6%
中部－长江流域	13.8%	13.6%	13.7%	14.2%	13.2%	13.2%	13.3%	13.2%

注：数据来源于乘联会。

西部市场近期保持相对稳定的态势，东部地区回落。虽然经济活跃，但华东、华南地区的皮卡市场并没有大幅的增长。

北方和中西部地区皮卡市场表现相对较强，这是因为北方和中西部地区市场经济相对不活跃，主要靠投资和工程建设拉动需求。

皮卡私人乘用化发展有待进一步推进，京、津、沪的皮卡销量在 2024 年有一定恢复，近期长城汽车乘用化皮卡产品值得期待。

（二）皮卡销售城乡变化分析

皮卡的主力销售区域以中小城市和县乡市场为主，但县乡市场春节前的表现相对偏弱。2024 年 6 月，中型城市和北京等限购市场表现较好，而县乡市场持续稳定，大型城市市场目前来看并没有明显的突破特征（表 10-4）。

表 10-4　2018—2024 年我国皮卡市场分城市类型销量占比走势

城市		2018 年	2019 年	2020 年	2021 年	2022 年	2023 年	2024 年上半年合计	2024 年一季度	2024 年二季度	2024 年上半年相对 2018 年份额变化
特大城市	北京	3.2%	8.6%	1.9%	0.8%	0.9%	1.2%	1.3%	1.4%	1.3%	-1.9%
	广州	1.0%	0.7%	0.7%	0.7%	0.7%	0.7%	0.8%	0.7%	0.8%	-0.3%
	杭州	0.5%	0.6%	0.7%	0.6%	0.6%	0.6%	0.6%	0.6%	0.7%	0.1%
	上海	0.3%	0.3%	0.3%	0.4%	0.5%	0.5%	0.4%	0.5%	0.4%	0.1%
	深圳	1.1%	0.6%	0.7%	0.7%	0.7%	0.6%	0.8%	1.0%	0.8%	-0.3%
	天津	0.4%	0.4%	0.5%	0.5%	0.5%	0.4%	0.4%	0.4%	0.4%	0.0%

（续）

城市		2018年	2019年	2020年	2021年	2022年	2023年	2024年上半年合计	2024年一季度	2024年二季度	2024年上半年相对2018年份额变化
特大城市合计		6.6%	11.3%	4.9%	3.7%	3.9%	4.1%	4.4%	4.1%	4.7%	-2.2%
大型城市	成都	1.9%	1.7%	1.8%	1.5%	1.9%	2.0%	2.1%	2.1%	2.0%	0.2%
	东莞	0.6%	0.6%	0.5%	0.5%	0.4%	0.3%	0.3%	0.3%	0.4%	-0.3%
	佛山	0.2%	0.2%	0.3%	0.2%	0.2%	0.2%	0.2%	0.2%	0.2%	0.0%
	合肥	0.6%	0.5%	0.4%	0.5%	0.6%	0.6%	0.7%	0.7%	0.7%	0.1%
	济南	0.5%	0.6%	0.7%	0.7%	0.8%	0.9%	0.8%	0.8%	0.9%	0.4%
	昆明	1.3%	1.0%	1.1%	0.8%	0.8%	0.9%	0.9%	0.9%	0.9%	-0.4%
	南京	0.3%	0.3%	0.3%	0.3%	0.4%	0.4%	0.4%	0.4%	0.4%	0.0%
	宁波	0.7%	0.7%	0.7%	0.7%	0.7%	0.9%	0.7%	0.6%	0.8%	0.0%
	石家庄	0.8%	0.7%	0.9%	0.9%	0.8%	0.9%	1.0%	0.9%	1.1%	0.2%
	苏州	0.3%	0.3%	0.3%	0.3%	0.3%	0.4%	0.3%	0.2%	0.3%	-0.1%
	武汉	0.6%	0.6%	0.6%	0.7%	0.8%	0.8%	1.0%	0.9%	1.2%	0.5%
	西安	0.8%	0.6%	0.6%	0.6%	0.6%	0.8%	0.7%	0.6%	0.7%	-0.1%
	长沙	0.9%	0.6%	0.7%	0.6%	0.6%	0.7%	0.7%	0.7%	0.7%	-0.1%
	郑州	1.3%	1.0%	0.9%	0.8%	0.8%	0.9%	1.0%	1.0%	0.9%	-0.4%
	重庆	2.5%	2.2%	2.8%	2.4%	2.1%	2.3%	2.1%	2.3%	1.9%	-0.4%
大型城市合计		13.2%	11.6%	12.5%	11.6%	12.0%	12.9%	12.8%	12.6%	13.0%	-0.4%
中型城市合计		17.3%	17.2%	18.3%	18.8%	18.7%	19.7%	20.4%	19.9%	20.9%	3.1%
小型城市合计		21.6%	21.4%	23.7%	24.6%	23.9%	23.1%	23.2%	23.2%	23.2%	1.7%
县乡合计		41.3%	38.5%	40.6%	41.3%	41.5%	40.2%	39.2%	40.1%	38.2%	-2.1%

注：数据来源于乘联会。

特大城市的市场逐步进入爆发后的萎缩过程之中，而限购城市市场中，北京市场因牌照紧张而皮卡表现较好。前期表现相对较强的深圳、天津等市场表现偏弱。重庆、成都表现相对较强。杭州作为全国地域面积大于北京的大市场，其茶农市场的皮卡需求较好。

（三）国内区域皮卡市场变化对比分析

商用车的货车和客车结构相对稳定。货车中的皮卡从2022年至今市场持续走弱，2022年和2024年均出现了较大幅度的下滑，而相比来看，轻卡表现较好，重卡在2022年深度调整后，2023年走势较强。客车中的轻型客车走势较强，而大中型客车持续萎缩低迷（表10-5）。

表 10-5　2019—2024 年国内商用车市场分车型销量走势

车型分类		2019年	2020年	2021年	2022年	2023年	2024年	2024年 1月	2月	3月	4月	5月	6月	2022年	2023年	2024年	2024年 6月
货车	皮卡	39	42	43	34	33	14	2.5	1.7	3.0	2.6	2.4	2.0	-22%	-2%	-19%	-19%
	微型货车	88	93	81	58	54	21	3.0	2.7	5.5	3.8	3.5	3.0	-29%	-7%	-30%	-37%
	轻型货车	92	118	111	79	91	52	6.6	5.3	12.6	10.0	9.1	7.9	-29%	16%	19%	6%
	中型货车	15	17	16	8	8	4	0.6	0.3	0.8	0.7	0.6	0.6	-52%	-3%	-15%	-28%
	重型货车	110	149	134	45	59	29	3.2	2.6	7.3	6.3	5.2	4.6	-66%	30%	-4%	-14%
	货车合计	345	419	386	224	245	120	16.0	12.6	29.2	23.4	20.8	18.0	-42%	9%	-5%	-15%
客车	大型客车	6	4	4	3	3	2	0.3	0.1	0.2	0.4	0.3	0.3	-17%	-20%	49%	38%
	轻型客车	25	26	29	28	34	20	2.5	1.7	4.5	4.0	3.7	3.7	-1%	19%	34%	50%
	中型客车	6	4	4	3	3	1	0.3	0.1	0.2	0.3	0.2	0.2	-19%	-1%	32%	3%
	客车合计	36	34	36	34	39	23	3.1	2.0	5.0	4.8	4.2	4.2	-5%	14%	35%	46%
总计		381	453	423	258	284	143	19.1	14.5	34.2	28.2	25	22.2	-39%	10%	0%	-8%
皮卡占比		10%	9%	10%	13%	12%	10%	13%	12%	9%	9%	10%	9%				
微型货车占比		23%	21%	19%	22%	19%	15%	16%	18%	16%	13%	14%	13%				
轻型货车占比		24%	26%	26%	31%	32%	36%	35%	36%	37%	36%	36%	36%				

(续)

车型分类		2019年	2020年	2021年	2022年	2023年	2024年	2024年 1月	2月	3月	4月	5月	6月	增速 2022年	2023年	2024年	2024年 6月
货车占比	中型货车占比	4%	4%	4%	3%	3%	2%	3%	2%	2%	3%	2%	3%				
	重型货车占比	29%	33%	32%	18%	21%	20%	17%	18%	21%	22%	21%	20%				
	货车合计占比	90%	92%	91%	87%	86%	84%	84%	86%	85%	83%	83%	81%				
客车占比	大型客车占比	1%	1%	1%	1%	1%	1%	1%	1%	1%	1%	1%	1%				
	轻型客车占比	7%	6%	7%	11%	12%	14%	13%	12%	13%	14%	15%	17%				
	中型客车占比	2%	1%	1%	1%	1%	1%	2%	1%	1%	1%	1%	1%				
	客车合计占比	10%	8%	9%	13%	14%	16%	16%	14%	15%	17%	17%	19%				
总计		100%	100%	100%	100%	100%	100%	100%	100%	100%	100%	100%	100%				

注：数据来源于乘联会。

（四）国内皮卡的电动化趋势对比

2024年货车新能源渗透率为12%，其中，皮卡为5%，客车为56%，较同期均有小幅提升，而轻卡和轻客的电动汽车渗透率提升较大（表10-6）。

表10-6　2020—2024年历年6月国内商用车分车型不同动力类型占比情况

车型		货车					货车合计	客车			客车合计	总计
		微型货车	皮卡	轻型货车	中型货车	重型货车		轻型客车	中型客车	大型客车		
2020年	燃油	100%	100%	99%	99%	100%	100%	94%	47%	38%	84%	99%
	插混	—	—	0%	0%	0%	0%	—	1%	12%	1%	0%
	纯电动	0%	0%	1%	1%	0%	0%	6%	48%	50%	14%	1%
	氢能	—	—	—	—	—	—	—	4%	—	0%	0%
	合计	0%	0%	1%	1%	0%	0%	6%	53%	62%	16%	1%
2021年	燃油	98%	99%	99%	100%	100%	99%	90%	68%	64%	83%	98%
	插混	—	—	0%	—	0%	0%	—	—	3%	1%	0%
	纯电动	2%	1%	1%	0%	0%	1%	10%	32%	32%	16%	2%
	氢能	—	—	—	0%	—	0%	—	—	1%	0%	0%
	合计	2%	1%	1%	0%	0%	1%	10%	32%	36%	17%	2%
2022年	燃油	97%	99%	96%	98%	95%	96%	75%	32%	27%	67%	93%
	插混	—	—	0%	—	0%	0%	—	0%	10%	1%	0%
	纯电动	3%	1%	4%	1%	4%	3%	25%	68%	63%	32%	7%
	氢能	—	—	0%	—	0%	1%	—	—	1%	0%	0%
	合计	3%	1%	4%	2%	5%	4%	25%	68%	73%	33%	7%
2023年	燃油	95%	98%	92%	98%	94%	94%	61%	66%	65%	62%	89%
	插混	—	0%	0%	0%	0%	—	—	1%	0%	0%	—
	纯电动	5%	1%	7%	2%	5%	5%	39%	34%	33%	38%	10%
	氢能	—	—	0%	0%	1%	0%	—	0%	1%	0%	0%
	合计	5%	2%	8%	2%	6%	6%	39%	34%	35%	38%	11%
2024年	燃油	95%	95%	84%	97%	85%	88%	41%	72%	69%	44%	79%
	插混	—	2%	1%	0%	1%	—	—	—	—	—	0%

（续）

车型		货车					货车合计	客车			客车合计	总计
		微型货车	皮卡	轻型货车	中型货车	重型货车		轻型客车	中型客车	大型客车		
2024年	纯电动	5%	3%	15%	3%	14%	12%	59%	28%	30%	56%	20%
	氢能	—	—	—	1%	0%		0%	1%	0%	0%	
	合计	5%	5%	16%	3%	15%	12%	59%	28%	31%	56%	21%

注：1. 插电式混合动力简称插混。
2. 数据来源于乘联会。

四、中国皮卡市场竞争分析

（一）皮卡企业表现分析

2023年皮卡市场主力企业表现较好，长城汽车皮卡保持绝对优势地位。2024年皮卡市场二线企业表现较好，长安汽车、江淮汽车国外出口市场表现很强，江铃汽车、郑州日产等保持国内市场强势主力地位（图10-3）。

	长城汽车	长安汽车	江铃汽车	江淮汽车	上汽大通	郑州日产	福田汽车	江西五十铃	中兴汽车	雷达汽车
2022年上半年	9.44	1.58	3.57	2.48	2.53	2.23	0.88	1.79	0.73	0.00
2023年上半年	10.26	1.31	2.67	2.75	2.43	2.11	1.04	1.54	0.64	0.10
2024年上半年	9.19	3.20	2.91	2.86	2.69	1.63	1.48	0.88	0.81	0.26
2024年上半年同比增速	-10%	145%	9%	4%	10%	-23%	43%	-43%	26%	154%

图10-3　2022—2024年历年上半年主要皮卡企业销量情况

注：数据来源于乘联会。

随着皮卡出口量的暴增，上汽大通、江淮汽车、长安汽车快速崛起，形成头部企业挤压尾部企业销量的特征。

近期，传统大集团的强势皮卡企业都很强，尤其是上汽大通等企业出口表现突出。长城汽车的皮卡在国内外的销量表现都很好，新品上市的活力较强。江铃汽车皮卡销量的回暖速度较快，相对于属于新势力的上汽大通和长安汽车的皮卡销量表现较好。

（二）皮卡企业份额走势

目前国内皮卡市场的竞争格局依旧稳定，首先是长城汽车绝对领先，其次是江铃汽车、郑州日产和江西五十铃等企业表现相对较强，随后的福田汽车表现相对较优秀，形成第二梯队的主力特征（图10-4）。其后的几家主力企业的表现都比较平稳，其较高的销量主要是靠出口市场获得的，因此从整个国内车市来看，皮卡市场目前呈现以相应比较稳定的品牌与技术以及销售网络为代表的相对比较稳定的竞争格局。

图10-4　2020—2024年主要皮卡企业国内销量情况

注：数据来源于乘联会。

2023年国内零售皮卡市场依旧保持一超多强的格局，但开始体现逐步分化的趋势，长城汽车的皮卡销量仍一枝独秀。

2024年长城汽车的皮卡以50%的内销份额领先，江铃汽车、郑州日产、江西五十铃等保持较强的地位，国内市场竞争格局相对稳定；近期很多企业的出口表现较强，因此，皮卡市场总体较强（表10-7）。

表10-7 2024年上半年皮卡企业累计销量排名及增速

2024年排名	皮卡企业	2024年上半年累计销量/万辆	2024年上半年同比增速
1	长城汽车	7.03	-19.42%
2	江铃汽车	2.82	13.88%
3	郑州日产	1.20	-26.26%
4	江西五十铃	1.02	-37.46%
5	福田汽车	0.74	43.00%
6	庆铃汽车	0.18	-39.67%
7	江淮汽车	0.20	-62.31%
8	上汽通用五菱	0.16	-54.66%
9	长安汽车	0.30	-3.04%
10	上汽大通	0.18	-69.17%

注：数据来源于乘联会。

（三）皮卡厂家出口走势

国际皮卡市场以美国、澳大利亚、泰国等部分国家为代表，形成独特的需求。在国际供给方面，以美系和日系为代表，而中国自主汽车企业在皮卡方面的产品日益国际化，竞争力不断增强。国外消费者对中国皮卡的认可度相对较高，尤其是在前几年芯片短缺带来汽车供应短缺的情况下，中国皮卡以质优价廉的优势实现了对海外市场的突破，形成了部分汽车企业海外市场的爆发式增长（图10-5）。

（四）皮卡城市销量走势

中国皮卡销售的主力城市是成都、重庆、乌鲁木齐等西南、西北城市，哈尔滨等东北城市也有较大的需求。鄂尔多斯等比较富裕的北方矿产地区，对皮卡也有较大需求。因此，皮卡与整体车市的需求结构是有明显差异的，山区、草原、北方地区等表现相对较强（图10-6）。

第三部分　细分市场报告

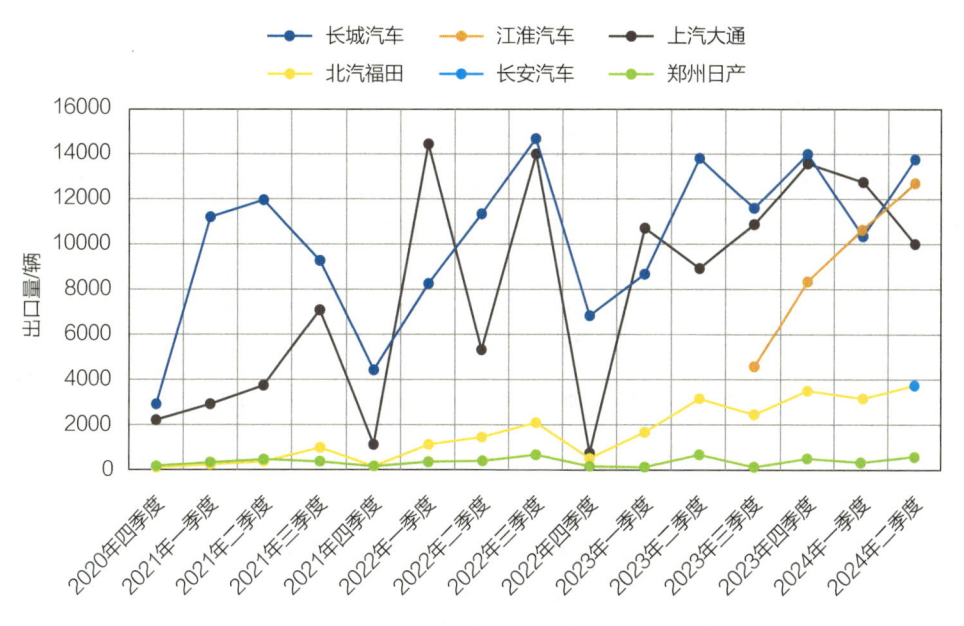

图 10-5　2020—2024 年主要皮卡企业出口走势

注：数据来源于乘联会。

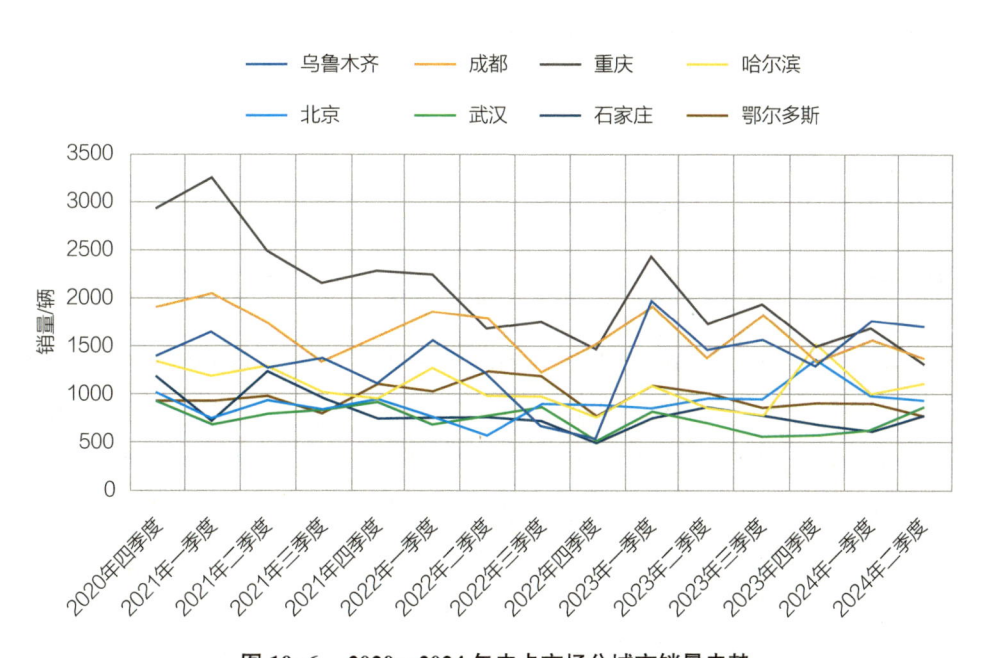

图 10-6　2020—2024 年皮卡市场分城市销量走势

注：数据来源于乘联会。

（五）皮卡主力车型走势

皮卡市场的主力车型以近期的长城系列皮卡为代表，长城汽车推出了诸多通用化的皮卡。更多的皮卡新品带动了较强的增量表现，尤其是像长城炮、风骏等产品的表现相对较强，而金刚炮等乘用化产品也获得中年老板的偏好。因此，皮卡市场出现了由较多的新品、新的动力模式带动的良好增长（表 10-8）。

表 10-8 2023—2024 年皮卡市场主力车款销量情况

车款	2023 年 一季度	二季度	三季度	四季度	合计	2024 年 一季度	二季度	合计	2024 年上半年同比增速
长城 – 长城炮	8154	13622	17476	17836	57088	17264	17857	40656	87%
长城 – 风骏 5	791	6653	10344	11279	29067	12502	11112	26847	261%
江铃 – 大道	—	2415	5290	6337	14042	5308	5897	12892	434%
长城 – 金刚炮	433	3457	4620	4157	12667	4065	5508	11368	192%
江铃 – 宝典	4987	3999	3566	3718	16270	3229	2982	7097	−21%
江铃福特 – 游骑侠	—	—	—	468	468	4089	2180	7050	—
江铃 – 域虎 7	123	307	1739	3404	5573	3124	2682	6601	1435%
江西五十铃 – D-MAX	130	145	2350	3757	6382	2991	2312	6108	2121%
江西五十铃 – 瑞迈	140	910	2175	2486	5711	2462	2292	5416	416%
郑州日产 – 锐骐 6	528	1044	1310	1476	4358	1361	1873	4019	156%
上汽大通 –T70	—	83	1066	1823	2972	1736	1579	3820	4502%
东风 – 锐骐 7	333	1484	1619	1969	5405	1484	1452	3468	91%
东风 – 锐骐	79	831	1175	1321	3406	1274	1433	3156	247%
福田 – 拓陆者	1433	1296	1495	1660	5884	1402	1171	2933	7%
中兴 – 威狮	873	1039	1246	1173	4331	1191	1213	2762	44%
雷达 –RD6	327	1431	1256	1623	4637	918	1341	2649	51%
长安 – 猎手	—	—	—	52	52	836	956	2167	—
郑州日产 – 纳瓦拉	624	1640	1243	1387	4894	915	935	2104	−7%
福田 – 将军 F9	45	94	453	996	1588	976	775	1970	1317%

（续）

车款	2023年 一季度	二季度	三季度	四季度	合计	2024年 一季度	二季度	合计	2024年上半年同比增速
江淮-T8	—	422	689	889	2000	905	650	1767	319%
江淮-悍途	19	475	821	823	2138	684	599	1484	200%
江淮-帅铃T6	96	416	527	535	1574	692	588	1453	184%
东风-帕拉索	49	145	570	290	1054	169	1016	1429	637%
长城-山海炮	309	1173	1676	1346	4504	988	293	1328	-10%
上汽通用五菱-征途	51	400	680	719	1850	676	456	1249	177%
庆铃五十铃-TAGA	1255	830	801	790	3676	516	484	1135	-46%
福田-火星9	—	—	171	408	579	462	442	1058	—
福田-火星7	—	—	139	349	488	413	325	871	—
长安-览拓者	733	770	699	713	2915	431	323	862	-43%
江淮-帅铃T8	78	73	263	322	736	412	336	859	469%
长城-风骏7	22	254	422	475	1173	314	268	648	135%
北汽-卡路里	164	229	289	264	946	224	207	470	20%
庆菱五十铃-T17	326	267	242	211	1046	177	178	402	-32%
中兴-领主	308	263	182	199	952	201	133	376	-34%

注：数据来源于乘联会。

五、未来皮卡市场展望

中国皮卡产业诞生于20世纪80年代，经过40多年的发展，已经成为品类相对完善的产业。但总体来看，皮卡产业仍然存在着一定的发展瓶颈。首先是皮卡的技术创新能力相对不强。目前国内商用车电动化趋势明显，但皮卡企业自主创新的积累还不够，自主研发能力相对不强，尤其在皮卡的底盘体系开发方面，与国际先进水平差距较大。其次是皮卡产品的高端人才相对缺乏。由于皮卡企业的产品规模比较小，多数皮卡企业的规模不大，形成了皮卡产品以小规模、行业营销为主的特征，皮卡产品的高端人才相对缺乏。

要克服这些发展瓶颈，首先要提升企业的核心竞争力。只有提升企业的核心竞争力，皮卡产品才能获得更多的利润，企业才能更好地抵御危机和挑战，实现从低价竞争向高利润竞争的转型，确保企业可持续地长久发展和增强抵御风险的能力。其次是要塑造独特的企业文化。竞争对手可以模仿品牌、技术，但是无法模仿公司全员认同的企业文化和企业价值观。好的文化和价值观能够对企业自身的品牌培育和建立消费者认同起到积极作用。再次是导入乘用车技术。皮卡产品的动力、底盘、内饰等多种设计资源都可以与乘用车共享，从而获得更多的技术提升和低成本优势。目前国内各大主流汽车企业集团正在加大对皮卡市场的关注和投入，未来乘用化的皮卡会有更大发展空间。最后是电动化技术的创新。随着环保减碳政策的加速推进，纯电动皮卡的发展将进入新阶段。电动皮卡对城镇运营场景的皮卡产品有较大的拉动作用，皮卡企业要及时跟进，从而更有效地拓展市场空间。

第四部分
企业竞争力报告

第 11 章　宇通：从客车"单科第一"迈向商用车"全科"领军

本章作者：周静[一]

摘要：

处于上升期的新能源货车市场，近三年发展格局变动频繁。

行业第一交替更迭的新能源货车市场，能否出现稳定的领军者，就像宇通稳居新能源客车第一一样？那位领军者是否还会是宇通？

"商用车电动化的赛道上没有回头路，唯有坚持创新与持续奋斗！"宇通集团董事长汤玉祥 2024 年新春贺词中明确表示，宇通将朝着"全球领先的新能源商用车集团"全速进发，以高质量的经营发展报效国家，以高水平的产品和产业四化引领行业进步！

十年前，在政策的引导下，以行业龙头宇通为代表，中国客车企业逐渐掌握新能源汽车三电（电池、电机、电控）核心技术，促进电池、电机等产业链走向成熟，推动了汽车行业新能源化进程。

十年后，新能源汽车行业进入市场化竞争阶段，货车领域成为汽车行业新能源化"最后的堡垒"。

又是宇通，围绕着出行、运输、作业这三大场景，将业务扩展到新能源商用车全领域，依托成熟技术链与产业链，实现了新能源货车价值链突破，加速了新能源货车的推广应用。

一、从客车新能源拐点看货车新能源未来

近些年，我国在推广新能源汽车发展的道路上突飞猛进，2023 年中国新能源汽车销量占全球市场份额的 66%。

我国新能源商用车市场推广进程不断加快，2023 年新能源商用车销量达到 44.7 万辆，较 2013 年 5000 辆的规模超出 80 倍。市场渗透率已从 2020 年的 2% 增长至 2023 年的 11% 左右，呈明显加快态势。

客车是中国新能源汽车起步最早、推广应用最早的"开路先锋"，也是新能源

[一] 周静，文学学士，方得网资深编辑。

渗透率较高的细分领域。

货车现已成为汽车行业新能源化"最后的堡垒",何时迈过新能源市场化拐点呢?

(一)新能源客车十年,已占据公共交通八成

早在 2009 年,我国便开始了新能源汽车的"十城千辆"推广计划;2012 年,"十城千辆"新能源汽车示范推广三年初见成效,国务院印发《节能与新能源汽车产业发展规划(2012—2020 年)》开启了中国新能源汽车产业化大幕。

在新能源汽车顶层设计、产业规划及补贴政策的支持下,混合动力客车、纯电动客车先后批量交付,新能源客车销量井喷式爆发,快速走过市场化拐点。

全国新能源商用车市场信息联席会发布终端数据显示,2020—2023 年,新能源中型客车历年的市场渗透率分别为 56.5%、48.6%、65.1%、44.6%,新能源大型客车历年的市场渗透率分别为 68.8%、61.3%、80.1%、48.7%。

以纯电动为主体的新能源客车,已成为客车市场主力。尤其在公共交通领域,新能源客车现已占据超八成的保有量,并持续向座位客车细分市场推进。

交通运输部历年统计公报披露数据显示,公共汽电车中的柴油车比例从 64.5% 一路下降至 2023 年的 7%;与之相应的是,2016—2023 年,混合动力车型占比保持在 12% 上下,纯电动车型占比从 2016 年的 15.6% 上升至 69.4%(图 12-1)。

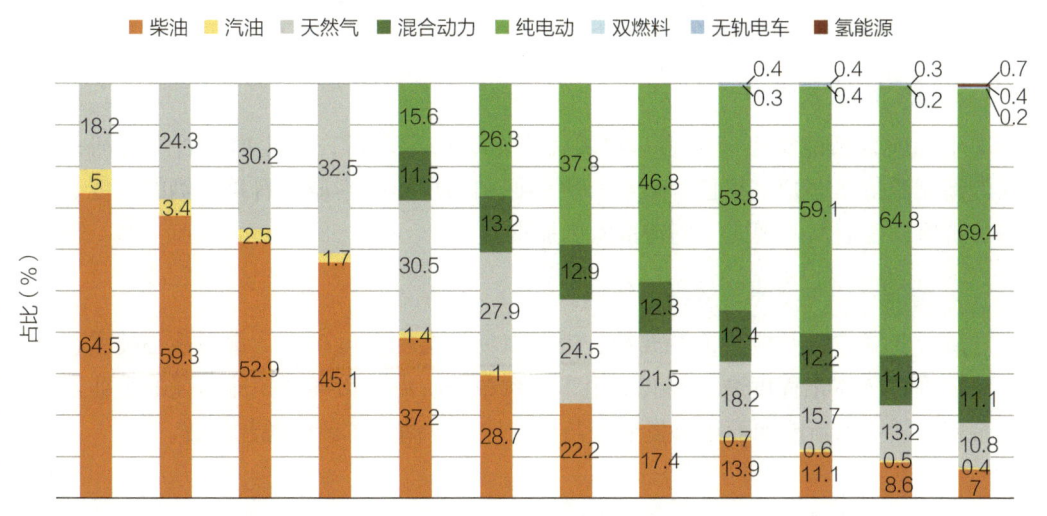

图 12-1 2012—2023 年公共汽电车动力类型占比

注:数据来源于交通运输部统计公报(不含未披露数据)。

（二）新能源货车快速增长，渗透率仍未跨越拐点

相比于新能源客车，现阶段的新能源货车渗透率远远落后。

全国新能源商用车市场信息联席会发布终端数据显示，2020—2023 年，新能源轻卡历年的市场渗透率分别为 1.0%、2.4%、7.3%、9.2%，新能源重卡历年的市场渗透率分别为 0.2%、0.7%、5.2%、5.6%。

近年来新能源货车销量直线上升，但渗透率尚未跨越拐点，新能源货车用户集中在城市物流领域，以及钢厂、电厂、矿山、港口等组织客户群体中。综合来看，新能源货车运营还受补能设施网络布局、标准化等环境因素制约，在极端环境、恶劣工况下，产品仍存在性能不稳定、续驶里程短、充电慢、运营效率低、成本高等问题。

（三）新能源货车难以复制客车发展进程

比较客车新能源化成功的过去与货车新能源化进程的现在，行业起点、环境、价值取向等诸多不同点决定了新能源货车难以复制客车发展进程。

1. 起点、环境不同

新能源客车起步阶段，整个新能源汽车行业都是新生事物，技术研发从零起步，依靠政策驱动、示范运营，得以快速增长；新能源货车虽然也得到了一定的政策倾斜，但是已完成新能源观念教育，技术相对成熟，是以基础设施、产业链及核心零部件具备一定基础的市场驱动为主的。

2. 核心价值点差异

十年前，新能源客车的客户更关注安全、稳定运行，行业摸着石头过河；现在的新能源货车客户需求已经升级，更多回归商用车的本质，看重车辆的性能、价格、价值，走通商业模式、创造价值更加重要。

3. 新能源货车未来突破需要什么？

从行业规律以及应对市场波动、把握市场机会的角度来看，掌握核心技术、全产业链垂直一体化程度高、拥有商用车全系布局、海外市场开拓能力强的企业，更有希望引领中国新能源商用车发展，乃至推动全球商用车新能源化进程。

二、从零起步，宇通引领商用车新能源化进程

始终走正道，善于闯新路。

中国新能源汽车十年磨一剑，逐步自主攻关解决核心技术难题，贯通产业链，积累丰富推广运营经验，终于实现全球第一。

宇通在新能源商用车领域的探索实践，正是这一进程的缩影。

以宇通为代表的中国商用车企业，在持续深入的创新路上啃下一个又一个"硬骨头"，不仅实现了新能源汽车三电核心技术突破，掌握了发展的主动权，还凭借较为成熟的运营解决方案，助推中国客车紧抓全球客车新能源化机遇，实现了高端市场的新突破。

同时，在客车新能源化进程中，长续驶、高负荷、重安全的宇通新能源客车率先批量落地，给宁德时代等一批自主零部件企业在全球崛起提供了广阔的应用场景，为中国新能源汽车建成全球领先的产业链，供应链，实现整体进步做出了有益的实践探索。

（一）从零开始，攻克三电核心技术

"科技创新，可以说是逼出来的。"宇通集团新能源研究院院长李高鹏表示。20多年前，瞄准商用车新能源趋势，国外前沿技术买不来、买不起、等不到，促使宇通下定决心坚持自主研发，"自己搞！"

从1997年启动电动客车研发以来，宇通持续在新能源商用车的道路上探索，已成为全球领先的新能源商用车企业之一。

从新能源客车到新能源货车、专用车，目前宇通已完成面向"载人、载物、作业"三类应用场景，包括6~18m新能源客车、2~115t的纯电动轻卡、纯电动重卡、纯电动环卫车、纯电动矿用货车（俗称矿卡）等系列新能源商用车产品布局，累计销售超20万辆。

经过20多年的技术积累和沉淀，宇通自主研发，取得核心三电技术、自动驾驶、燃料电池及智能网联等领域多项重大突破，在整车节能、电驱控制技术等领域国际领先，引领新能源商用车技术变革。

宇通投资10亿元打造了行业首个世界一流的新能源商用车工程技术中心，7个国家级、29个省级科研创新平台，参与编制修订了280项国家、行业标准，累计获得专利授权4000余件，新能源专利申请量、授权量均居行业第一。

值得一提的是，宇通荣获了500余项省级以上荣誉和多项国际大奖，先后于2012年度、2015年度、2019年度分别荣膺国家科学技术进步奖，2023年再次斩获这一国家级殊荣。

（二）自主与合作，推动产业链共同进步

产业生长周期里很重要的启示就是，谁拥有了产业链，谁就会更占优势。

与20多年从零起步相比，现在的中国新能源汽车行业已拥有全球领先规模的产业链，零部件配套逐步成熟。

相对成熟的产业链，为中国新能源汽车走向全球领先提供了强大支持。宇通对其中的贡献也不容忽视。

深耕新能源汽车行业多年，宇通着力孵化自主零部件体系，并与行业一流供应商深化长期合作，积极发挥头部带动效应，为新能源汽车产业链能级提升和高质量发展贡献力量。

宇通每年的研发投入稳定保持在营业收入的 5% 以上，拥有超过 3000 人组成的研发团队，持续多年研发与投入，技术创新的基础坚实。宇通还同时布局了深澜动力、精益达、智驱科技、闪象新能源等子公司，构建了为全系新能源商用车提供电池、电机控制器、电驱动系统、大功率充电设备等协同支持的产业链体系。

此外，宇通与宁德时代、汇川动力、亿华通等行业一流企业共同研发，确立了开放合作、自主可控的新能源汽车产业链资源优势。

宇通和宁德时代的成功合作，堪称业界范本。2012 年，当全球第一电池企业宁德时代还不是"宁王"的时候，宇通就开始与之深度战略合作。到 2017 年以前，宇通不仅是宁德时代在商用车行业的第一个大客户，也曾是占据宁德时代全部销售额六成以上的最大客户。2022 年 8 月，宁德时代与宇通又一次签署十年战略合作框架协议，双方将在新一个十年里，在商用车领域共享优势资源，加深合作。

宇通新能源商用车批量配装一流核心零部件，一方面助力宇通更好地把控产品品质与技术升级，紧抓新能源商用车机遇，走向全球市场；另一方面，这也联动产业链各方，快速实现大规模场景应用，为产业协同发展、升级优化提供了宝贵的数据积累。

三、拓宽赛道，宇通新能源商用车创新补强

从客车第一到货车大市场，凭借自身的积累与优势，宇通新能源商用车有备而来，厚积薄发。

（一）全线发力，宇通补强新能源货车版图

自 2021 年正式进军新能源货车领域，宇通很快便完成从客车龙头向商用车"全面开花"的进化。2023 年，宇通正式面向全球发布宇通新能源商用车品牌。2024 年，宇通新能源商用车抢占市场制高点。

2024 年 1—7 月，宇通客车继续稳居行业第一，累计销售 6m 以上客车 21743 辆，同比增长 30.28%，市场份额高达 36.01%，并以冠军位置领跑客车市场及新能源客车、客车出口细分市场。

新能源货车方面，宇通新能源轻卡 2024 年 1—7 月销售 3977 辆，同比增长 310%，位列行业前三，大电量产品（100kW·h 以上）占有率 69%，稳居行业第一；

宇通重卡收获"7连增",1—7月销售2610辆,同比增长207.4%,宇通氢燃料重卡销量稳居行业前列;7月,宇通环卫车延续热销态势。

此外,宇通新能源矿卡投运辽宁、西藏、江西、湖北等地,宇通电动装载机交付西北市场,宇通桥检车、电动强夯机市场火热,宇通纯电动观光车也走向市场。

(二)技术突破,推动新能源商用车全新升级

2023年,宇通率先在行业内推出首个软硬件一体化商用车电动专属平台——睿控E平台,为新能源商用车提供"更商用、更好用、更耐用"的客户价值。

2024年3月28日,宇通在新品发布会上宣布,宇通睿控E平台从"电池、E驱、闪充、热泵、智能网联技术"五大方面进行技术突破与升级。

宇通在行业内率先推出10年100万km、15年150万km质保的长寿命电池,较现有常规产品寿命延长将近1倍;基于集成式电驱动桥,宇通推出行业首个全谱系产品应用"E驱"方案,全面满足轻型、中型、重型、超重型商用车的不同运营需求;闪充解决方案,充电速度可实现单充电枪350A、双充电枪700A,为用户带来价值翻倍的补能体验;多源超低温热泵,采暖能耗降低30%,冬季续驶里程提高10%,在商用车行业首次实现了驱动系统的主动产热;智慧驾舱、智享客舱和智控货舱组成的全新智能网联生态,为客户带来了便捷、舒适的驾乘体验,保障货物运输安全,提升运营效率。

另一方面,宇通新能源商用车产品矩阵覆盖"出行、物流、作业"三大应用场景。2024年3月,一次性发布12款产品,引领新能源货车从"油改电"到正向研发升级。

(三)产品创新,带动新能源商用车安全可靠性能提升

从新能源客车到新能源货车,技术相通、资源互通,宇通的技术积累、一体化产业链资源优势,保障了宇通新能源商用车产品的高品质,同时,以场景思维定义产品,用场景驱动创新。

1. 结合场景,重新定义产品

商用车用户的需求发生了深刻的变化,新能源商用车市场正站在关键的转折点上,步入发展攻坚期。

面向客车市场环境的变化,宇通新能源客车新品迭出:长轴距、短后悬的宇威E10 PRO新一代旗舰客车,打通公共出行"主动脉";宇萌E6S 2.0城市微循环公交,畅通"最后一千米"出行;C12E 2024款新一代大运力超能客车,续驶里程最高可达370km,标配双充电枪充电功能,为推进旅游客车新能源化提供强有力的支撑。

全面加速新能源轻卡3.0时代，宇通新能源轻卡T系列产品——T3、T5、T2全系升级：全系产品续驶里程较同类产品高20%，宇通轻卡仍在冲击更长续驶里程记录；面向搬家、快递、轻载商贸等细分领域，"大小刚好，多拉快跑"的行业首款纯电动宽体小轻卡——宇通新能源小轻卡T2系列，兼具长续驶、大方量、更安全等核心优势；行业首款三电全中置的宇通新能源轻卡T3、T5系列（2024款），采用高集成化布局，让新能源轻卡的安全性、品质可靠性再上新台阶，更加高效地满足了用户的多项需求。

针对短倒细分场景需求价值再造，宇通重卡推出400kW·h牵引车新品，集节能可靠、动力强劲、充电快速等优势于一体；针对矿山场景，宇通重卡全新推出矿区版自卸车，采用行业首创的矿山专用电池包，振动测试水平优于国家标准10倍；针对混凝土搅拌运输场景，宇通重卡全新推出行业首款实载8m³的纯电动混凝土搅拌车，搭载新一代231kW·h轻量化电池总成，整车自重较同类商用车低870kg，且在法规允许范围内载质量再增加1t，是目前行业内唯一一款实载8m³的新能源混凝土搅拌车产品；针对中长途运输场景，宇通重卡推出了513kW·h底置换电牵引车、600kW·h大电量牵引车、180kW大功率燃料电池牵引车三款产品。

基于自主核心技术正向研发，宇通新能源货车以更先进的技术不断拓展产品的性能边界，朝着续驶里程更长、效率更高、运营范围更广的方向持续迭代升级。这种成本与可靠性兼顾的竞争，有利于处于快速上升期的新能源货车行业持续健康地发展，为行业起到积极的示范作用。

2. 传承宇通安全、可靠的产品基因

车辆可靠，才有高出勤率，才能创造更大价值，这是商用车本质诉求所在，也是新能源货车用户更为关注的要素。

回归商用车本质"为客户创造更大价值"，宇通坚持"不把市场当试验场"，宁可慢一点，也要产品可靠。

在用户真实运输场景下开展的一系列极限挑战，以满电标载运输的真实运距和电耗表现，印证了宇通新能源商用车的安全与可靠品质，打消了"卡友"对新能源货车产品的顾虑，消除了用户在极端天气和跨市、跨省等中长运距场景中的续驶里程焦虑。

从地表70℃的"极热之地"——新疆吐鲁番，到最低-30℃黑龙江哈尔滨"冰雪王国"，宇通新能源轻卡完成了行业首个跨越100℃温差的极寒、极热真实工况全场景运营挑战。2024年3月，宇通2024款T5长续驶里程版（127.74kW·h）以520.46km的行驶距离，创下"电动厢式轻卡单次满电行驶最远距离"的吉尼斯世界纪录。2024年8月3日，全新发布的宇通新能源轻卡——T5神行版，是行业内首次将电池容量提升到155kW·h，一次充满电能行驶600km以上，将新能源轻卡的应用场景从城市配送拓宽至省际运输。

2024年8月14日，全国首次10t新能源重卡挑战330km场景续驶里程，宇通400kW·h底置充电牵引车在实况运输场景下满载49t，全程历时9h往返北京、唐山，以1.06kW·h/km的电耗成绩成功完成了332km续驶里程挑战。

（四）模式创新，引领新能源商用车市场升级

在国内新能源商用车行业营销体系尚未成熟的情况下，宇通积极探索"直销＋直融＋直服"三直模式的创新应用，推动品质服务的持续进阶。

富有宇通特色的"三直"模式，以选车购车、用车养车、卖车换车全链路闭环服务体系，有力解决了用户痛点，提高了服务效率，更为客户带来了全新体验。

宇通还打造了与用户零距离沟通的一体化创新平台。2024年7月17日，宇通用户中心在北京、上海、广州、南京、武汉、天津、西安、成都8个城市同步开业。

宇通用户中心采用一站式、全方位的服务模式，主营业务贯穿从整车销售到售后服务、从配件供应到金融保险，覆盖了商用车使用的全生命周期。

宇通用户中心的开业，意味着宇通"直销、直融、直服"三直实体新模式正式落地，以一站式全流程服务大幅提升用户体验值，更直接地倾听用户的需求和反馈，从而更快速地响应市场变化，提升产品和服务质量。

作为宇通战略布局的重要一环，宇通用户中心的版图还将继续扩大，持续引领新能源商用车商业模式转变。

四、直击痛点，宇通轻卡成功杀入行业前三

2024年，以油车成本定价的运输市场低迷，拥有成本、路权优势的新能源轻卡市场爆发式增长，渗透率快速提升。

截至2024年7月，宇通轻卡领涨行业，销量稳居行业前三；大电量产品（100kW·h以上）市场占有率69%，稳居行业第一；纯电动高端冷藏车产品销量位居行业第二。

宇通轻卡上市两年，何以领先高增长，在竞争激烈的新能源轻卡市场进入销量前三？

依托宇通多年的技术研发积累，宇通轻卡起步就在高点，以"专业的商用电动化平台"带领着行业进入电动化和智能网联化为代表的新能源轻卡3.0时代。2024年，宇通新能源轻卡T系列全系升级，带来了更经济、更安全、更舒适、更智能的一体化解决方案。

在核心科技与创新模式的双重加持下，宇通轻卡从产品、服务、产业价值链等

层面出发，通过推出大电量、长续驶里程产品消除用户续驶里程焦虑，升级气动制动技术让用户更安心，全系产品三电中置让产品更安全，打通三电质保时间短、服务网点少等断点问题，更好地围绕客户需求，打造车辆配套和平台运营双循环。

尤其是针对用户中普遍存在的"白天得补高价电，费时费钱误订单"的续驶里程痛点，宇通轻卡推出了行业首款 155kW·h 纯电动轻卡，实现行业首次在真线路、真时速、真载重的情况下完成超过 500km 的续驶里程。超长的续驶里程将车辆的运输距离拓宽至省际，真正拓展了新能源轻卡的应用场景，增强了用户的运营竞争力。

宇通轻卡持续进行产品创新升级，最大化提升车辆性能，给价格竞争激烈的轻卡市场带来提升价值的新竞争模式。此外，"直服"模式创新升级，宇通轻卡在行业内首推的"黄金 24 小时 100% 无忧托底"保姆式服务，全方位保障用户高效运营；质保周期提升至 8 年或 50 万 km，部分大电量产品甚至可以定制 10 年 100 万 km 质保周期，宇通也在质保赛道直接一口气冲向行业顶尖，显示出引领行业变革的实力。

五、价值再造，宇通重卡交出新答卷

2024 年前 7 个月，新能源重卡累计销量已突破 3.4 万辆，超过上年全年总和，累计同比增长 148%，突破历史高点。

2021 年，宇通重卡正式投入商业化运营。截至 2024 年 7 月，短短 3 年间，宇通重卡已进入新能源重卡行业第一梯队，宇通氢燃料重卡长期占据保有量第一的位置。

宇通重卡优秀表现的背后，一方面是宇通重卡致力于成为"更可靠的新能源重卡合作伙伴"，坚持以科技创新为着力点，以可靠、高效、安全、智能四大核心属性的全方位升级，构建起一道牢不可破的核心技术护城河；另一方面是宇通重卡对"以客户为中心"理念的深度践行，坚持与客户价值共创，打造出一条与客户共创的可持续发展之路。

（一）全新升级，打造价值新标杆

2023 年 6 月，搭载睿控 E 平台的全新一代宇通重卡产品上市。2024 年，宇通重卡正向研发推出全新产品，覆盖短途倒运、矿山用车、混凝土搅拌运输、中长途运输等更多应用场景，适用性进一步提升，为广大用户带来新能源重卡的全场景解决方案。

其中，宇通重卡全新推出的 400kW·h 底置充电牵引车，其电池基于宁德时代最新一代电芯开发，电芯能量密度提升 5%，电池更轻、寿命更长、续驶里程更长。

尽管电池电量是 400kW·h，但其续驶里程却与 422kW·h 的电池持平甚至更优，有效解决了当前行业主流 422kW·h 产品自重大、充电慢等难题，创造了全新的价值标杆。

随着新能源重卡的经济性越来越被市场认可，中长运距、跨省跨市等领域的需求，成为决定新能源重卡市场未来走向的"必答题"。

针对中长途运输场景，宇通重卡推出了 513kW·h 底置换电牵引车、600kW·h 大电量牵引车、180kW 大功率燃料电池牵引车。513kW·h 底置换电牵引车可实现 4min 快速换电，4h 运营不停车，轻松日行 1000km；600kW·h 大电量牵引车在自重、成本和效率方面找到最佳平衡点，可通过宇通独有的 700A 双充电枪充电，实现充电 1min 增加续驶里程 8km。

2024 年 8 月 14 日，宇通 400kW·h 底置充电牵引车，最终以 1.064kW·h/km 的电耗成绩成功完成了 332km 续驶里程挑战，满电预估最长可行驶里程为 377km，交出了新能源重卡在跨市、跨省等中长运距领域的新"答卷"。

新能源重卡补能效率对于提高出勤率、提升价值非常关键。基于电池电芯的迭代升级、"独立双充"一体化电池管理系统，宇通重卡推出双充电枪 600A/ 三充电枪 900A 充电方案，充电功率最大可达 600kW。超快速充电、800V 技术储备有望加快实现应用。

（二）与用户共创价值

践行"直销 + 直融 + 直服"三直模式，宇通重卡在加快市场拓展的同时，故障反馈较少，整体用户满意度较高。

宇通重卡致力于为客户提供值得信赖的一站式、全生命周期用车、管车、养车全方位服务。宇通重卡一线服务团队有 100 人左右，并根据客户使用场景设置了多个直营服务站，独特的驻点服务模式和管家式服务，以"托底"服务和"增值"服务两大服务价值基因为依托，确保了车辆的稳定运行和及时维护，为用户运营创富提供了坚实的基础。

六、海外年销量突破 1 万辆，宇通真正走向全球化

国内市场更趋向于存量竞争，国际市场就成为企业新的增长点，成为企业重要战略布局领域。秉持长期主义理念的宇通商用车，已是中国汽车制造成功"出海"的典型代表，宇通海外市场的投入与收入及在整体营收中的占比逐年增加，全球品牌影响力持续增强。

依托自主可控的新能源核心技术和高端产品制造能力，宇通集团已成长为全球规模最大的客车企业和新能源商用车企业，截至 2024 年，在全球累计销售新能源

商用车近 20 万辆，累计安全行驶里程超 400 亿 km。

2023 年，宇通商用车海外销量首次突破年销售 1 万辆大关。2024 年，智利、希腊纯电动产品出口大单不断，保持两位数增长的宇通商用车，有望创造新的纪录。

值得关注的是，宇通在海外市场"量价齐升"，在高端市场突破与盈利能力提升方面表现抢眼，预计将实现海外营收与国内持平，加快迈入成为全球化企业集团的发展新阶段。

（一）突破欧洲市场，结构升级

宇通在法国的合作伙伴、巴黎大区最大私营客运运营商 Lacroix 曾说："一个真正的国际化宇通，正在被欧洲乃至全球客户认识并记住。"

事实上，实现对欧洲等高端市场的突破，与海外领先的国际品牌商用车企业同台竞技，这对于中国企业有着特别的意义。

欧洲是近年来宇通出口增长最为强势的区域，也是宇通出口产品结构率先实现高端化、电动化的区域。

2018 年，宇通纯电动客车交付冰岛，此后先后进入丹麦、芬兰、挪威等北欧市场，并持续向西欧、南欧及中欧地区拓展，在十余个国家实现了良好运营。

2023 年世界客车博览会（比利时客车展）上，宇通客车在欧洲市场发布四款全新纯电动车型，包含纯电动技术领域达到世界级水准的纯电动双层观光客车 U11DD、18m 大运力纯电动客车 U18、微循环 mini 电动客车 E7S、15m 豪华纯电动旅游客车 T15E，并把 YEA 平台正式带到欧洲，向全球市场和用户展示了宇通涉及新能源客车上下游全产业链的供、产、研、销能力。

（二）多元销售服务网络，覆盖全球

作为早已布局海外市场的汽车企业，宇通已在全球范围内建立起庞大的海外销售网络，60 余家子公司、办事处、经销商和直销团队等构成的多元化"直销+经销"渠道，实现了产品覆盖欧洲、美洲、亚太、独联体、中东、非洲六大区域的全球市场。

以"直销、直服"为核心，与全球供应商合作，宇通全球售后服务网络和配件供应体系，高效满足了各市场和客户群体的需求，显著提升了客户服务体验。

据了解，宇通商用车海外市场团队包括 4000 名生产研发人员、2000 名销售服务人员，其中，海外市场一线有 300 余名客户服务经理，且成功设立 320 余家授权服务站或服务公司、410 余个授权服务网点和 90 余家授权配件经销商，确保海外客户能及时获得所需的配件和全面的服务。

（三）全系商用车布局海外，抢占蓝海

与总有大单的全球新能源客车市场相比，全球新能源商用车渗透率仍处于较低水平，相当于一片蓝海。

依托自身强大的制造实力、技术和资源优势，并围绕不同国家客户在车辆运营及服务方面的痛点，提供完善的涵盖客车、轻卡、重卡、矿卡等全系新能源商用车的解决方案，宇通商用车不断将最新创新成果推向国际市场，持续为全球客户带来最优的体验与更大的价值，因而被更多国际客户认可。

拥有宇通自主研发新能源核心技术——YEA 的第二代宇通轻卡，2023 年、2024 年先后在墨西哥、智利上市发布、批量交付，轰动南美洲，T5 大电量电池版本、T2 多场景小载重轻卡还将登陆各国市场。

随着新能源矿卡、重卡先后批量交付智利并投入运营，宇通商用车在国际细分市场实现了更多维覆盖。

（四）加强本土化能力，全面出海

真正的全球化企业，必然要整合全球资源，国际化发展，实现从出口贸易"走出去"向本地化"走进去"转变。

宇通技术和品牌输出模式不断推进，已在哈萨克斯坦、巴基斯坦、埃塞俄比亚、马来西亚等十余个国家和地区实施组装（KD）本土化合作模式，有效实现了从单纯的产品输出向技术输出与品牌授权的战略转型，有利于推动产品和服务的本地化及高端化，巩固其在海外市场的品牌溢价和市场竞争力。

为提升自身发展能力、强化国际竞争力，宇通近三年着重于本地销售团队的持续扩充和服务体系完善，以本地化直销、本地化直服，为客户提供更加优质的技术与服务支持，并在针对当地场景的适应性创新研发的基础上，开始筹划推进本地化开发。

从产品出海到技术出海、服务出海，再到提供立体化解决方案的全产业链出海，适应当地、适合宇通的全球化模式正在形成。当然，这种模式也将面临公司治理、当地文化、商业习惯等多方面融合挑战，还有很长的路要走。

七、未来已来，更绿色更智慧的宇通方案

紧抓汽车行业百年变局，产业向新能源、智能化转型的机遇，宇通从客车"单科第一"迈向商用车"全科"领军。

在新能源商用车领域，宇通产品从"无中生有"到"有中生优"。面向市场主

流竞争的纯电动产品越发成熟、安全、可靠，展现了价值优势；增程式、混合动力产品成为有益补充；氢燃料电池商用车持续领跑。智能网联方面，宇通同样是先行者、领跑者。

走好科技创新"先手棋"，让研发成果在更多市场落地生根，宇通正朝着"全球领先的新能源商用车集团"全速进发。

（一）智能网联先行先试

立足智能网联全新发展阶段，宇通以自主研发的国内客车行业首个域融合集中式电子电气架构——C 架构为技术基石，从运营管理优化、场景需求匹配、驾乘体验升级三大维度入手，重磅推出"一云两舱"智慧方案。

在面向城市支线以及"最后一千米"出行的自动驾驶微循环客车方面，宇通率先实现了全开放道路复杂交通流下的常态化运行。目前，宇通客车已交付超过 200 辆智能网联客车，宇通"智驾版图"已覆盖国内 24 个城市，累计行驶里程超 400 万 km，运送旅客超 200 万人。

2024 年 6 月，工业和信息化部、交通运输部等四部门确定首批智能网联汽车准入和上路通行试点。作为首批进入试点的唯一一家客车企业，宇通客车和郑州公交集团组成的联合体，将打造"智慧交通新样板"。

此外，宇通自动驾驶环卫车已在广州、深圳、北京、郑州落地运营，目前已经有超百辆宇通新能源无人驾驶矿卡在新疆等全国多地稳定运营。

（二）氢燃料电池商用车率先领跑

在氢燃料电池商用车领域，宇通不仅是国内最早布局燃料电池商用车产品的企业，还是领跑者。宇通形成了全系列燃料电池商用车产品布局，覆盖客车和货车领域主要产品需求，产销规模稳居全球第一梯队。

2024 年，宇通氢燃料牵引车批量交付济源、上海。2024 年 4 月，宇通氢燃料重卡完成中国首次 1500km 大范围、长距离、跨区域实际运输测试，标志着我国氢燃料电池货车驶入了长途运输"快车道"。

（三）多点开花全面进阶

围绕电动化、智能网联化、高端化、国际化的战略定位布局宇通全系，多点开花，在细分市场取得可喜突破。

在矿山、环卫等领域，宇通新能源环卫车保有量连续 4 年稳居行业第一，并在行业内率先完成第 6000 辆新能源环卫车下线，实现里程碑式突破；宇通矿卡批量交付山东、西藏、江西、辽宁、湖北、宁夏、黑龙江等地，在新疆等全国多个样板矿山实现无人驾驶运营，并在纯电动矿卡领域稳居国内市场占有率第一，还远销至泰国、智利，助力各国绿色矿山建设迈上新台阶。

八、结束语

中国宇通，绿动世界。

宇通在新能源商用车领域实现全球领先，发端于准确判断关键趋势和战略前瞻布局，成就于对长期主义理念的坚持不动摇。

如今，宇通扎实掌握新能源核心技术、核心零部件资源，做到了产业链自主可控；践行以客户为中心的价值观，围绕节能与安全主题，不把市场当作试验场，在新能源商用车市场全线扎实推进。

第 12 章　假如商用车行业没有长安凯程

本章作者：崔志[一]

摘要：

中国轻型商用车行业，因为长安汽车的参与而多了些耐人寻味的传奇，更加精彩纷呈。从微型商用车发家起步，通过创新、改革与高质量发展，长安汽车引领着微型商用车行业的起步与壮大，同时进军乘用车市场，成为自主汽车品牌中的磐石。长安汽车的奋进历程，不仅深刻影响并改变着轻型商用车行业的竞争格局，同时也为其他企业走向世界舞台中心塑造了参考的样板。

中国轻型商用车行业，因为长安汽车，有了更加广阔的发展视角和强劲的变革活力。假如没有长安汽车的参与，轻型商用车的发展又会如何？本章通过反问来进一步分析长安汽车，着重介绍长安汽车商用车业务战略的承载者——长安凯程对轻型商用车行业的影响。

假如轻型商用车行业没有长安汽车，那就没有长安汽车商用车业务战略的承载者——长安凯程，更不会有旗下全球首款"超级大增程皮卡"——长安猎手的诞生，新能源皮卡在中国的发展，就可能会更慢。

假如轻型商用车行业没有长安汽车，微型商用车的竞争格局会被改写，自主品牌统治微型商用车行业的时间可能会推迟，也不会有中国微型商用车史上的标志性车型——长安之星的诞生，长安轻型车的王者神话也就无从谈起。

假如轻型商用车行业没有长安汽车，商用车行业原生新能源数智[二]架构或许不会这么快在轻客市场上出现，也就不会有长安凯程 V919 这一基于新能源数智架构颠覆性创新打造的宽体轻客的诞生，而基于此架构车、云、网模式构建的智慧物流生态平台也就无从谈起，产品销售单点盈利的商业模式，仍将大行其道。

假如轻型商用车行业没有长安汽车，中国商用车自主品牌"出海"的速度或许会减慢，皮卡"出海"多年不变的格局也不会被改写，或许也没有"中国四大自主乘用车基石"这一多年稳固的格局，也不会有那么多企业兼并、混合所有制改革的跌宕起伏的传奇与故事。

近 40 年来，整个汽车行业，都深深烙上了"长安"的印记。

[一] 崔志，文学学士，方得网资深编辑。
[二] 数智通常指数字化与智能化的有机融合。

一、顺势而为：三次创业踩对时代节拍

假如轻型商用车行业没有长安，也就没有了长安汽车在乘用车市场的风生水起，中国自主品牌统治汽车行业的时间或许还要推迟。这不仅是因为长安汽车自微型商用车起步，更在于长安汽车通过合作创新，打破了微型商用车不能高端化的刻板印象。长安汽车通过推动微型商用车行业的发展和不断壮大，开启了长安汽车成为自主汽车品牌领军企业的传奇之路。

（一）做微型商用车新时代的引领者

"长安"寓意"长长久久，平平安安"。1862年，长安汽车的"前身"——上海洋炮局诞生；1863年迁至苏州，更名为苏州洋炮局；1865年迁至南京，更名为金陵制造局。作为中国近代工业的先驱，1958年，长安汽车正式走上造车之路，生产出中国第一辆越野车，填补了中国汽车工业的空白。1984年，长安汽车积极响应国家"军转民"号召，开启"第一次创业"征程，通过艰难探索、破茧成蝶，实现了"军转民"的华丽转身。当年第一批长安微型商用车的下线，标志着中国微型商用车时代的开始。

20世纪70年代末，为改变我国汽车工业"缺重、少轻、无微"的现状，微型商用车行业基本以引进日本生产技术，实现短时间快速投放为主。20世纪80年代初期，长安成功参照日本铃木ST90K微型货车，开始生产"长安牌"系列微型商用车。在生产微型商用车的过程中，长安多次尝试自主开发。1987年，长安在微型单排座货车的基础上，研制开发了双排座微型货车，这是长安在汽车产品上的第一次自主开发，并取得了成功。随后，长安在系列微型商用车基础上，进行了各种改型汽车的开发，并相继获得市场认可。1994年，长安尝试与日本铃木公司联合开发具备20世纪90年代初期国际先进水平的新一代微型商用车，这就产生了驰骋微型商用车市场，为长安汽车发展立下汗马功劳的产品——长安之星。

长安之星创新地采用了流线型车身的全新造型，同时采用齿轮齿条转向机构、真空助力制动，还配备安全气囊、电动玻璃升降器等选装件，在当时世界范围内都处于先进水平。长安之星也因其高技术、高品质、高档次的特点而一鸣惊人，在业内有着"具有轿车性能的MPV"之称。长安之星的上市，开启了中国微型商用车自主高端化向上发展的道路；同时，长安汽车创造性地采用试乘试驾、客户给价的营销方式吸引了广大消费者的参与，也开创了中国汽车营销试乘试驾的先河。

1999年，在清华大学汽车碰撞实验室里，一辆长安之星以48km/h的速度完成了"改变微车行业命运的一撞"。检测结果显示该车的各项安全指标均达到了国家新的安全法规要求，长安汽车品质可靠、安全有保证的品牌口碑，也随着长安之星的热销而家喻户晓。

1999年并不算微型商用车利好的一年。新排放标准的出台，各地以微型客车档次低、不美观为由制定的一系列限行政策，以及年底汽车碰撞安全标准的出台，都让各微型商用车企业措手不及。而长安之星的诞生，是微型商用车企业风雨兼程、激流勇进的成功尝试。长安汽车冲破禁锢，不断突破"卡脖子"技术，凭借长安之星系列产品一举奠定其在微型商用车市场的王者地位。长安之星更是创下连续8年稳居细分市场销售冠军的纪录，成就了中国商用车界一段不老的品质传奇、销量传奇。

1999年12月，长安汽车第15万辆SC6350长安之星微型客车顺利下线，成为行业微型商用车发展向上的重要里程碑。也正是以长安之星为新起点，微型商用车市场新产品开发如雨后春笋般接连涌现，具有高技术含量与高附加值的新产品在保持微型商用车市场中的地位愈加重要。

（二）没有强者是一成不变的

轻型商用车行业如果没有长安汽车，中国自主微型商用车的发展进程或许将延后，或许长安汽车也不会成为首个产销1000万辆的中国汽车品牌，更不会有长安凯程的诞生。

进入21世纪，微型商用车迎来了前所未有的发展高位。2000—2005年，长安微型商用车继续在行业内保持优势。6年间，长安微型货车的市场占有率逐渐提升，2003年起跃升为行业第一；微型客车连续6年市场占有率第一，引领行业发展。长安是微型商用车行业当之无愧的领军者。

从产品来看，长安汽车始终坚持自主创新。2003年，在长安集团"请进来与走出去"以及"以我为主"的自主开发战略布局下，长安汽车在长安之星SC6350底盘基础上，相继开发了长安星韵、长安雪虎等系列产品。2004年，长安汽车上市发布了拥有完全自主知识产权的长安CM8，该车型齐全的高科技配置让人看到了微型客车发展的新方向。2005年，长安专为城市物流设计打造长安金豹轻型货车，是国内第一款介于微型与轻型之间的宽体、承载式货车，兼具微型车的驾驶性能和轻型货车的承载性能。与同类车比，其整体自重增加，克服了同类车使用中大梁易断裂、后桥承载能力差的不足，具有安全性能领先、承载能力超强、节约维修费用、显著提高营运频次等特点。

但长安汽车的"野心"不止如此。做世界一流的汽车企业，这才是长安汽车的"星辰大海"。在长安汽车的眼中，虽然微型客车的发展一直以来仍是微型商用车增长的主要拉动力，但随着中国加入世界贸易组织，汽车行业发生了新变化。比如随着"入世"后技术法规与国际标准接轨，微型客车将直接与同属于乘用车的轿车产生直接对抗。我国微型客车虽然起步早，但大多是20世纪80年代车型的改进款，很多方面不一定符合国际标准。而由于轿车多为从国外直接引进的现成车型，在合规、技术等方面有着先天优势。同时，从市场占有率来看，虽然2003年长安微型商用车的市场占有率在行业内高达34.2%，但微型商用车市场仅占汽车市场的18.8%。轿车已取代微型商用车，成为拉动我国汽车产业向前发展的"火车头"。

在这种趋势下，长安汽车逐渐走上了"以微为本、以轿为主"的发展道路。如火如荼的创新变革开始了。技术上，长安汽车积极以开放的姿态拥抱世界一流技术，冲压、焊接、涂装、总装关键设备引进自美国、德国、英国、日本，坚持走高端化、国际化的合作共赢之路。同时，自身进行大刀阔斧的改革。对内，计划3年内在重庆渝北再造一个长安。对外，向东兼并"金蛙"，在南京扩张新建乘用车生产基地；2002年，河北长安成立，建设了长安汽车中型及微型汽车出口生产基地。

2006年，长安汽车宣布开启"第二次创业"。通过几年间不断地兼并重组，长安汽车实现了战略资源的倾斜——向轿车转型，并于2006年正式发布轿车品牌发展战略，当年首款轿车产品——长安奔奔上市。同年，长安汽车在微型商用车行业的市场占有率依旧超过50%，一枝独秀。2006—2010年，随着战略聚焦发生改变，长安集团的微型商用车市场占有率移居第二，但依旧保持30%左右的领先。到2010年，长安汽车使用"太阳标"品牌的微型商用车产品销量规模达到900万辆，"太阳标"品牌和"太阳标"产品深入千家万户。

2011年，长安轻型车成立后实现了产销规模的快速增长。2012年，新长安之星上市，到2014年，长安之星成为行业内首个销量累计突破500万辆的单品。2018年，长安汽车明确长安凯程为长安汽车轻型商用车业务的承载者。这一时期，长安汽车新能源商用车开启以短途物流为方向，不断进行研发探索的全新发展阶段。同时，得益于在乘用车赛道的成功转型，长安系列自主品牌成为年产销最快突破1000万辆的"千万级中国品牌"，并于2021年迈入2000万辆时代。

（三）做新时代的引领者

如果没有长安汽车，轻型商用车的新能源化也一定会到来，但长安汽车的入局，无疑加速了这一进程。

当前世界所面对的巨大变革，正加速推动汽车产业进入新时代。以电动化、智能化、数字化为代表的新一轮科技革命深度引领着全球产业变革。电池技术、芯片技术以及人工智能等新技术的快速突破，推动着传统汽车产业向最强的科技产业转型升级。新能源汽车的智能化，逐渐使单一冰冷的出行工具进化为超级机器人式的移动终端。新汽车以及随之而来的产业变革，带来"产品＋服务＋生态"的商业模式颠覆性变化。

在科技创新、绿色发展等领域的国家战略指引下，中国新能源汽车的快速渗透催生了汽车品牌跃向高端市场、走向世界的机会。2023年，我国新能源汽车销量为950万辆。同时，汽车出口量再创新高，全年出口超490万辆，新能源汽车出口超

120万辆。其中，长安汽车凭借在新能源技术方面的先发优势和技术突破，在新能源汽车发展进程上取得了亮眼的成绩。2023年，长安汽车自主品牌新能源汽车销量超过47万辆，同比增长75%。其新能源汽车销量近乎等同于国内轻型车全年销量的总和。

这份成绩离不开长安汽车极具前瞻性的战略部署。2017年，长安汽车发布新能源战略"香格里拉"计划——到2025年全面停售传统意义燃油汽车，实现全谱系产品电气化。2018年，长安汽车对外发布"创新创业计划"，加速向智能低碳出行科技公司转型，并推出了其智能化战略"北斗天枢"。2023年，长安汽车发布了全球化战略"海纳百川"，以中国汽车新能源发展的良好势头牵引海外市场增量，以全球化布局的宏伟眼光谋划未来中国汽车引领世界的壮阔前景。

围绕长安汽车在新能源、智能化以及全球化方面的全面部署，长安凯程作为其商用车业务的核心主体，相继推出了新能源货车、客车以及皮卡产品。2022年，长安凯程发布了全新低碳智慧物流业务战略——"光合森林计划"，同步发布了原生新能源数智架构——K01，以及依托智慧物流生态平台提供撮合服务，推动智慧物流生态圈的建立。2024年，布局多年的长安凯程迎来了新能源产品的发力时刻。2024年3月，长安凯程推出了全球首款"超级大增程皮卡"——长安猎手；4月，基于K01架构的首款战略产品，新能源"数智轻客"——长安凯程V919在北京车展首秀。

回看过往，长安凯程有做到行业第一的"基因"。如今，随着全球化、新能源化、智能化风潮涌起，长安凯程在长安汽车"第三次创业"的浪潮下，有了更重要的定位和使命。面向行业向新变革的窗口期，长安凯程扬帆待发，只等风起时。

二、善谋者得势

汽车行业的变革期往往也是汽车品牌实现跨越式发展，走向全球舞台中心的最佳时期。长安微型商用车引领行业的成功，离不开时代的机遇。不止长安汽车，福特T型车、丰田精益生产模式以及大众汽车平台化变革都给汽车行业带来了深远影响，同时，也推动了一众企业快速成长为全球一流。

在全球从燃油汽车时代迈步走向新能源智能化汽车时代的关口，中国汽车也是全球最有活力的先发市场。2030年，长安凯程要冲刺商用车前五之列，已经有了可复制的路径，且与微型商用车时代的发展历程极其相似，那就是具备超预期的产品、持续创新的领先技术以及前瞻的战略眼光。

（一）得其心者得天下

发展战略影响甚至决定了企业的存亡。与微型商用车时代的毫无经验，以及二次创业时的战略聚焦不同，如今的长安凯程在长安汽车以及新时期历史机遇的赋能下，战略上都有了更充足的筹码。

首先，长安凯程多年来的用户积累，给长安凯程赢战未来提供了坚实的基础。2024年1—9月，长安凯程累计销售17.35万辆，累计出口5.42万辆，同比增长96.5%。在新能源汽车市场，长安凯程累计销售1.85万辆，同比增长87.6%。其次，在产品上，长安凯程已经有丰富多样的产品谱系，且均实现了新能源化。2024年1—9月，长安凯程皮卡系列累计销售4.22万辆，同比增长132.9%；货车系列累计销售7.5万辆，同比增长8.4%；客车系列累计销售4.75万辆，同比增长0.9%。一系列成绩的增长，是长安凯程竞争力的基石。同时，长安凯程也积累了全面的渠道优势。截至2024年9月，长安凯程在全国范围内有渠道销售一级商304家、中心538个、形象店1164个、触点规模达到3153个、授权服务商近900家；目前，长安凯程在全国设立了9个大区进行市场终端管理。

同时，经过几年的资源整合以及创新打磨，长安凯程原生颠覆性创新产品已经"出牌"，包括长安猎手、长安凯程V919，为用户提供了颠覆性的产品和服务体验。

心可谋市、可制胜。与乘用车新能源化备受认可不同，商用车的新能源化才刚刚起步。对于长安凯程来说，改变用户心智才是加速行业发展的"源头活水"。对于传统汽车企业来说，自我革新更为重要，也更难能可贵。这也是长安汽车160余年来始终保持创新活力的重要法宝之一。

变革既对内，同时也对外。对内，长安凯程对高层领导进行人员调整，并且从长安汽车集团中调兵遣将，其中不乏在长安乘用车赛道冲锋陷阵，在新能源、全球化浪潮中阅历无数的功臣。这些人员调整至长安凯程，负责长安凯程新能源产品的开发以及战略落地。对外，2024年长安凯程发布全新品牌标识，新标识继承了长安"太阳标"向上突破的内涵，升级进化为"数智立方标"，寓意向上生长、攀升突破，向下扎根、与用户共赢。一个面向新能源改头换面的长安凯程，有着长安汽车的全力支持。这种赋能不仅仅在资金、技术、渠道等方面，更在于对人才队伍心智的改变，最终会促成行业新能源化发展大步向前。

改变自己，读懂市场；定位准确，才能在纷繁复杂的竞争格局中，保持自我，战略坚定。长安凯程步伐稳健，战略长远。这是长安凯程的优势，也是长安凯程赢得用户认可的深层原因。与外资企业相比，长安凯程在研发以及供应链上更具有优势；同时，中国市场的研发、供应链及产品都更具性价比。与国内企业相比，长安凯程是长安汽车业务品牌之一，可以共享长安汽车庞大的技术、全球化研发团队以及供应链基盘，有千万级的用户口碑和认可。在其他企业还在为"大象转身"而停滞不前时，长安凯程已经大跨步坚定了前进方向，并付出了百分之百的行动与改变的决心。与其在市场拐点到来时用百倍的创新与成本实现后来居上，不如选择做道路的开创者——攻其心智，先蜕变自己。

（二）"独树一帜"的皮卡

如果轻型商用车没有长安凯程，那么皮卡市场多年的竞争格局、技术路线也许就不会被改写，新能源皮卡、皮卡出口头部企业排名也不会发生变动；或许全球皮卡市场也不会出现增程式混合动力（简称增程式）这一技术路线。中国皮卡行业因为长安凯程在海外市场有了更高的知名度，同时，长安凯程独树一帜的增程式技术路线，开辟了皮卡行业新能源化转型的新路径。

2023 年，全球皮卡销量超过 600 万辆，占整体汽车销量的 7% 左右。中国皮卡 2023 年销量为 52 万辆，预计到 2030 年市场销量有望达到百万辆级。皮卡尤其是新能源皮卡在利好政策以及消费者对皮卡的多样化需求的助力下，实现了在高端乘用领域的突破。2023 年，中端乘用市场新能源皮卡占有率不足 1%，但在高端乘用市场，新能源皮卡占有率大幅提升至 9%。新能源皮卡实现快速增长有着极为可期的前景。

在长安凯程的全球化皮卡布局中，长安凯程 F70、长安览拓者以及长安猎手，共同支撑着长安凯程皮卡业务的发展。长安凯程作为国产皮卡出口海外的排头兵，2024 年 1—9 月累计出口皮卡 3.66 万辆，同比增长 157.8%。这一看似突然成熟的"结果"，其实早在 7 年前已经播下了"种子"。2017 年，长安与标致雪铁龙集团签署合作协议，共同研发一吨级皮卡。两年后，长安凯程 F70 全球上市，成为中欧合作生产的全球新一代大皮卡。长安凯程 F70 同时也开创了中外双方共同研发、共享平台、共拓全球市场的合作新模式，这不仅为长安凯程皮卡走向世界提供了广阔的市场和渠道，也为双方合作共赢打下坚实基础。后续长安凯程迭代发展推出了长安览拓者，这是长安凯程推动皮卡迈向自主化、高端化的新突破。2024 年 3 月，在新能源领域蛰伏多年的长安凯程，推出了长安猎手这款推动皮卡行业向新能源转型的里程碑式产品。

长安凯程之所以能在全球推出第一款"超级大增程皮卡"，是基于长安凯程对皮卡市场的深入研究，以及对乘用车领域多样技术路线的长期探索。增程式皮卡既可通过外接电源获得电能驱动车辆行驶，也可通过增程器获得电能驱动车辆。本质上，增程式混合动力是串联式混合动力的一种形式，是在纯电动汽车动力传动系统的基础上，通过增加增程器延长动力电池组一次充电的续驶里程。

新能源转型是大势所趋，但皮卡无论是用于越野，还是作为工具使用，都需要具备超强的续驶能力。采用了增程式技术路线的长安猎手与纯电动皮卡相比，可以加油，也可以外接电源补能；在相同续驶里程下，长安猎手的动力电池组可以更小，在大幅降低成本的同时，也没有续驶里程以及充电时间方面的焦虑。新能源汽车动力形式还有插电式混合动力，但与插电式混合动力皮卡相比，增程式混合动力汽车在电量充足条件下行驶时发动机不参与工作，有着媲美纯电动汽车的驾驶体验。同时，增程式电动汽车的电池、电机以及动力系统的用电功率，必须按满足整车性能的要求加以考虑。所以增程式皮卡与插电式混合动力皮卡相比，结构更为简单，且解决了前者故障率高、维护成本高的问题。这也是长安凯程采用增程式路线的重要原因。

作为全球首款"超级大增程皮卡"，长安猎手也有许多独有的优势：搭载行业领先的蓝鲸发动机和长安自主研发"金钟罩"电池技术；在自主孵化的"五岳平台"的加持下，稳定性和操控性打破吉尼斯世界纪录；超级大增程还能提供227kW·h 的最大储备电量，支持全场景边充边放的外放电能力。目前来看，长安猎手动力系统净功率可达 200kW，峰值转矩为 470N·m，轮端转矩为 5000N·m，0—100km/h 加速时间为 7.9s；配备 70L 油箱 +31.18kW·h 电池，综合续驶里程超过 1000km。整车采用非承载式车身架构、笼式安全电池防撞架构，皮卡行业首发搭载线控制动等。

厚积薄发终显英雄本色。短短几月，长安猎手已经连续数月稳居新能源皮卡销量榜首。长安凯程以实际行动证明了增程式皮卡在世界范围内增长的潜力。

（三）开启智慧物流时代

如果轻型商用车行业没有长安凯程，那么电驱动技术在行业内可能仍会各自为战，导致底盘成本居高不下，新能源化进程更为滞后；或许轻客市场仍会以"油改电"车型为主，以"产品交付"为单一节点的商业模式仍会大行其道。而随着长安凯程 V919 的发布，新能源宽体轻客市场又迎来了新的"鲶鱼"。

从用户需求出发找到蓝海市场，通过产品的规划探寻企业的增量空间。这是长安凯程 V919 诞生的故事。

2023 年，欧系宽体轻客国内销量超过 18 万辆，同比增长 8%。2024 年，$7m^3$ 及以上车型占比不断提升，中短途物流、城市客运用车需求的增加推动了宽体轻客需求的增长。放眼全球轻型商用车市场，轻客也是占比最大、最重要的车型，推动轻客新能源化对实现全球减排意义重大。

2024 年 7 月，中共中央、国务院发布了《关于加快经济社会发展全面绿色转型的意见》，鼓励大力推广新能源汽车，推进零排放货运；同时鼓励积极扩大绿色消费，开展新能源汽车下乡等活动。这些政策为新能源宽体轻客规模扩大提供了历史性机遇。在此趋势下，长安凯程在北京面向全球发布了长安凯程 V919，致力于为客户提供更加高效、绿色、智慧的解决方案。

长安凯程 V919 车身长度 5.5m，货厢超过 3.3m，得仓率达 57.4%；最大有效载重达 1700kg；同时，长安凯程 V919 首次在商用车上应用 540V 高压电机，峰值转矩达到 360N·m；全系标配线控制动技术，制动距离优化，能量回收效率高达 26%，具有高承载、强动力的特点。长安凯程V919不只是一款产品，还具备卓越的拓展性，搭载3.5~4.5t载重的二类、三类底盘，上下车体灵活解耦，框架式车身结构设计，支持功能及性能深度定制，可低成本、高效率地实现改装需求。

实现"千变VAN化"最重要的原因，得益于长安凯程V919采用的原生新能源数智架构——K01。该架构以滑板平台为基础，具备上下解耦、软硬分离、智能低碳、车云一体等核心技术优势。该平台以SDA架构（包含底盘机械层、电池等能源层、电子电气架构层、操作系统层、功能应用层、云端大数据层）为基础，向下构建线控底盘、柔性车身、商用三电平台，提升越野能力、装载能力与空间效率、能源效率；向上构建低碳智能商用全场景技术能力底座，为用户快速适配高体验、高价值产品与服务。

与传统架构相比，基于K01架构开发的整车产品，开发周期可缩短1年，研发投入降低40%，生产效率提升30%。基于K01架构，长安凯程可实现"成组化、系列化"的开发布局，以实现平台化率70%、平台价值通用化率74%的目标。同时，得益于底盘的智能化，长安凯程纵向可智慧连接车辆的核心部件，拓展二手车处理、报废回收等环节，延长车辆使用周期，提升车辆价值；横向可打通"人 – 车 – 货 – 仓"等核心物流要素，构建一站式全价值链融合管理平台。

过去，长安凯程基于对物流价值诉求的深刻洞察，以及对产品升级的差异化把握，创新打造了长安睿行，并凭借"轻客性能+微客成本"的优势，快速打入市场。如今，长安凯程V919发力新能源宽体轻客赛道，凭借全新的新能源数智架构——K01以及长安凯程V919极具竞争力的性能优势，长安凯程V919有望进一步推动城市物流以及客运市场新能源化转型的进程，丰富长安凯程在轻型商用车赛道的产品布局和竞争力，推动轻型商用车尤其是新能源轻客市场向"新"跃迁，与行业共建智慧物流生态。

三、未来已来，顺势而为

汽车行业正从单一交通产业向涵盖产品、出行、服务的平台型产业转化，智能化带来的品质提升和技术创新不断涌现，数字化驱动产业和用户直通直联，"国潮"消费高涨，融合发展的产业新生态带来行业重塑……一系列变化给中国汽车产业带来"变道超车"的可能，中国诞生引领世界的汽车品牌已是大概率事件。

（一）坚持科技引领，共建行业生态

2024年上半年，轻型客车新能源渗透率达到41.5%，轻型货车新能源渗透率达到11.2%，轻型商用车行业都在以同比超过60%的速度高速增长。长安凯程亦加速从传统商用车品牌向数智新能源商用车科技品牌转型发展。

在汽车产业加速变革及产业重构的今天，长安凯程始终坚持"创新驱动发展，科技引领未来"的战略，累计掌握核心技术400余项。比如长安凯程使用的长安"金钟罩"电池全系使用军工标准新型隔热材料，具有寿命长、安全性高、效率高等优势，安全性方面荣获"2023年度国家科学技术进步奖二等奖"。电池快速充电能力相比前期提升2倍以上，融合4C超级快充，从20%电量到80%电量充电只需10min，电芯循环寿命可达2500次以上。大电量电池以及高效的补能实力，进一步提升了商用车客户对效率、安全性的要求。

此外，长安凯程核心三电率先实现电控五合一、高速扁线电机、超级增程发电系统、同轴电驱动桥等先进技术的应用，实现了动力、驾乘体验的全面提升。电池采用行业内领先品牌的电芯，质量安全性及寿命处于业内先进水平；掌握动力域控制集成技术，有效降低了开发费用及材料成本，在车端提升了装配效率、缩短了开发周期，在客户端有效降低购置成本，为物流客户降本增效。

目前，长安凯程正在推进七合一电控系统、乘用车电芯商用化、4C充电技术、后驱独立悬架电驱动等技术的研发，并在未来两三年内搭载于新一代重磅产品中上市，进一步提升车辆在智能、舒适以及便捷使用方面的体验。

在智能化领域，长安凯程电子电气架构应用行业领先的SDA与CIIA架构，充分前瞻性融合长安全球研发平台架构，在架构先进性及功能可拓展性方面处于商用车领域领先地位。针对皮卡车型推出全车OTA升级，可支持无线CarPlay和Android Auto功能，平台化程度处于行业领先水平。不仅如此，长安凯程为保障芯片的自主可控，积极推进关键零部件的国产化。

背靠大长安体系，长安凯程与乘用车产业链实现通用化，优化零部件物料清单（BOM）成本。与传统汽车企业相比，长安凯程自主掌握整车控制软件开发能力、三电集成应用能力等。而相对于新势力，长安凯程在整车技术积累、生产制造、质量及供应链管理等方面也存在显著优势。如今，长安凯程已研发出商用车行业首款多合一电源及基于高速扁线电机的高效电驱动系统，后续将持续推动产品平台化及技术迭代升级，实现技术领先及产业链自主可控。

科技的伟大不在于超级而在于普及，产品的价值不在于说教而在于体验。长安凯程不只做技术的开拓者与创新者，同时也在积极推动已量产及可体验的智慧新能源产品及服务，惠及轻型商用车全行业。随着智能化及线控技术的应用，汽车行业未来价值的新增长点将向用户出行、场景体验和交互转移。长安凯程紧抓汽车产业价值迁移的新变化积极布局，以开放合作、互惠共赢的态度推动行业标准的统一。比如长安凯程针对智能化新能源化打造的原生新能源数智架构——K01，已面向行业共享。

长安凯程致力于探寻一条不止步于单纯"造车"的智慧物流新道路。从物流平台的网联化整车接入，到辅助智能驾驶对运输效率的提升，甚至无人场景对物流生态颠覆性变革的研究，长安凯程均有开展。如今，长安凯程已实现轻型商用车新能源产品的全谱系、全场景覆盖。

（二）拥抱全球化机遇，争做世界一流

新一轮全球化窗口期已然到来。

随着新能源汽车发展的持续推进，全球不少国家都颁布了利好新能源汽车发展的相关政策以及配套措施。比如西班牙提供高额新能源购车补贴，泰国政府宣布未来三年支持新能源汽车产业发展的系列新举措……越来越多国家出台政策，旨在吸引更多汽车制造商投资设厂，推动其整个汽车产业向电动化转型。

全球轻型商用车市场规模超过1000万辆，整体新能源渗透率不足7%，远远低于中国16%的渗透率。中国品牌新能源商用车具有规模和产业链优势，在全球新能源市场竞争中初露峥嵘。

就长安凯程而言，在长安汽车"海纳百川"计划以及长安凯程"12363"经营战略的指引下，2024年长安凯程出口跑出了销量增长加速度。2024年1—9月，长安凯程累计出口5.42万辆，同比增长96.5%。其中，长安凯程皮卡累计出口3.66万辆，同比增长157.8%，且连续多月保持行业出口量第一。截至目前，长安凯程皮卡海外销售已覆盖中南美洲、东南亚国家联盟（简称东盟）、中东非洲、独联体四大区域，畅销60多个国家和地区，主销市场为墨西哥、沙特阿拉伯、智利、俄罗斯、巴基斯坦、越南等。长安凯程不仅跑出了业绩增长的亮眼成绩，也打出了民族品牌成功"出海"的样板。

借新能源智能化汽车"换道超车"之势，中国自主品牌蓄势跃迁，阶段性成果显著。尤其是长安汽车，长期以来不仅通过合作伙伴加速自我革新，实现了理念、技术、生产制造以及管理模式等的变革优化，同时也通过与全球领先汽车企业的深度合作，实现了产品、技术、生态"出海"的高效协同。目前，依托长安全球研发中心，长安汽车分别在重庆、北京、上海、河北定州、安徽合肥、意大利都灵、日本横滨、英国伯明翰、美国底特律和德国慕尼黑建立起"六国十地"各有侧重的全球协同研发格局。借助长安汽车庞大的海外布局，长安凯程实现了产业链协同出海，具有强大的出口及服务能力。

此外，长安凯程海外战略也逐步从"走出去"到"走进去"，并向"走上去"快速发展。出口模式也转变为并非简单地追求销量，而是深入扎根当地，全面融合，多方共赢，以多样化的产品为全球用户带来全新体验。比如依托长安汽车在泰国、墨西哥等国家的产业链布局，长安凯程备件供应能力大幅提升，实现了售后及服务能力的快速跟进。

未来，长安凯程将以皮卡、低碳智慧物流两大业务为支撑，一方面，强化墨西哥、沙特阿拉伯等重点市场的产品布局；另一方面，快速推进全球化产品正向开

发，基于全球用户差异化需求，为用户提供全域、全场景产品谱系。以全球化、差异化、定制化的战略为指引，长安凯程正向世界一流商用车品牌快速迈进。

根据规划，未来长安凯程将聚焦中南美洲、东盟和澳大利亚及新西兰市场，三年陆续投放六款新能源皮卡，深耕业务，塑造全新体验，加速向世界级品牌迈进。在轻型物流车领域，长安凯程将专注于新能源电气化路线并陆续推出基于全新平台的VAN类产品。随着欧洲电气化进程加速，长安凯程将把现有产品布局与欧洲的新增市场需求有效连接，并择机进入全球最大的欧洲集群市场，占领市场高地。

（三）积极创新变革，坚定转型未来

战略兴，则企业兴。160多年来，长安汽车以三次创业的坚定步伐，不断强化战略的前瞻性。长安凯程作为长安汽车的战略支柱板块之一，也在随着长安汽车的战略调整，通过持续不断的创新与变革，不断激发企业活力；以全球化视野，走出了一条从无到有、从小到大、具有原创式特色的自主创新之路。

2010年，长安汽车下设轻型车事业部。2015年，长安轻型车事业部通过混合所有制改革，解决了长安轻型车发展中面临的资源、机制、内生动力等方面的问题，并以此为契机推动长安轻型车业务快速发展。2018年，在长安汽车"创新、创业、创未来"主题战略发布会上，长安轻型车事业部更名为凯程汽车。2019年，长安凯程凭借长安神骐、长安睿行、长安星卡、长安凯程F等产品系列，将销量拉升至19万辆，位列行业前十。2020年，长安凯程并通过增资扩股，获得了股权投资7亿元、政策奖励总额超过5亿元的发展资源，长安凯程再次迎来发展新阶段。

依托长安凯程深厚的造车底蕴以及在新能源赛道的厚积薄发，长安凯程不断加快产品新能源化更迭以及全新新能源产品的导入。未来三年，长安凯程将陆续推出四大系列11款新能源产品，实现轻型商用车新能源产品的全谱系、全场景覆盖，并承诺从2025年起不再投放全新传统燃油汽车。

面向未来，长安凯程有着无比坚定的战略规划。长安凯程将坚持"数智新能源商用车科技品牌"的品牌定位，朝着成为世界一流商用车品牌的愿景与使命坚定前进。作为长安汽车商用车业务战略的承载者，长安凯程联合长安汽车的相关资源，以"12363"发展策略为方向，通过技术创新、深化改革，深入推进"1个原生新能源数智架构——K01""2大低碳智慧物流、全球价值创新皮卡产品系列"策略，打造"整车销售+对外技术及产品输出+生态服务变现"三位一体多元化盈利模式。

具体来说，长安凯程将针对"产品定义、研发领先、场景制造、品牌焕新、营销变革、海外拓展"六大关键能力，基于商用车用户群体及竞争的"市场化改革、差异化体系、铁三角敏捷组织"三大关键保障，进行行动措施的分解、审视，确保战略落地和目标达成。

通过与用户、生态伙伴携手共创，长安凯程坚持技术创新，驱动全产业链转型

升级，打造未来科技的引领者。围绕"新汽车、新生态"，长安凯程加速构建"科技＋数字＋用户＋绿色"四位一体的全新生态布局。目前，长安凯程正在积极推进 A 轮融资，未来将进一步筹备 B 轮融资以及上市计划。

四、结束语

立足全球，固本拓新。长安凯程在长安汽车"三次创业"的浪潮中稳定发展。随着新能源汽车智能化以及全球化时代的到来，长安凯程有了新的使命与机遇。基于商用车行业极致成本、极致效率的目标，长安凯程通过全面推进产品新能源化，打造智慧物流价值标签，塑造价值创新皮卡形象，朝着世界一流商用车品牌大步前进。

第 13 章　中国重汽：推动中国重卡迈向世界一流

本章作者：舒慕虞[一]

摘要：

在全球商用车版图中，中国重汽正以不可阻挡之势，引领着中国重卡产业迈向世界舞台的中央。作为中国商用车领域的领航者，中国重汽不仅承载着民族工业崛起的重任，更以超凡的远见卓识和永不熄灭的创新火焰，铸就了中国重卡产业辉煌发展的新篇章。

"推动中国重卡迈向世界一流"这一句话，是中国重汽数十载风雨兼程、矢志不渝的真实写照。通过持续的技术革新与产品迭代，中国重汽推出了一系列具有革命性意义的产品，它们代表着中国重卡技术的巅峰，赢得了全球客户的广泛赞誉。同时，中国重汽还构建了全方位、全生命周期的优质服务体系，确保每一位客户都能享受到贴心、专业、高效的服务体验，让每一辆重卡都成为提升运营效率、加速财富增长的强大引擎。

中国重汽的每一步跨越，都是对"让客户更赚钱"这一承诺的坚定践行，更是向世界宣告："中国重卡正在书写属于中国制造的辉煌篇章。"这不仅是技术的较量，更是品牌与实力的展现。一个新时代即将开启——中国重卡，正以前所未有的姿态迈向世界舞台。

一、推动中国重卡迈向世界一流

在中国汽车工业的历史长河中，中国重型汽车集团有限公司（以下简称中国重汽）始终扮演着举足轻重的角色。自 1930 年其前身企业诞生以来，中国重汽不仅见证了中国重卡行业的兴衰起伏，更以其不懈的努力和创新精神，逐步成长为中国乃至全球重卡行业的领军企业。

近年来，中国重汽明确提出"打造世界一流的全系列商用车集团"的宏伟目标，这一目标的设定不仅体现了企业的雄心壮志，更对中国重卡产业乃至整个汽车工业的发展具有深远的意义。

[一] 舒慕虞，方得网资深编辑，2012 年起从事商用车行业报道，曾参与《中国客车产业发展报告》编写。早年供职于《中国对外贸易》杂志社及《东方企业文化》杂志社。

1. 中国重汽的辉煌历程与现状

中国重汽的历史可以追溯到 20 世纪 30 年代，但真正让其在业界崭露头角的，是其在改革开放后的快速发展。1960 年，中国重汽生产制造了中国第一辆重型汽车——黄河牌 JN150 8t 载货汽车，这一里程碑式的成就标志着中国重卡工业的诞生。此后，中国重汽不断引进国外先进技术，提升自身研发能力，逐步形成了涵盖重型货车、中型货车、轻型货车、皮卡、VAN、SUV、特种车等全系列商用车的生产能力。

进入 21 世纪，中国重汽更是加快了自主创新的步伐，持续加大研发投入，引进高端技术人才，不断推出具有自主知识产权的新产品。短短五年间，其重卡市场占有率从 16.5% 飙升至 26%，实现了从行业第三到领头羊的华丽转身，重新确立了其在重卡行业的龙头地位。

2023 年，中国重汽在各细分市场取得了多个行业第一：在长途干线货车市场占有率 26.6%，行业第一；在混凝土搅拌车市场占有率 26.2%，行业第一；在冷藏车市场占有率 25.5%，行业第一；在 AMT 市场占有率 30%，行业第一；在清障类专用车市场占有率 35.2%，行业第一；在燃气车市场四季度占有率 22%，行业第一；在危险品运输车市场占有率 28.7%，行业第一；在高端专用车市场占有率 52.1%，行业第一；在渣土车市场占有率 26.8%，行业第一；在 4×2 牵引车市场占有率 26.5%，行业第一，在各领域展现出全方位的强大竞争力。

如今，中国重汽已成为我国商用车领域盈利能力最强、重卡市场占有率最高的企业。在出口方面，更是连续 19 年稳居国内重卡出口榜首，产品远销全球 110 多个国家和地区，被誉为"全球重卡行业增长最迅猛、最具竞争力和成长潜力的企业"。

2. 设定"世界一流"目标的必要性

在全球化不断发展的今天，全球重卡行业的竞争格局正以前所未有的速度重塑。欧美等发达国家的重卡品牌，凭借其悠久的工业历史、深厚的技术积累和强大的品牌影响力，长期稳坐高端重卡市场的头把交椅。面对这样的国际竞争格局，中国重卡企业若想在全球市场中脱颖而出，实现由"跟跑"到"并跑"乃至"领跑"的跨越，设定并追求"世界一流"目标，不仅是必要的战略选择，更是时代赋予的历史使命。

中国重汽作为国内重卡行业的佼佼者，其提出的"打造世界一流的全系列商用车集团"的宏伟愿景，是对这一时代课题的响亮回答。这一目标的设定，是中国重汽对企业自我提升的强烈诉求，将加速技术创新与产业升级的步伐，不断提升产品核心竞争力，有助于中国重汽进一步巩固和扩大国际市场份额，提升全球品牌知名度和美誉度。

更为重要的是，中国重汽设定"世界一流"目标的行为，将如同一股强劲的东风，吹遍整个中国重卡产业。它将激励整个行业向更高水平迈进，促进产品性能的优化、能耗的降低以及安全性的提升，从而在全球商用车市场中赢得更加广阔的发展空间。同时，中国重汽的成功经验也将成为行业内的宝贵财富，为其他企业提供可借鉴的模板，共同推动中国重卡产业的技术进步与产业升级。

此外，中国重汽作为行业领军企业，其发展不仅关乎自身利益，更关乎整个产业链的协同发展。设定"世界一流"目标，将促使中国重汽加强与上下游企业的合作与协同，推动产业链上下游企业的共同进步和发展。通过技术创新、资源共享、市场开拓等方式，中国重汽将带动整个产业链向更高水平迈进，实现共赢发展。

总之，设定"世界一流"目标是中国重卡企业在全球化背景下实现跨越式发展的必然选择。它不仅代表着企业实现自我提升和自我超越的强烈诉求，更是推动中国重卡产业整体进步、提升国际竞争力的重要战略举措。

二、加快技术创新与产品创新

在当今全球商用车市场竞争日益激烈的环境中，技术创新与产品迭代已成为企业破浪前行的核心驱动力。中国重汽作为行业内的佼佼者，正以前所未有的决心与力度，加速推进技术创新与产品创新的深度融合，向着"世界一流"的宏伟目标稳健迈进。

在"创新驱动发展"这一国家战略的引领下，中国重汽深刻把握时代脉搏，将科技创新视为企业发展的灵魂。公司不仅大幅度增加研发投入，构建起覆盖全链条的科研体系与高端技术创新平台，更在发动机核心技术、先进传动系统、整车智能化设计以及智能制造等多个维度取得了突破性进展。每一项技术的精进，都是中国重汽人对卓越品质不懈追求的见证，也是其技术实力不断攀升、与国际顶尖水平"并跑"乃至"领跑"的坚实基石。

面对商用车市场日益严峻的同质化难题，中国重汽展现出非凡的战略眼光与创新能力。公司深知，唯有通过差异化竞争的策略，才能在激烈的市场竞争中开辟出一条独具特色的发展道路。因此，中国重汽持续深化技术创新与产品迭代，不断推出符合市场需求、引领行业潮流的新产品。这些产品不仅在设计理念上更加贴近用户实际需求，更在性能表现、节能环保、智能互联等方面实现了全面升级，极大地提升了产品的市场竞争力，满足了客户日益多样化的需求。

重组以来，中国重汽更是将科技创新与产品迭代视为企业发展的生命线，不断推动产业升级与转型。公司通过整合内外部资源，加强产学研合作，构建开放合作的创新生态体系，为技术创新与产品迭代提供了源源不断的动力。正是这种对创新的不懈追求与对品质的极致把控，让中国重汽在商用车领域的地位日益稳固，品牌影响力持续扩大，为全球商用车市场的繁荣发展贡献了中国智慧与中国力量。

1. 技术创新：铸就核心竞争力

技术创新作为中国重汽持续腾飞的强劲引擎，正以前所未有的力度重塑着这家企业的核心竞争力。

数据是最有力的证明。5年来，中国重汽心无旁骛攻主业，大刀阔斧搞改革，不断加大科技研发投入。根据企业财报统计，中国重汽研发投入占比从2018年的2%，翻番提升至2022年的4.3%，5年研发投入150亿元，是前15年的总和。研发人员从2018年的1102人，增长到3936人，增长近3倍。其中，硕士学历人员从790人增长到2760人，博士学历人员从9人增长到83人。这一战略性的投入为中国重汽的技术创新提供了坚实的保障。

面对国六排放标准6b阶段的到来，中国重汽展现出具有前瞻性的布局能力。中国重汽与潍柴动力强强联合，让中国重汽在国六排放标准6b阶段产品的接入上占得先机。重汽MC/潍柴WP双动力配置的引入，给客户提供了新时代的竞争优势。此外，搭载潍柴54.16%热效率WP15NG发动机的豪沃及汕德卡大马力燃气车的陆续上市，更是开启了燃气车大马力时代的新篇章，彰显了中国重汽在技术创新方面的领先地位。

技术创新不仅体现在排放标准的升级上，更渗透于产品性能的全面优化。汕德卡G7H大马力燃油货车，搭载国内顶尖的TD节油技术发动机，配合无极S动力链，实现了燃油经济性与动力性的双重飞跃。而中国重汽独创的S-IBD缓速制动技术，最大制动功率可达375kW（约510马力），以革命性的节油与安全性能，重新定义了商用车制动系统的标准。

进入2023年，中国重汽的创新步伐进一步加速。行业首款自动变速器（AT）轻卡——豪沃统帅自动档轻卡的推出，标志着中国重汽在商用车自动变速器领域迈出了关键一步。其搭载的自主研发的智能8档自动变速器（8AT），内置5组湿式离合器，最快响应时间0.4s，比传统AMT提升50%~70%，以超快响应速度与卓越性能，引领商用车自动变速器技术的新潮流。

更令人瞩目的是，中国重汽在新能源领域的布局已见成效。纯电动、混合动力及燃料电池三大技术路线并进，全球首创的双电机构型自主电驱动桥的问世，不仅系统效率高达94%，更在全球新能源商用车市场中树立了技术标杆。S-CET蓝立方新能源平台技术的发布，以及基于该平台的S-TED重卡与S-ELP轻卡纯电动产品的亮相，进一步彰显了中国重汽在绿色低碳转型道路上的坚定决心与强大实力。

在整车集成技术方面，中国重汽基于模块化设计理念，实现了研发、生产、售后的无缝衔接，极大地提升了全产业链的协同效应与规模效应。整车仿真平台与整车域控制系统的升级，不仅提升了车辆的关键性能指标，更赋予了车辆更高的智能化水平，为用户带来了前所未有的驾驶体验。

此外，中国重汽在新材料新工艺方面的探索同样令人瞩目。生产线的柔性化、数字化、智能化改造，不仅提高了生产效率，还满足了客户日益增长的个性化需求。增材制造、工艺仿真等先进技术的应用，更是为中国重汽的产品质量提供了坚实保障。

2.产品创新：不断树立行业标杆

在当前的商用车领域，市场正面临着前所未有的同质化问题，产品与技术的界限日益模糊，各大企业间的竞争趋于白热化。面对这一困境，如何突破重围，赢得客户的青睐与市场的份额，成为所有商用车制造商亟须解决的核心议题。

中国重汽深刻洞察到，不同细分市场下客户的需求千差万别，即便是相同功率的牵引车，在跨越地域、穿梭于不同路线的过程中，用户的关注点也会发生显著变化。为此，中国重汽不断强化自主正向研发能力建设，通过"揭榜挂帅"、签订"军令状"等方式，集中攻克商用车领域的"卡脖子"难题，实现技术引领，以市场为导向倒逼产品创新研发，让产品研发与市场需求同步，持续加快新产品上市速度，推出客户真正需要的产品，不断树立行业标杆。

近年来，中国重汽成绩斐然，一系列里程碑式的产品相继问世，不仅彰显了企业的产品创新实力，更为行业树立了新的标杆。2020年年初，中国重汽便以25辆无人驾驶电动集装箱货车在天津港的全球首次整船作业惊艳亮相，不仅为自动化集装箱码头的建设贡献了"中国方案"，更彰显了其在智能驾驶领域的深厚积累与前瞻布局。随后，新一代黄河X7高端物流牵引车的上市，更是以其卓越的性能指标，如全球领先的0.349的风阻系数，确立了国内乃至国际市场的领先地位。而专为2022年北京冬奥会定制的黄河氢燃料电池雪蜡车，更是实现了智能雪蜡车的"中国首创"，填补了国内市场空白，以科技力量为冬奥会增添了一抹亮丽的中国色彩。

时间的车轮滚滚向前，中国重汽的产品创新步伐从未停歇。2022年，全球首辆搭载潍柴52.28%热效率柴油发动机和54.16%热效率燃气发动机的重卡产品，均在中国重汽率先诞生。这不仅是中国重汽产品实力的展现，更是全球动力技术领域的一次飞跃，标志着中国在全球重卡动力技术比拼中迈出了坚实而自信的步伐。

2023年，中国重汽的产品创新步伐依旧稳健而有力。2023年4月，黄河X7以其卓越的燃油经济性和超长续驶能力，再次向世界展示了中国智造的非凡实力。在严格的车货总质量49t的测试条件下，黄河X7仅凭一箱945.29L的燃油，便完成了惊人的4871.18km行驶距离，这一壮举不仅创造了"半挂式货车单次加油行驶最远距离"的吉尼斯世界纪录，更彰显了中国重汽在绿色、低碳、高效运输解决方案上的领先地位。

步入2024年，中国重汽以卓越的创新力和前瞻性的战略布局，再次引领商用车行业迈向新的里程碑。这一年，其产品线不仅实现了深度拓展，更在技术创新与用户体验上实现了质的飞跃，为国内外市场带来了前所未有的震撼之作。

在高端干线物流领域，汕德卡全新 C9H 超高顶 WP17T 840 马力牵引车横空出世，以其非凡的性能与极致的设计，重新定义了行业标杆。这款力作搭载了中国重汽专属定制的潍柴 WP17T 840 马力发动机，这颗"巅峰动力心"不仅以 52.28% 的超高热效率傲视群雄，更在排量、功率及转矩上独占鳌头，使其运输时效较同级产品提升高达 13%。配合 S-TD 节油科技的精妙运用，以及专属无极 S 动力链的一体化匹配，实现了惊人的节油效果，较传统方案再省 6%，真正成为干线物流领域的"开挂猛兽"。此外，车辆的前脸外观焕然一新，内饰更是奢华升级，辅以全新智能驾驶辅助系统，让驾驶者在享受 48dB 极致静谧空间的同时，也能体验到前所未有的极致用车乐趣，无疑是国内高端智能货车的典范。

在燃气车领域，中国重汽同样展现出了非凡的创造力与实力。豪沃 TS7-H 牵引车，搭载了 54.16% 高热效率平台定制版 WP17NG 燃气发动机，以 700 马力的超强动力，搭配 S-IEC 燃气智控技术、无极 S 动力链一体化开发、智能动力域控制及超低风阻设计等前沿科技，实现了百公里节气 2~3kg 的卓越表现，以极致科技助力用户收益最大化。更令人瞩目的是，该车首次在国内采用了顶盖辅助远光灯设计，极大提升了夜间行车的安全性。超高顶平地板设计，内高达到行业领先的 2200mm，配合 1100mm 抽拉卧铺及 48dB 的静谧空间，共同打造了顶级座舱体验，让长途驾驶也能成为一种享受。

面向轻卡市场，中国重汽豪沃轻卡更是推出了全新一代统帅及全新一代悍将系列产品，以高效、安全、智慧为核心，重新定义了城市物流的新标准。这两款产品均搭载了热效率高达 46% 的专属 2.5L 发动机，并配备了行业首创的 8AT 变速器，实现了风阻系数 0.418 的超低风阻驾驶室设计，节油效果显著提升，可达 15.3%。超大视野的风窗玻璃、12bar（1.2MPa）的制动压力、超强驾驶室本体以及 L2 级自动驾驶技术的运用，全方位保障了驾乘人员的安全。潍柴 WP2.5N 发动机与重汽自主研发 8AT 变速器的联动控制，确保了发动机在不同车速下均能运行在最经济区间，加之极速丝滑的换档体验，解放了驾驶员的左脚，让驾驶变得更加轻松愉悦，真正实现了舒适驾乘。这一系列产品无疑将成为未来城市物流市场的首选装备。

三、与合作伙伴建立全新生态

随着全球经济一体化进程的加快和科技创新的日新月异，汽车产业正经历着前所未有的变革。特别是在重卡领域，智能化、网联化、电动化、共享化成为不可逆转的趋势。这一背景下，传统的生产模式、供应链体系以及市场格局正遭受前所未有的挑战。对于中国重汽而言，这既是挑战，也是机遇。

中国重汽深知，单打独斗已难以应对复杂多变的市场环境，唯有通过构建开放、协同、共赢的全新生态，才能汇聚各方力量，共同应对挑战，把握机遇，实现跨越式发展，实现"迈向世界一流"的宏伟目标。

1. 重构共同体生态

在21世纪的全球经济版图中，英国经济学家马丁·克里斯多弗的预言正逐步成为现实："21世纪的竞争不是公司与公司之间的竞争，而是供应链与供应链之间的竞争。"在这一背景下，中国重汽正以非凡的远见和魄力，重构其供应链生态，携手合作伙伴共绘行业发展新蓝图。

一家独好非真好，共赴一流方显真章。中国重汽多次强调："中国重汽集团一家干得好不叫好，整个中国重型汽车行业迈向世界一流，才是真的好！"这不仅仅是一句口号，更是中国重汽对行业未来的深刻洞察与坚定承诺。中国重汽深知，在全球化的今天，任何企业的成功都无法孤立存在，唯有协同合作、创新共享，才能实现整个行业的飞跃与繁荣。

自2018年以来，中国重汽在供应链领域的变革力度前所未有。面对过去二级公司分散采购、各自为政的局面，中国重汽果断出手，从2019年起全面推进集中采购改革。这一改革不仅实现了对采购核心管理职能和人员的集中管控，更通过采购降本和供应链优化，淘汰了大量低端供应商，为构建高效、协同的供应链体系奠定了坚实基础。

如今，中国重汽的供应链已迈入生态重构的新阶段。在这个阶段，中国重汽更加注重与供应链伙伴的战略互信与共赢发展，致力于构建一个共生共进的命运共同体。通过深化合作、强化协同，中国重汽与供应链伙伴共同规划未来、升级能力，实现了从单一交易关系到战略伙伴关系的转变，共同构建了一个共生共进的命运共同体。

在2024年合作伙伴大会上，中国重汽用三个共同体来定义未来中国重汽与供应链之间的关系，分别是"共生共进的命运共同体""战略一致的价值共同体"以及"高度融合的研发共同体"。中国重汽和供应商不是交易对手，而是战略伙伴；不是价格博弈，而是价值共创，是战略一致的价值共同体。

回望过去两年的发展历程，中国重汽凭借其强大的生态体系在市场竞争中脱颖而出。通过联合创新、协同攻关，中国重汽在产品性能、技术研发、整车设计等多个领域取得了显著成果，为产品的持续领先奠定了坚实的基础。这些成绩的取得离不开中国重汽与合作伙伴的紧密合作和共同努力。

2. 摒弃"60分合格"的安逸区

在"迈向世界一流"的宏伟目标下，中国重汽深刻认识到，在追求卓越的道路上，任何满足于"60分合格"的懈怠都将是前进的绊脚石。为此，中国重汽提出：

"我们不要 60 分的合格产品，我们追求的是 100 分的一流产品。"

为实现这一目标，中国重汽与供应链伙伴紧密合作，致力于构建一个集高质量产品、高效率交付、高韧性供应链于一体的生态体系。中国重汽表示，"未来中国重汽也将推进供方结构的优化。在大幅提高头部供方的数量和供货的比例、加强战略合作的同时，对于低水平的一般供方，强化质量审核。"

在研发领域，中国重汽创新性地建立了"高度融合的研发共同体"。这一平台汇聚了对整车研发具有战略价值的头部供方，通过"战略供方、早期参与、同步开发、全程协同"的紧密合作模式，极大地提升了中国重汽的正向研发能力。这一战略举措不仅加速了中国重汽向全系列商用车均衡发展的转型步伐，还推动了其在服务解决方案、高效清洁及新能源、持续性全球均衡、高端产品，以及内外部深度协同等多个维度的全面升级。

然而，好的研发与过硬的产品只是成功的第一步。在竞争激烈的市场环境中，100% 准时交付同样是企业竞争力的关键体现。为此，中国重汽计划在 2024 年全面打通从客户端到供应端的一体化流程，构建一个高效的信息共享平台，实现对市场预测的精准把握和战略资源的提前储备。通过建立产品安全库存机制和优先排产、专线生产的供应链配合机制，中国重汽将确保产品能够迅速响应市场需求，赢得客户的信赖与好评。

在国际、国内市场风云变幻的背景下，安全可控的高韧性供应链更是企业决胜未来的关键所在。中国重汽始终致力于推动供应链双链体系建设，通过提升成本竞争力来应对复杂多变的市场环境。在 2024 年合作伙伴大会上，中国重汽与供应商共同签署了诚信合作承诺书与质量承诺书，进一步明确了双方的质量保证责任和义务。同时，公司还发布了严格的质量契约和处罚追责措施，确保产品和服务的质量始终满足客户的期望与需求。

3. 打造全生命周期价值最优产品

在全新生态的支撑下，中国重汽致力于向全球客户提供产品全生命周期价值最优的产品。这不仅仅意味着产品本身的高品质和高性能，更体现了产品从设计、生产、销售到服务的每一个环节都充满了价值。

打造高品质产品，引领行业潮流。作为中国重卡行业的领军企业，中国重汽始终将产品品质放在首位。通过引进国际先进的设计理念和生产工艺，结合本土市场的实际需求，中国重汽打造出一系列具有自主知识产权、高品质、高性能的重卡产品。这些产品不仅在国内市场占据领先地位，还远销海外多个国家和地区，赢得了广泛的认可和赞誉。

打造定制化服务，精准匹配，满足个性需求。面对不同用户群体的个性化需求，中国重汽推出了定制化服务方案。通过深入了解用户的实际需求和使用场景，中国重汽能够为用户提供量身定制的产品和服务解决方案。无论是车辆的配置选择、金融服务还是售后服务支持，中国重汽都能够做到精准匹配、快速响应，让用户感受到前所未有的便捷和舒适。

加快智能化升级，赋能物流。在智能网联技术快速发展的背景下，中国重汽积极拥抱智能化浪潮。通过引入先进的智能网联技术，中国重汽实现了对车辆状态的实时监控和远程管理。同时，中国重汽还携手合作伙伴共同开发了一系列智能化物流解决方案，帮助用户提高运输效率、降低运营成本、提升行车安全。这些智能化升级不仅为用户带来了实实在在的利益回报，也为整个物流行业的转型升级注入了新的动力。

四、让客户更赚钱

在竞争激烈的商用车市场中，中国重汽始终以其卓越的产品品质、创新的技术实力和贴心的服务理念，引领着行业的发展方向。近年来，中国重汽更是将"让客户更赚钱"作为企业发展的核心目标，不仅赢得了市场的广泛认可，也收获了无数用户的信赖与好评。

在2024年合作伙伴大会上，中国重汽再次强调"让客户更赚钱"的核心目标。中国重汽强调，"从源头为客户着想，让客户赚钱！让我国2000多万重卡司机获得幸福感！让全国正在运行的商用车更节油！让我们的快递物流更高效！"这一宣言的提出，不仅展现了中国重汽的坚定信念和行动准则，更给全球的商用车行业带来了震撼和期待。

中国重汽洞察到，面对2024年及未来的市场，终端客户已不再仅仅关注价格与动力，而是逐渐形成了对产品全生命周期的价值考量。这种转变促使商用车行业从单纯的价格竞争迈向了价值创造能力的比拼。中国重汽坚信，唯有那些能让客户实现更高盈利的产品，方能赢得市场的最终认可。

1. 向客户做出五项承诺

面对2024年可能面临的国际市场发展放缓、国内结构转型的重压及客户购买力下降的挑战，中国重汽发出有力号召：逆境之中，更需勇往直前，无惧挑战，唯有如此，方能引领全行业共克时艰，赢得未来。

为此，中国重汽联合合作伙伴，向市场发出了五项承诺：一是产品全生命周期价值最优，这意味着产品不仅在购买时具有竞争力，而且在后续的使用和维护过程中也能持续提供价值；二是车辆出勤率最高且运营效率最好，从而帮助客户提高业务效益；三是让客户尽情享受驾乘的舒适体验；四是为客户提供高新科技带来的安全呵护和绿色环保；五是为客户提供最便利、最精准、最高效的亲人般的服务。

简而言之，中国重汽的五项承诺聚焦于高效运输、舒适体验、安全保障、绿色环保及卓越服务，汇聚成一句话便是：让客户在环保、安全的环境中，享受高效舒适的驾驶体验，而这一切背后，都有亲人般的服务作为坚强后盾。

这些承诺并不是空口一说。中国重汽已组建全新管理团队，矢志不渝地追求成为世界级商用车集团的梦想，持续推动中国重汽向更高峰迈进。同时，济南莱芜数字化新产业基地，作为百亿投资的成果，现已全面投产，其装备、数字化管控及产品控制能力均达国际领先水平，为中国重汽的产品质量提供了坚实保障。此外，中国重汽正加速海外战略部署，积极进军全球高端市场，与国际顶尖品牌同台竞技，为提升整体竞争力和全球化经营能力奠定了坚实的基础。

2. 用科技实力兑现承诺

中国重汽深知"让客户更赚钱"不仅是承诺，更是行动的方向。他们以科技实力为基石，不断突破，为客户铺设了一条通往盈利的高速路。

追溯中国重汽的辉煌历程，每一步都镌刻着科技创新的烙印。自2018年起，他们便以全球领先之姿，推出了搭载潍柴高效柴油与燃气发动机的重卡，凭借52.28%与54.16%的卓越热效率，重塑了行业标准。通过集团内部的紧密协同，中国重汽成功构建了原装原配的无极S动力链，传动效率高达93%，节油节气效果显著，为客户节省了大量运营成本。

不仅如此，中国重汽还持续在新能源与智能驾驶领域深耕细作，研发出行业唯一的双档电驱动桥，并率先在多款新能源商用车上实现应用。他们建立的数字化"灯塔工厂"，作为世界一流的商用车生产基地，不仅推动了绿色智能制造的进程，更为客户提供了更加环保、高效的运输解决方案。

尤为值得一提的是，中国重汽在无人驾驶领域取得了突破性进展，其无人驾驶电动集装箱货车（俗称集卡）实现了全球首次整船作业，展现了强大的技术实力和市场潜力。同时，他们发布的全国首款商业化氢内燃机重卡——全新一代黄河重卡，更是开启了氢内燃机重卡商业化的新纪元，为客户提供了更加多元、清洁的能源选择。

进入2023年，中国重汽继续加速领跑，将科技创新转化为实际生产力。面对国六排放标准6b阶段的挑战，他们超前布局、超前切换，与潍柴动力强强联手，以重汽MC/潍柴WP双动力配置确保产品无缝对接新标准，助力客户在新时代的市场竞争中占据先机。同时，他们推出的豪沃及汕德卡大马力燃气车，凭借潍柴54.16%热效率WP15NG发动机，最大马力可达590，开启了燃气车大马力时代的新篇章。

此外，中国重汽还敏锐洞察市场需求变化，以"人乐享"为核心概念，推出了行业高端轻卡——豪沃统帅PRO轻卡。这款集"声学降噪、科技驾仓、智能娱乐"

三大核心优势于一体的科技杰作，不仅满足了城市配送物流运输的高效需求，更将驾乘舒适度提升至前所未有的高度，重新定义了高端轻卡的驾乘体验。该车型在降噪技术上首次采用发动机全包降噪板，有效隔绝发动机噪声与轮胎噪声；超大尺寸天窗、超宽卧铺、云感空气座椅、"House 级"驾驶室结构设计专利、人性化设计，让驾乘更为舒适。这款车型搭载了无极 S 动力链，综合节油达 11.8%，无论是城市配送工况，还是运距更长的跨市、跨省运输，豪沃统帅 Pro 的这套动力链都能满足使用要求。这一举措不仅提升了驾驶的舒适性与经济性，更引领了商用车产品的新一轮进化。

3. 口碑是最好的广告

在竞争激烈的商用车市场中，中国重汽凭借其卓越的产品性能与优质的客户服务，成功构筑了以"口碑"为基石的核心竞争力。

2023 年 8 月，在内蒙古鄂尔多斯市举行的"中国重汽 100 辆豪沃 TX7 牵引车交车仪式"上，福能能源作为此次交车仪式的主角之一，对豪沃 TX7 牵引车给予了极高的赞誉。该公司负责人明确指出，在能源成本持续攀升的当下，豪沃 TX7 凭借其卓越的节油高效特性脱颖而出，其先进的动力总成与轻量化设计策略，不仅有效削减了运营成本，还显著提升了运输效率，为行业树立了新标杆。

2024 年，在豪沃重卡主办的"豪沃燃气车节气赛"中，徐州"卡友"孙先生驾驶的豪沃 MAX 480 马力燃气车，以惊人的 23.65kg/100km 低气耗成绩夺冠，充分展示了豪沃重卡卓越的节能优势。作为物流运输行业资深从业者，孙先生对车辆性能有着极高的要求，经过深思熟虑的选择与长期的实际验证，豪沃 MAX 480 马力燃气车以其强劲的动力、迅猛的提速能力以及零故障率的卓越表现，赢得了孙先生由衷的好评。

南京三圣物流有限公司的杨先生作为汕德卡的忠实拥趸，自 2016 年起至今已陆续购置了超过 160 辆汕德卡，几乎占据了公司车辆阵容的半壁江山。他坦言，在危险化学品运输这一高要求领域，汕德卡以其出色的表现赢得了他的高度信赖。目前，公司中已有三分之一的汕德卡行驶里程突破百万千米大关，其卓越品质可见一斑。

同样，来自河南新乡的潘先生，其首辆汕德卡天然气重卡自 2017 年购入以来，便以月均近 4 万 km 的行驶里程展现了惊人的出勤率。不到 4 年时间，该车便完成了百万千米的行驶里程，且至今性能稳定，未出现任何故障。潘先生对汕德卡的评价极高，认为其不仅节气效果显著，每 100km 相比其他车辆节省 1~2kg 燃气，更在达到百万千米里程碑后依然能保持强劲动力，他坚信这辆汕德卡还能再跑百万千米。

这些生动的案例，仅是中国重汽众多用户好评的缩影。从北国边疆的广袤土地到江南水乡的秀美风光，从能源运输的繁忙现场到物流配送的每个角落，中国重汽的产品与服务正以其卓越的品质与高效的性能，赢得越来越多客户的信赖与支持。中国重汽始终秉持"让客户多赚钱"的核心理念，以实际行动践行承诺，品牌影响力日益增强。

五、结束语

回望过去，中国重汽的每一步跨越都铿锵有力，每一步前行都满载着对"让客户更赚钱"这一承诺的深刻诠释。而今，站在新的历史起点上，中国重汽正以更加坚定的步伐、更加昂扬的姿态，向世界宣告：中国重卡，正以不可阻挡之势，迈向全球舞台的中央，书写着属于中国智造的辉煌新篇章。

展望未来，中国重汽将继续秉持初心，勇攀高峰，以更加卓越的产品、更加优质的服务，为全球商用车市场贡献更多中国智慧与中国方案，让中国重卡的旗帜在世界各地高高飘扬，共同见证中国智造的辉煌与荣耀。

第 14 章　贞元车轮的"自我突破"之路

本章作者：张艺婷[一]

摘要：

20 年前，贞元对国外 28kg 的重型车车轮"望轻兴叹"；2016 年，贞元只用一半的价格做成了 33kg 的车轮，完成对国外产品的"平价替代"；2020 年，贞元车轮达到 30kg；2023 年，贞元 28kg 车轮发布；现在，贞元 25kg 车轮即将面世。

贞元车轮，一家中国车轮企业，用中国人的勤奋与拼搏，为全球重卡带来更轻更具高科技含量的车轮。

从钢铁材料贸易到一体化车轮工厂投产，从代工厂到多项专利在手的自主研发生产一体的领先车轮制造企业，仅仅 20 多年，贞元车轮一跃成为中国轻量化车轮的销量冠军、全球最轻车轮的研发制造者。这背后，是贞元车轮心无旁骛攻主业的笃定，也是贞元车轮持续创新与技术突破的坚定。

贞元车轮通过持续的技术研发和产品升级，实现了三年间车轮轻量化的"三级跳"，不仅在全球轻量化车轮领域持续领先，更是为中国轻量化车轮行业的发展做出了积极贡献。

一、心无旁骛攻主业——把车轮做到极致

"一个企业的成功是偶然里有必然，必然里有偶然。"

贞元车轮的成功之路也如此，是一个充满挑战与机遇的蜕变之旅。

早在 2002 年，随着汽车工业的发展，行业对高质量、高性能车轮的需求日益增长，国内轮毂市场在这一领域仍存在巨大的发展空间。

贞元车轮董事长兼创始人胡爱君及其团队通过敏锐的市场洞察，发现了汽车车轮及轮毂市场的巨大潜力。"一次偶然的机会，我在与多年未见的老乡交谈中得知汽车车轮及轮毂市场潜力巨大，这给了我创业的灵感。"胡爱君在接受采访时这样说道。

基于对市场趋势的精准判断，胡爱君决定带领公司从钢铁贸易领域转型至汽车车轮的生产制造，这一决策为贞元车轮的后续发展奠定了方向。

[一] 张艺婷，文学学士，方得网资深编辑。

贞元车轮在转型初期选择了代工模式，通过承接国内外知名汽车品牌的订单，逐步积累技术经验和市场口碑。这种策略有助于贞元车轮快速进入市场，了解行业标准和客户需求。

在代工过程中，贞元车轮不仅获得了宝贵的生产技术和管理经验，还通过实际生产不断检验和改进产品，提升了自身的技术实力和市场竞争力。

胡爱君深知创新的重要性，"那时候，在车轮产品中，贞元一直在行业前列，但我知道，我们不能一直做代工，我们还要自己研发，才能不被市场淘汰。"

贞元车轮自成立以来，始终专注于车轮的研发与制造，这不仅是其标签，也是其在技术研发方面领先的"底气"。

胡爱君坚定地要将车轮这一事业"一条路走到黑"，更坦言，"在早期，公司小有成就时，有不少资本想要一起合作发展其他相关业务，但我还是坚定地做车轮，要把车轮做好、做精、做到极致。"

他亲手绘制蓝图，精心挑选了一群同样怀揣着激情与梦想的工程师，共同组建了一支研发团队。在无数次的尝试与改进后，贞元车轮首款高性能车轮横空出世。初代自主研发的贞元车轮产品，不仅拥有自主知识产权，更在轻量化、耐用性、安全性等方面实现了质的飞跃。

（一）多项专利在手，从"门外汉"到自主研发

自主研发的背景，让贞元车轮一直在探索车轮的"极限"，不断突破。

胡爱君本人更是奉技术为王、创新为本。2014—2016年，胡爱君多次出国考察，学习国外先进的车轮研发和生产经验。他了解到，"当时欧美最轻的车轮能达到28kg，而当时国内的车轮质量还在46kg左右。"这无疑是贞元车轮"弯道超车"的机遇。

随着国家对运输超载的政策管控力度加大，整车的轻量化成为趋势，轻量化车型也成为各大主机厂的主流车型，车轮作为整车的关键零部件，在"簧下一公斤，簧上十公斤"的认知下，车轮部件的轻量化是实现整车轻量化的重要一环。恰逢贞元车轮的主要合作伙伴一汽解放的首款轻量化车型亮相，同样对于车轮厂商提出了轻量化的需求。因此，胡爱君当机立断，整合材料、技术和设备，开始研发轻量化车轮。

2016年，贞元车轮实施了向生产轻量化高端车轮的战略转型，心无旁骛地投入这一领域。

从材料入手，为车轮减重。胡爱君带领公司联合韩国浦项钢铁集团成立共同研发小组，整合全球最好的材料、技术和设备，开始研发轻量化车轮。

通过反复测试、不断改进，新产品"旋风"车轮正式投放市场。这一贞元车轮的首款轻量化车轮在数据、工艺、创新设计上均有突破。

贞元"旋风"车轮采用高强度微合金车轮钢，通过优化产品结构，最大限度地降低了产品非承重位置的厚度，实现了显著的轻量化效果。相较于传统车轮，其质量减轻了 13~14kg。

在结构设计方面，"旋风"车轮的轮辐结构进行了创新设计，采用桃形孔结构形成风扇效果，使车轮在转动过程中形成旋风，对车轮及轮胎进行持续性降温。这一设计有效降低了车轮及轮胎的工作温度，延长了使用寿命，并提高了行驶安全性。

这款车轮获得 8 项专利，其中 4 项为发明专利，被评定为山东省首台（套）技术装备及关键核心零部件，达到国内领先水平。

在生产制造方面，贞元车轮采用与韩国浦项联合研发的新型微合金专用高强度钢，生产制造过程中的关键工序采用美国与德国进口设备，产品质量仅 33kg，单车可减重约 300kg，每年可为车主增收 4 万 ~5 万元。

自 2017 年以来，该产品已为各大主机厂批量供货 500 余万套，属于经市场长时间大批量充分验证的成熟产品，同时也是各主机厂整车销售的重要卖点。产品品质、性价比远高于竞品，更为重要的是，该产品三包索赔率远低于国内其他产品。

也正因这款车轮的面世，贞元车轮在中国一汽、中国重汽等知名商用车企业中"一炮走红"，与行业内 19 家大型央企、国企达成战略合作，产品供不应求。

正是凭借植入骨髓的创新基因，贞元车轮仅仅用了 20 多年的时间，就在国内外声名大噪。从车轮"门外汉"到有一支专业的技术研发团队，从国内代工到与国内知名企业战略合作，贞元车轮"一轮难求"。

贞元车轮由追赶，到"并跑"，再到"领跑"，书写了属于自己的突破创新之路。

（二）三年实现车轮轻量化"三级跳"

胡爱君是个"技术狂人"，对技术创新近乎"偏执"。这也是贞元车轮在三年中产品轻量化指标实现"三级跳"的原因。

"旋风"产品问世后，凭借其出色的产品性能和技术优势，赢得了市场的广泛认可。贞元车轮一跃成为当下车轮市场前列的制造企业，与国内多家知名商用车企业建立了长期合作关系，包括一汽解放、陕汽集团、中国重汽、福田汽车、上汽红岩、大运汽车、江铃汽车、吉利远程等。不少汽车贸易公司和汽车二级经销商的销售人员在购买重卡时，会点名要求购买配备贞元轻量化车轮的车型，即使没有现货也愿意等待。

有了"爆款"的贞元车轮却并未止步于"旋风"，随后便扎进了轻量化车轮进一步减重的"自我突破"之路。

贞元车轮始终坚持"生产一代、研发一代、储备一代"的研发策略，保持技术创新的连续性和前瞻性。"我出国考察的时候，发现虽然我们可以做到与国外厂家比肩的 33kg 左右的车轮，但在我看来，随着材料技术和结构的创新，我们的轻量化车轮技术仍然有很大的进步空间。"胡爱君坚定地表示。

这也推动了贞元车轮"旋风"2.0、3.0 产品的研发。

2020 年，贞元车轮在 33kg"旋风"车轮的基础上，再次创新，成功研发出质量为 30kg 的"旋风"2.0 车轮。第二代轻量化车轮改变了轮辐与轮辋的传统结构样式，采用国际先进的微合金材料，使产品实现超轻量化。这一成果进一步推动了车轮轻量化的进程，展现了贞元车轮在技术创新方面的持续努力。

二、不撞南墙不回头——走难而正确的路

30kg 做到了，接下来的继续减重才是难点。

都说"内行看门道，外行看热闹"。从 30kg 减重到 28kg，不仅是贞元车轮科研攻关的一大步，更是车轮轻量化全球领先的首次探索。

2kg 虽然看似微不足道，却需要在材料上、结构设计上探索"无人区"。在此背景下，更要满足商用车的高强度运营需求，使得性能达到整体最优。这样一来，制造工艺难度陡然增加，这项技术是"前无古人"的。

胡爱君在提出这样的目标时，几乎遭到团队所有人的反对。"我们团队中不仅有来自全国各地的材料专家和高校研究人员，更有从德国专门请来的一位研究制造模具的科研人员，他对车轮制造的研究已经有 20 多年了，可谓经验丰富。"胡爱君在接受采访时表示，"我的想法是要造出全球最轻的车轮，这个目标一定要达到，而且我认为一定能实现，但当时很多人都不看好这个项目。"

其主要的难点在于材料的创新，如何在保证减重的同时，兼具可靠性，并且更加适配商用车的运输环境。

为了攻克这个难题，胡爱君联合其团队日夜不休地讨论、实践、测试研发，却几次失败。

车轮轻量化突破 28kg 大关的研发犹如"站在刀尖上跳芭蕾"，难度系数很高，在高投入低回报的背景下，这是一个艰苦的过程，远比我们想象中复杂得多。

"每次做测试，都要投入大量经费，导致研发经费持续增加。很多人劝我放弃，跟我说现在贞元的产品已经够轻了，但我知道，如果止步不前，我们总有被超越的一天。"胡爱君危机意识满满，这也让他焦虑到整夜睡不着觉，要靠一直绕着聊城的东昌湖走路来缓解。

胡爱君曾这样说过，"我们深知，关键核心技术要不来、买不来，更讨不来，必须靠自己、靠奋斗、靠实干，只有把关键核心技术牢牢掌握在自己手中，才能在危机中逆势而上、在竞争中占据优势。"

（一）整合全球资源，全球最轻车轮面世

贞元车轮始终聚焦主业，专注做自己的产品。在行业转型升级的浪潮中，贞元车轮在核心技术、关键技术领域稳居行业前列。坚持，成为贞元车轮发展的底色。

转机在2023年到来，在多次出国考察的过程中，贞元车轮展现了其强大的资源整合能力。

贞元车轮积极与国际先进企业合作，除了与韩国浦项深入合作创新材料研发外，还与德国莱菲尔德联手研发轻量化车轮专用设备，引进美国全自动生产线，这些合作显著提升了其技术实力和产品质量。这也有效解决了贞元车轮在突破全球最轻车轮时面临的难题。

在新材料创新运用方面，贞元车轮与韩国浦项进行战略合作，针对中国市场开发轻量化车轮专用钢材。作为全球最大的钢铁制造企业之一，浦项基于轻量化车轮开发整体解决方案，提供了原材料开发、成型、焊接等全方位的支持，并基于浦项的轻量化车轮钢专利，支持轻量化车轮量产，打造了批量生产28kg级超轻量化车轮的基础。

在智能制造方面，贞元车轮从德国、美国等国家的合作伙伴处引进最先进设备，投资11.25亿元，建设占地275亩（约18.3公顷）、年产500万套高强度钢制车轮的新项目，一期即将投产。项目引进国际、国内最先进的自动化生产线，配置高效精密、自动化程度高的节能设备，工艺能力达到全球一流水平。项目投产后，将成为国内首家钢制车轮自动化绿色工厂，年销售收入可达30亿元，贡献税收近2亿元。2021年2月，该项目被山东省发展和改革委员会列入2021年省重大项目名单。

除此之外，贞元车轮成功研发的行业最轻28kg旋风3.0轻量化车轮还有着竞品不可复制的差异化优势，那就是贞元车轮与德国莱菲尔德联手研发的轻量化车轮专用设备。胡爱君表示，"这款专为轻量化车轮研发的制造设备，涉及多项专利，全球仅有2台，已被贞元买断。"

贞元车轮斥资引进德国莱菲尔德旋压机，能够满足轻量化旋风车轮的旋压工序，同时也能够对一体化高承载车轮进行旋压成型，设备流水线均有机械臂辅助生产，生产线高度自动化、智能化，设备有数十处信息采集点，能够采集生产制造中的各项数据，满足企业经营管理需要。

（二）钢制重卡车轮的价格、铝轮的质量

一般而言，钢制车轮与铝合金车轮相比虽然价格便宜，但更重，导致后期运营期间的车辆油耗较高。贞元车轮瞄准这一行业痛点，打造了贞元28kg旋风3.0车轮。

其产品优势不仅在于轻,更在于其超高的性价比。

"专门与韩国浦项联合研发的新材料——高强度微合金钢,在保证车轮整体性能的前提下,单件质量已无限接近铝轮,但价格只有铝轮的一半。"胡爱君在新品发布现场这样说道。这种新型材料不仅满足了轻量化的需求,还保证了车轮的强度和耐用性。

贞元车轮 3.0 产品通过材料升级和结构优化,成功将单件车轮质量降至 28kg,达到了全球最轻的水平。这一轻量化设计不仅减轻了车辆的整体质量,还提升了燃油效率和车辆性能。

微合金高强度车轮专用钢在车轮制造领域具有显著的优势。据了解,微合金高强度车轮专用钢通过优化合金元素和热处理工艺,能够在保证强度的同时显著降低材料的质量,从而实现车轮的轻量化。这种轻量化设计有助于减轻车辆的整体质量,提高燃油经济性和动力性。

相比传统钢制车轮,微合金高强度车轮专用钢可以实现有效降低质量,贞元车轮采用了这种材料后,不仅提高了车轮的强度,也提高了整车的燃油经济性。

"轻量化"与"可靠性"相辅相成,如何在减重的基础上做到性能不下降?贞元车轮做到了"鱼和熊掌兼得"。

贞元车轮运用高强度微合金钢和创新结构设计,在保证了车轮的平衡性、抗变形能力以及使用寿命外,还保证了车轮在重载、高速等复杂工况下的稳定性和安全性。

除了强度高,采用了高强度微合金钢的贞元车轮还具有良好的韧性。中国幅员辽阔,重卡的运营范围更是横跨整个中国,贞元车轮的特性更能保证其在极端环境下仍然可以稳定使用。

最重要的是,采用了高强度微合金钢的贞元车轮更加耐磨,使车轮在长期使用过程中能够保持较好的状态,减少磨损和维修成本。这对于提高车轮的使用寿命和降低运营成本具有重要意义。

在成本控制方面,相比于铝制车轮,贞元车轮的 28kg 产品,做到了钢制重卡车轮的价格、铝合金车轮的质量,单车每年可为运输企业增收 6 万 ~7 万元。

(三)全球首创,颠覆性采用一体式加工成型技术

"一直被模仿,从未被超越。"

贞元第一代轻量化车轮问世后,给行业带来的颠覆性突破犹如海啸般袭来,"一轮难求"的热潮涌现。但逐渐地,随着贞元车轮在行业中口碑的增长和竞品企业的不断研究和模仿,同类产品也开始不断地在行业中出现,轻量化车轮也不再具有"独一无二"的竞争力。

在此背景下,贞元车轮再次走上了"自我突破"的革新之路。全球首创一体式

加工成型技术，再次将车轮的精度提升至更高维度。

胡爱君表示，"贞元车轮采用一体式加工成型技术，避免焊接造成的原材料的局部软化及硬化等问题，避免了产品在焊接后的整体高温变形，保证了产品的整体精度。"

得益于与韩国浦项联合研发出针对性极强的合金钢材，车轮可以做到一体化成型，产品表面平整圆滑，外观质量明显提升。

车轮承重性能按单胎承载 10t 设计，并通过多次模拟试验验证及市场路试，更加可靠。

同时，贞元车轮还引进了国内、国际最先进的自动化生产线，提升了生产效率和产品质量。

目前，贞元车轮的一体化高承载产品已申请多项专利，在国内主机厂完成了验证，并实现了小批量装车。

同样，在结构设计上，贞元车轮对车轮进行了全面强化并优化设计。通过优化车轮结构、采用更合理的整体布局等方式，提高了车轮的强度和刚度，同时减轻了重量。这种结构优化不仅满足了轻量化需求，还提升了车轮的承载能力和使用寿命。

贞元车轮引进了国际、国内最先进的自动化生产线和高效精密的节能设备。这些先进设备的应用提高了生产效率和产品质量，确保了车轮在制造过程中的精度和一致性。同时，贞元车轮还注重工艺创新和技术升级，不断提升产品的竞争力和性价比。

（四）国内首家钢制车轮自动化绿色工厂建成

在全球制造产业智能化、数字化转型日趋深入的今天，加速数智化转型，增强高质量发展动力，是贞元车轮实现全面进阶的必答题。

为满足市场需求，贞元车轮投资 11.25 亿元，建设占地 275 亩、年产 500 万套高强度钢制车轮新项目，一期即将投产。

据胡爱君介绍，贞元新一期工厂已定制开发了一套全面的企业资源计划（ERP）系统、制造执行系统（MES）以及生产设备数据采集系统，以满足公司在业务流程管理、生产管理、数据采集留存、数据分析方面的特定需求。该系统的实施，可有效提高公司的业务流转与生产效率、优化资源利用、增强决策支持能力，并推动全面的数字化转型。

公司定制开发了功能完善的 ERP 系统，涵盖销售、采购、库存管理、财务会计、人力资源等关键模块，可以将各个部门及其业务流程整合到一个统一的平台，从而可以提供标准化、自动化和信息化的业务流程，提升沟通和协作效率，并提供实时的数据分析和报告功能，支持高效决策。

其次，贞元一期工厂计划定制开发的 MES 系统，覆盖生产订单管理、物料追踪、工序控制、质量管理和设备维护等重要功能。该系统可以实现生产过程的可视化和透明化，提高生产计划的准确性和执行效率，降低生产成本，改善产品质量，并支持追溯和合规性要求。在此过程中，系统可实现将现场设备采集到的数据应用于推进生产进度，这种方式能够有效地降低员工的操作难度，减少员工工作量，数据准确性也可以得到保障。

此外，为了全面监控和分析生产设备的运行情况，贞元一期工厂还计划开发数据采集系统。该系统将与 MES 系统和其他关键系统集成，实时收集生产设备的运行数据，包括设备状态、运行时间、产量等重要指标。通过实时分析和报告，实现快速诊断故障并进行维修，同时优化资源利用，提高生产设备的稳定性和可靠性，减少停机时间，进一步提升生产效率和产品质量。

贞元一期工厂数字化项目全面应用后，可有效提高贞元车轮的生产效率，降低成本，改善质量控制并提高决策支持能力，为可持续发展奠定坚实基础。

三、不忘初心方得始终

（一）数字技术赋能贞元车轮绿色低碳转型

长期以来，我国制造业发展依赖于高投入、高消耗、高排放，低碳发展任务艰巨。

贞元车轮作为中国轻量化重卡车轮的引领者，积极响应国家低碳发展的号召，致力于通过技术创新和产业升级，推动制造业的绿色转型。

贞元车轮基于一体化高承载车轮的设计，实现了材料利用率的显著提升。在提高材料利用率 20% 的情况下，如果按照年产 100 万套车轮来计算，原本需要 9 万 t 钢材，现在则减少到 7 万 t。这一改进减少了原材料的使用，更重要的是，它对减少碳排放产生了积极影响。

钢铁行业是全球最大的能源消耗和碳排放行业之一，减少钢材的使用量有助于降低与钢铁生产相关的环境影响。贞元车轮通过提高材料利用率和设计轻量化车轮，不仅提升了自身的市场竞争力，也为整个汽车行业的绿色发展和减碳排放做出了积极贡献。

在生产过程减碳方面，贞元车轮推动数字技术与制造业深度融合，将先进的数字化管理手段、绿色工艺技术注入生产链中，持续推动工艺革新、装备升级、管理优化和生产过程智能化。通过积极推进企业数字化、智能化建设，同时加强绿色工厂建设，采用全球领先的工艺装备和自动化生产线，包括从德国和美国进口的旋压机和对焊机，提高原材料利用率，减少制造环节碳排放，实现生产过程的绿色环保。

贞元车轮不仅在生产制造中减碳，更通过轻量化产品帮助用户实现绿色减排、智能减碳。其轻量化车轮产品整合了全球优质材料、技术和设备，"旋风"车轮产品重量仅33kg，相比同型号产品减重13kg，而后续研发的全球最轻的28kg，甚至25kg车轮更在材料和结构上进行了优化，这些轻量化产品有助于降低车辆燃油消耗，减少碳排放。

数字技术赋能制造业绿色低碳转型是提升制造业全球竞争力的必然选择。贞元车轮通过产品智能化制造、个性化定制、服务型制造等新模式、新业态，加快建立低耗高产的先进制造体系，从而提升制造业高端化、智能化、绿色化水平，加快向价值链中高端迈进。新建成的智能化工厂获得了数据管理能力成熟度管理级（2级）证书，通过提升数据覆盖领域、管理能力和量化水平，优化生产流程，提高资源利用效率。贞元车轮还在2024年被列入聊城市第六批绿色制造名单，致力于构建车轮绿色制造标准体系，推动形成技术先进、资源高效、环境友好的低碳发展新格局。

通过这些措施，贞元车轮不仅提升了自身的竞争力，也为整个汽车行业的绿色发展和碳减排做出了积极贡献，践行了其在推动制造业低碳发展中的使命和责任。

（二）为用户降本增效，每年增收6万~7万元

经济学中，有一个重要的规律——边际效益递减，用户消费体验的满足值是随着他的消费次数的增加而递减的，这就倒逼企业要持续创新。

商海沉浮，风云变幻，但无论怎么变化，都要回归商业本质，守住初心，创造顾客价值。所以，守住初心的创新和不断创造顾客价值才是王道。

正因如此，贞元车轮不断创新，守住突破车辆轻量化极限的初心，也不断思考：能为用户提供什么价值？

研究数据显示，汽车车身自重约消耗70%的燃油，若整车质量降低10%，燃油效率可提高6%~8%。而汽车整车质量每减少100kg，百公里油耗可降低0.3~0.6L。同时，簧下质量越轻越好，因为在簧上质量不变的情况下，簧下质量减轻可以有效提升汽车的加速性、稳定性以及操控性。

常规的钢制车轮重46kg，而贞元"旋风"3.0车轮仅重28kg，质量比传统车轮轻了39%。以一辆牵引车为例，"旋风"3.0车轮比同型号普通车轮质量减轻18kg，按6×4牵引+3轴挂车车型计算，单车可减重约400kg，每年可增收约6万~7万元。同时，其精度是普通钢制车轮的2倍，并具有更好的平衡性、更强的抗变形能力以及更耐用的特点。其质量能够与铝合金车轮等同，甚至比铝合金车轮更轻，成本却只有铝合金车轮的一半左右。

轻量化车轮有助于提高车辆的燃油效率，车辆的整体质量减轻了，需要的牵引力也相应减少，从而减少了燃油消耗和尾气排放。同时，轻量化车轮可以提升车辆

性能，如加速、操控和制动性能，这有助于提高运输效率，进一步降低单位运输量的碳排放。可以说，贞元轻量化车轮不仅可以为用户节省燃油费用和维护成本，更有助于推动用户选择更环保的运输解决方案，从而实现全社会的低碳化。

（三）成为我国首家轻量化车轮产量达到 600 万套的企业

轻量化车轮的风口已到！贞元车轮成为我国首家轻量化车轮产量达到 600 万套的企业，这意味着什么？

重型商用车轻量化车轮市场容量正在随着全球对于节能减排和提高运输效率需求的增长而不断扩大。随着技术的进步和新材料的应用，轻量化车轮在提高燃油效率、降低车辆自重、减少排放方面的性能越来越受到重视。特别是在商用车领域，轻量化车轮的应用有助于降低运营成本，提高运输效率，因此，市场需求持续增长。

在中国商用车市场，轻量化一直是大势所趋，而其中，贞元车轮在轻量化重型车轮领域表现出色，市场占有率高达 40%，稳居国内行业第一。

2024 年 9 月 2 日，贞元第 600 万套轻量化车轮顺利发运，这标志着贞元车轮成为我国轻量化车轮行业首家产量达到 600 万套的企业。

600 万套并不是贞元车轮的终点，而是继续创新、"自我突破"的起点。

2024 年，贞元车轮成功研发 25kg 超轻量化车轮，预计该产品将于近期上市。

为进一步提升车辆的轻量化水平，助力交通运输业节能减排，贞元车轮还将向车轮极限质量 23kg 发起冲刺。

在高承载领域，贞元车轮的一体化高承载车轮，是车轮领域颠覆性的产品，产品无焊缝，安全性、承载能力大幅提升，材料利用率提升 20% 以上。

（四）让中国轻量化车轮走向世界

"中国制造的轻量化车轮不输给世界任何人！"胡爱君掷地有声。

这是 8 年前胡爱君出国看到欧美制造商在轻量化技术上领先于中国产品时的心中所想，也是 8 年后终于实现心中理想和抱负后的自信。

在轻量化车轮领域，贞元可谓"身经百战，战无不胜"。无论是产品参数、制造能力，还是市场销量，贞元都有着惊艳的表现。

贞元车轮大显身手的背后，是强大的创新能力。贞元车轮每年的研发投入占销售收入的 5% 左右，这与世界工程机械排名第一的卡特彼勒几乎持平。

走出去，世界就在眼前；走不出去，眼前就是世界。中国自主品牌要成为世界级品牌，必须走出国门，走向世界！

中国汽车工业协会发布的数据显示，2023 年中国汽车出口量达到 522.1 万辆，同比增长 57.4%。其中，商用车出口量也实现了显著增长。特别是 2024 年前 7 个月，商用车出口量达到 52.4 万辆，同比增长 22.6%。

  在此背景下，零部件厂家需要不断研发新技术、新产品，以满足主机厂的需求。贞元车轮作为零部件厂家，也在积极拓展海外市场渠道，建立自己的销售网络和售后服务体系。

  目前，贞元车轮已在青岛专门设立了国际业务部。未来，贞元车轮将尽快在海外组建办事处，拓展海外客户，增加新的业绩增长点。

  在海外产品布局方面，贞元车轮正与美国专家联合研发铝合金及镁铝合金轻量化车轮，这两款产品研发成功后，贞元车轮将进军乘用车市场。

  在不久的将来，装有贞元车轮的汽车，将驰骋在全世界各地的道路上，源源不断地运送着物资和人员。

附 录

中国商用车大事记（2023年1月—2024年6月）[①]

2023年1月

1月4日，云内动力与众宇动力及煦和商贸签署了《三方合资合作协议》，设立云南合原新能源动力科技有限公司，注册资金5000万元，发力氢能领域。

1月8日，玉柴联合动力与东风商用车新疆有限公司山西商代处在临汾携山西主要经销商签订1000辆独家供应战略合作协议。

1月9日，北汽重卡企业战略及品牌发布会在北京举行，全新中国自主国潮品牌"北京重卡"正式诞生。

1月10日，徐工汽车与沧州泰宇签订《战略合作框架协议》，双方达成全年500辆牵引车合作，并现场签订200辆订单。

1月11日，500辆上汽红岩消防车出口中亚发车仪式举行。

1月11日，150辆一汽解放JH6牵引车发往印度尼西亚雅加达港。

1月11日，江淮1卡"帅铃"100辆电动轻卡交付法国和西班牙。

1月13日，全球首款配备了甲醇增程式混合动力的新能源矿卡在徐工正式下线。

1月27日，"全国首辆豪沃TH7/WP15T/680马力牵引车交车仪式"在安徽亳州举办。

1月28日，在徐工汽车制造基地，500辆徐工汉驰"星"系列轻卡发往全国各地。

1月，304辆比亚迪电动重卡Q1R向印度阿达尼集团的四个港口发运。

1月，远程商用车在西北区域斩获订单300辆，其中200辆为天然气牵引车，100辆为甲醇牵引车。

1月，我国商用车行业共计销售18万辆，环比下降38.1%，同比下降47.7%。其中，货车销售15.9万辆，环比下降33.4%，同比下降49.5%；客车销售2.1万辆，环比下降59.2%，同比下降29.5%。

2023年2月

2月1日，陕汽重卡500辆新能源重卡交车仪式暨3000辆新能源重卡战略签约仪式在陕汽产业园举办。

[①] 本部分由方得网编辑杜玉娇整理。

2月1日，上汽红岩L2+级智能重卡行业首次批量交付，将正式投入干线物流运输。

2月1日，法士特第20000台重型自动变速器下线。

2月3日，工业和信息化部等八部门共同发布了《关于组织开展公共领域车辆全面电动化先行区试点工作的通知》。试点期为2023—2025年。车辆包括公务用车、城市公交、出租、环卫、邮政快递、城市物流配送、机场等领域用车，试点期间推广新能源汽车目标为204万辆。

2月4日，福田欧航欧马可与海南邮政大客户举行了500辆战略合作签约暨欧航超级中卡首批交付仪式。

2月9日，北汽福田汽车股份有限公司发布关于投资建设采埃孚中型机械式自动变速器（AMT）项目暨关联交易公告。

2月15日，陕汽重卡在新疆哈密市与渠道共完成3508辆的战略签约，并进行了首批100辆子母车交车仪式。

2月17日，远程新能源商用车的500辆远程醇氢重卡订单首批200辆，从醇氢科技山西晋中基地启程开往新疆。

2月18日，潍柴发布全球首款大功率金属支撑商业化固体氧化物燃料电池（SOFC）产品，该产品的热电联产效率高达92.55%。

2月20日，前晨汽车宣布获得蔚来资本超亿元B+轮投资。

2月21日，由吉利控股集团和河南省顺成集团共同投资的全球首个十万吨级绿色低碳甲醇工厂在安阳正式投产。

2月24日，2023年联合重卡合作伙伴大会在安徽芜湖举行。现场，联合重卡与奇瑞商用车、中集安瑞科、奇瑞控股分别进行了战略签约，全部订单总计2300辆。

2月26日，一汽解放奥威16L超级工厂投产。

2月26日，江淮星锐新5系及全新江淮星锐正式上市。

2月27日，乘用级别轻客江铃福特全顺V362开启预售，新车首次搭载9AT+12.3in双联屏。

2月，550辆配套玉柴发动机的宇通客车出口中东。

2月，比亚迪斩获北欧瑞典电动大客车最大订单。

2月，玉柴芯蓝新能源动力科技有限公司获得近亿元的产业投资。

2月，我国商用车行业共计销售32.4万辆，环比增长79.4%，同比增长29.1%。其中，货车销售29万辆，环比增长82.6%，同比增长27.7%；客车销售3.3万辆，环比增长55.3%，同比增长43.1%。

2023年3月

3月2日，宇通客车800辆大单首批车辆从郑州出发，将交付乌兹别克斯坦塔什干公交公司。

3月6日，上汽红岩向新疆哈密客户交付了600辆红岩"杰狮"LNG牵引车，并现场签约1000辆。

3月8日，宇通重卡与中建科工集团智慧停车科技有限公司在宇通重卡新能源厂区签署战略合作协议。

3月9日，中国重汽全新一代豪沃MAX燃气车百城联动上市，共斩获订单2000余辆。

3月9日，江淮1卡混动1号·骏铃聚宝盆在武汉全球上市。

3月12日，福田欧马可智蓝混合动力新品上市，现场推出全新一代HS系列混合动力产品、全新一代ES1纯电动轻卡、EX100双排车、EX轻盈版等多款产品。

3月20日，上汽大通迎来了12岁生日，也迎来第100万辆整车下线。

3月20日，江铃皮卡全新品牌——江铃大道正式发布。

3月24日，庆铃五十铃2023款ELF轻卡家族新产品上市，包括100P、M100、KV100三款车型。

3月28日，"北汽重卡数字孪生智慧工厂落成投产暨北京重卡首台车下线仪式"举行。北京重卡首款车——复兴刚下线就获500余辆订单。

3月，40余辆49t厦门金龙氢燃料电池牵引车首次在重庆投入使用。

3月，福田欧辉80辆氢燃料城间客车交付北京水木通达运输有限公司。

3月，我国商用车行业共计销售43.4万辆，环比增长34.2%，同比增长17.4%。其中，货车销售38.9万辆，环比增长34.1%，同比增长17%；客车销售4.5万辆，环比增长35.1%，同比增长20.2%。

2023年4月

4月8日，"福田奥铃智蓝新品发布暨福田汽车1099万辆交车仪式"在北京举行，发布会上现场签单380辆。

4月8日，中国出口乌兹别克斯坦800辆宇通客车首批车辆交付仪式举行。

4月17日，上海新动力汽车科技股份有限公司（前身为上柴动力）举办首批动力电池的下线仪式。

4月18日，第二十届上海车展开幕首日，上汽大通MAXUS"大型纯电性能皮卡"GST概念车全球首发亮相。

4月18日，第二十届上海车展开幕，福田正式发布火星皮卡。

4月，我国商用车行业共计销售34.8万辆，环比下降19.9%，同比增长60.5%。其中，货车销售31.0万辆，环比下降20.4%，同比增长61.7%；客车销售3.8万辆，环比下降15.5%，同比增长51.9%。

2023年5月

5月6日，福田汽车与地上铁在深圳首批签订了年度500辆新能源物流车采购订单。

5月10日，陕汽重卡第200万辆重卡下线，同时，840马力陕汽德龙X6000发布。

5月22日，远程新能源商用车与奥动新能源在云南昆明举行1000辆星享V换电版首批交车仪式。

5月24日，南京依维柯新产品聚星系列上市。

5月27日，中铁飞豹首批北奔牵引车交车暨2000辆子母车签约仪式举行，双方签署2000辆子母车意向协议。

5月29日，比亚迪携手西班牙知名客车制造商合作伙伴Castrosua推出的首款定制化12m纯电动客车下线并首次亮相。

5月30日，"东风康明斯全新智能化重马力工厂正式建成投产暨传奇发动机下线仪式"举行。

5月31日，新能源货车造车新势力DeepWay首款产品DeepWay·深向星辰全球首批批量交付发布会在合肥举行。

5月，100辆搭载法士特·蓝驰新能源电驱动系统6E240的东风柳汽乘龙车型交付河北邯郸某钢铁企业。

5月，780辆苏州金龙海格高端客车出口"一带一路"沿线国家沙特阿拉伯交车仪式，在苏州工业园区举行。

5月，我国商用车行业共计销售33万辆，环比下降4.9%，同比增长38.2%。其中，货车销售29.4万辆，环比下降5.1%，同比增长39.8%；客车销售3.7万辆，环比下降3.5%，同比增长26.6%。

2023年6月

6月1日起，货运的检测周期统一为10年内每年检测1次、10年后每半年检测1次。

6月5日，宇通集团发布商用车行业首个软硬件一体化电动专属平台——睿控E平台。

6月7日，东风柳汽全新一代乘龙CLK高端重卡平台亮相，同时发布了基于CLK平台打造的首款高端重卡——乘龙HK。

6月15日，江铃乐行新能源品牌发布，旗下全新纯电动平台轻卡——江铃乐行E路达全球首发上市。

6月15日，江西五十铃创富精工大皮卡——全新瑞迈正式上市。

6月27日，解放青汽建厂55周年，同时，第260万辆解放卡车下线。

6月29日，上海创远与上海滨宜路通物流达成800辆欧曼新EST LNG自动档子母车战略签约并交付首批100辆。

6月，内蒙古自治区光伏及新能源汽车产业集群发展会议上，北奔重汽签订3400辆新能源重卡订单。

6月，110辆安凯8.2m纯电动A5客车批量投运湖南永州。

6月，我国商用车行业共计销售35.5万辆，环比增长7.3%，同比增长26.3%。其中，货车销售31万辆，环比增长5.4%，同比增长25.8%；客车销售4.5万辆，环比增长22%，同比增长29.9%。

2023年7月

7月1日起，全面实施国六排放标准6b阶段，禁止生产、进口、销售不符合国六排放标准6b阶段的汽车。

7月3日，上汽大通正式发布全新高端皮卡品牌——星际。

7月10日，欧曼GTL 15L 500马力燃气车新品在山西大同、河北唐山同日上市，完成订车200辆。

7月10日，在2023年江淮重卡年中商务大会上，江淮重卡正式推出星耀新品牌。

7月20日，陕汽商用车2023年中营销会，正式发布德龍轻卡、智云新能源品牌。

7月20日，远程新能源商用车集团旗下品牌远程宣布完成A轮融资，融资金额6亿美元。

7月20日，福田奥铃全新一代智蓝HL超混轻卡在成都上市，现场签订500辆订单。

7月26日，欧曼新品上市发布会举行，新一代欧曼银河、欧曼EST星辉版、欧曼智蓝底部换电重卡亮相，全新一代福康A系列发动机同步发布。

7月26日，100辆为申通快递量身定制的东风天龙KL 4×2牵引车交付。

7月26日，由吉利星际客车品牌自主研发的全球首辆醇氢增程式动力客车在四川南充下线。

7月28日，中车电动511辆客车承担第31届世界大学生夏季运动会城市通勤等任务。

7月，江淮1卡独家中标顺丰速运2023—2024年轻型货车、中型货车标段2300辆采购项目。

7月，首批100辆标配法士特·智行AMT及液力缓冲器的陕汽M3000S自动档牵引车，在新疆哈密地区交付。

7月，国家发展和改革委员会发布《关于促进汽车消费的若干措施》的通知。

7月，我国商用车行业共计销售 28.7 万辆，环比下降 19%，同比增长 16.8%。其中，货车销售 24.8 万辆，环比下降 19.8%，同比增长 15%；客车销售 3.9 万辆，环比下降 13.6%，同比增长 30.1%。

2023 年 8 月

8 月 8 日，100 辆红岩"杰狮 C6-PLUS"CNG 牵引车交付重庆开州用户。

8 月 9 日，云内动力与中交机电签署《燃料电池发电系统集成采购合同》（第一批）和《燃料电池发电系统集成采购合同》（第二批），合计 10.31 亿元。

8 月 18 日，长城皮卡迎来第 50 万辆整车下线。

8 月 18 日，福田汽车发布半年度业绩报告称，2023 年上半年营业收入约 288.45 亿元，同比增加 24.47%；归属于上市公司股东的净利润约 6.06 亿元，同比增加 177.88%。

8 月 19 日，全柴动力 2023 合作伙伴大会在甘肃张掖召开，全柴新推出 Q25A 型轻卡动力，最高热效率可达 43%。

8 月 22 日，中国重汽豪沃 TX7 牵引车 100 辆交车仪式在内蒙古鄂尔多斯举行。

8 月 25 日，无锡康明斯涡轮增压技术第 2000 万台涡轮增压器正式下线。

8 月 25 日，成都车展江西五十铃全新一代铃拓皮卡正式上市。

8 月 26 日，一汽解放动力发布全球首款解放智慧动力域产品和评价标准。

8 月 28 日，宇通客车发布 2023 年上半年业绩报告：上半年实现营业总收入 111.14 亿元，同比增加 34.56%；归属于上市公司股东的净利润 4.70 亿元，同比扭亏为盈。

8 月 28 日，江淮 1 卡全系新品亮相暨江淮 1van 品牌发布会在合肥举行。

8 月 28 日，福田汽车品牌发布会，发布了五大业务战略、全新品牌标识，以及两款全新产品——欧曼智蓝底部换电重卡和祥菱 Q。

8 月 30 日，一汽解放发布 2023 年半年度报告：实现营业收入 330.15 亿元，同比增长 44.35%；实现归母净利润 4.01 亿元，同比增长 135.87%。

8 月 30 日，中国重汽公布 2023 年度中期业绩：实现营业收入 413.9 亿元，同比增长 42.6%；归母净利润 23.7 亿元，同比增长 85%。

8 月 30 日，江铃汽车发布半年度业绩报告：营业收入约 154.29 亿元，同比增加 8.48%；归属于上市公司股东的净利润约 7.29 亿元，同比增加 61.23%。

8 月 30 日，潍柴动力发布半年度业绩报告：营业收入约 1061.35 亿元，同比增加 22.32%；归属于上市公司股东的净利润约 38.99 亿元，同比增加 63.07%。

8 月，江淮汽车发布 2023 年半年度报告：营业收入 223.69 亿元，同比增长 25.87%；实现归属于上市公司股东的净利润 1.55 亿元，企业总资产为 490.94 亿元，同比增长 4.27%。

8月，首批搭载东风康明斯一体化动力链的东风天龙GX批量交付。

8月，100辆东风天锦极致轻量化搅拌车交付仪式在长沙举行。

8月，首批120辆搭载法士特·易行6档AMT的东风凯普特出口欧洲。

8月，我国商用车行业共计销售31万辆，环比增长7.9%，同比增长20%。其中，货车销售27万辆，环比增长8.7%，同比增长20.5%；客车销售4万辆，环比增长2.1%，同比增长16.1%。

2023年9月

9月2日，北京市怀柔区与福田戴姆勒签约，将投资6.58亿元用于优化升级位于怀柔区的新能源重卡汽车生产线。

9月14日，江西五十铃国内首款2.5L大马力轻卡翼放EM亮相。

9月19日，交通运输部发布《道路运输企业和城市客运企业安全生产重大事故隐患判定标准（试行）》，于2023年10月1日实施。其中，将违法装载导致车货总质量超过100t的情况判定为重大事故隐患，将构成危险作业罪。

9月20日，江淮重卡在江西宜春举办百辆新能源重卡交车仪式。

9月20日，江淮1卡帅铃品牌20周年庆活动上，6款帅铃新能源轻卡亮相。

9月21日，上汽大通新能源轻型车品牌大拿eDeliver正式发布。

9月23日，厦门金龙超1000辆客车服务第19届亚运会。

9月23日，第19届亚运会期间，浙江省首条自动驾驶公交专线开通，宇通智能网联客车小宇亮相。

9月24日，东风柳汽乘龙H5V LNG牵引车上市发布会在山西晋中举行，现场共计订车217辆。

9月25日，采埃孚发布为中重卡打造的全新传盈品牌自动变速器。

9月25日，一汽解放远景动力智能电池制造基地项目签约。

9月，我国商用车行业共计销售37.1万辆，环比增长19.8%，同比增长33.2%。其中，货车销售32.6万辆，环比增长20.7%，同比增长36.5%；客车销售4.5万辆，环比增长14%，同比增长13.3%。

2023年10月

10月7日，第26届比利时世界客车博览会上，宇通4款最新高端纯电动车型亮相，并发布纯电动技术YEA；比亚迪首款搭载刀片电池的12m纯电动大客车B12，以及首款与欧洲合作伙伴UNVI打造的13m纯电动双层客车两款产品首秀。

10月9日，陕汽康明斯H系列新品发布，包含龙骧H、龙骁H、龙骐H、龙骥H。

10月11日，搭载东风康明斯Z15N燃气发动机的东风柳汽乘龙H7牵引车上市并获466辆大订单。

10月11日，全新一代欧马可超级轻卡全球上市发布会在长沙举行。

10月15日，福特全顺T8（V363）正式上市，新车推出了客运版、物流版和纯电版三个版本。

10月16日，法士特第3万台重型自动变速器下线。

10月17日，徐工集团首台动力电池下线发布。

10月18日，比亚迪首款搭载DM技术的4.5t级城市物流轻卡T5发布。

10月18日，2023成都世界科幻大会上，以中车电动X12为原型车的全国首辆科幻巴士亮相。

10月20日，远程新能源商用车集团与正大机电集团，1000辆远程商用车全系车型战略合作签约。

10月20日，一汽解放与壳牌发布星域概念货车（Starship China）。

10月22日，"解放JK6自卸新品上市发布会暨100台JK6自卸车交车仪式"在上海举行。

10月23日，大运重卡在甘肃酒泉首批交付8辆大运V7H燃气子母车。

10月26日，中国重汽汕德卡G7H全系新品上市。

10月，比亚迪印度公司与印度最大的纯电动客车制造商Olectra Greentech Limited（Olectra）签订1100辆纯电动客车底盘订单。

10月，比亚迪与乌兹别克斯坦首都政府塔什干市政府签订2000辆电动大客车采购协议。

10月，江淮星锐新能源中标中国烟草100辆大单。

10月，我国商用车销售36.5万辆，环比下降1.7%，同比增长33.4%。其中，货车销售32.2万辆，环比下降1.2%，同比增长35.2%；客车销售4.3万辆，环比下降5.6%，同比增长21.2%。

2023年11月

11月1日，"东风商用车&徐工随车整专一体化战略合作签约暨产品首发仪式"在湖北十堰举行。

11月6日，上汽大通发布全新轻客品牌新途。

11月8日，2023中国国际商用车展览会上，一汽解放发布J6新能源2.0版系列新品；陕汽推出的中集陕汽快递新品——天王星头挂一体化快递快运列车；东风康明斯天然气一体化动力链实现批量交付。

11月15日，第二十二届中国国际内燃机及零部件展览会，一汽解放动力奥威16L天然气发动机CA6SX上市发布。

11月24日，东风商用车携手赢彻科技定制开发的智能驾驶重卡在江苏扬州完成首批交付。

11月28日，解放鹰途高端重卡50辆交付暨战略签约仪式举办。

11月，小马智行宣布获得广州首个自动驾驶货车编队行驶测试牌照。

11月，中通N18城市客车获得欧盟通用安全法规（EU）2019/2144（GSR II）实施之后的汽车整车型式认证法规（EU）2018/858修订案的整车型式认证（WVTA）证书。

11月，商用车销售36.6万辆，环比增长0.3%，同比增长44.6%。其中，货车销售31.8万辆，环比下降1.2%，同比增长47.5%；客车销售4.8万辆，环比增长11.7%，同比增长28%。

2023年12月

12月3日，远程新能源商用车集团与新希望集团旗下鲜生活冷链物流有限公司1130辆冷藏轻卡首批交付仪式举行。

12月5日，庆铃五十铃T30探险家高能进阶皮卡上市。

12月5日，瑞驰新能源汽车旗下电动物流车——EC75正式上市。

12月7日，国务院印发《空气质量持续改善行动计划》，提出重点区域公共领域新增或更新公交、出租、城市物流配送、轻型环卫等车辆中，新能源汽车比例不低于80%；加快淘汰采用稀薄燃烧技术的燃气货车。

12月10日，梅赛德斯-奔驰本土化货车迎来中国上市一周年。

12月12日，《东莞市氢能产业发展行动计划（2023—2025年）》发布，明确到2025年，力争示范应用燃料电池汽车900辆，建成加氢站20座。

12月15日，天津远程新能源商用车工厂在天津市滨海新区竣工。

12月18日，徐工XG1EH620S纯电动牵引车全球首发。

12月20日，全新福特游骑侠Ranger高端皮卡正式上市。

12月20日，福田汽车集团生态创新大会发布超级低碳货车和全新一代轻客图雅诺大V，以及混合动力技术（FHS）和全系混合动力产品。

12月21日，欧曼燃气动力新品上市发布会在广州举行，全新欧曼银河、欧曼EST星辉版、欧曼GTL星翼版三款燃气车上市。

12月22日，长安猎手皮卡开启预售。

12月28日，开沃集团淮南基地产品下线仪式举行。

12月，苏州金龙海格客车纯电动王牌车型——Azure12，为在阿联酋迪拜举行的《联合国气候变化框架公约》第28次缔约方大会（COP28）提供绿色出行。

12月，商用车销售36.4万辆，环比下降0.4%，同比增长25.1%。其中，货车销售30.9万辆，环比下降2.9%，同比增长29.5%；客车销售5.5万辆，环比增长16.4%，同比增长5.1%。

2023年，我国商用车行业累计销售403.1万辆，同比增长22.1%。其中，货车销售353.9万辆，同比增长22.4%；客车销售49.2万辆，同比增长20.6%。

2024年1月

1月2日，福建省人工智能典型应用场景（第一批）名单公示，厦门金旅人工智能微循环自动驾驶公交客车上榜。

1月6日，中国重汽集团2024年新产品科技发布上，中国重汽S+技术品牌正式发布。

1月10日，比亚迪全新轻卡T5上市发布会举行。

1月16日，福田汽车与北京融易程达成首批1800辆合作意向。

1月17日，宇通重卡发布新能源重卡行业首个"闪充"整体解决方案。

1月19日，《关于推进实施水泥行业超低排放的意见》《关于推进实施焦化行业超低排放的意见》发布，将有助于推动水泥和焦化行业推广应用新能源货车。

1月20日，远程首批星享V6E由上海发往土耳其。

1月27日，新能源商用车品牌卡文汽车发布。

1月28日，陕汽商用车发布延安品牌，"延安S700中国超级重卡"亮相。

1月29日，远程旗下醇氢科技完成首轮融资，融资金额1亿美元，投前估值10亿美元。

1月30日，江淮1卡高端与纯电动轻卡生产基地第70万辆车正式下线。

1月31日，智能电混MPV瑞风RF8上市，引入华为车机系统。

1月，非洲首个纯电动客车快速公交系统（BRT）项目——达喀尔BRT项目正式通车，120多辆中车电动18m BRT纯电动公交车承担运营。

1月，中通纯电动旅团客车服务第34届非洲国家杯足球赛，这也是科特迪瓦首次引进的纯电动客车。

1月，商用车销售32.4万辆，环比下降11.1%，同比增长79.6%。其中，货车销售28.9万辆，环比下降6.6%，同比增长81.8%；客车销售3.5万辆，环比下降36.5%，同比增长63.4%。

2024年2月

2月3日，"欧曼NG"全场景解决方案发布。

2月17日，批量安凯G9出口沙特发车。

2月20日，《关于国家电力投资集团有限公司开展重卡换电站建设组网与运营示范等交通强国建设试点工作的意见》发布，北奔重汽成为重卡换电站建设组网与运营示范试点单位。

2月，207辆金旅公交车发往越南，这是中国客车批量出口越南的"第一单"。

2月，214辆宇通新能源客车交付智利首都圣地亚哥，刷新了宇通在智利乃至拉丁美洲市场单笔交付量最大的新能源客车纪录。

2月，山东发布《关于对氢能车暂免收取高速公路通行费的通知》，要求自2024年3月1日起，对安装ETC（不停车电子收费）的氢能车辆暂免收山东高速公路通行费，政策试行期2年。

2月，商用车共计销售25.1万辆，环比下降22.6%，同比下降22.5%。其中，货车销售21.5万辆，环比下降25.5%，同比下降25.9%；客车销售3.6万辆，环比增长1.6%，同比增长6.9%。

2024年3月

3月1日，中国重汽2024年2月第14000辆重卡发车仪式举行，中国重汽重卡单月出口量刷新了国内重卡企业出口的单月纪录。

3月1日，长安猎手增程式皮卡上市，定位为全球首款"超级增程皮卡"。

3月6日，上汽大通无锡基地第100万辆整车下线。

3月11日，宇通轻卡创下全新吉尼斯世界纪录——电动厢式轻卡单次满电行驶520.46km，平均1kW·h电量行驶4.098km。

3月13日，国务院发布《推动大规模设备更新和消费品以旧换新行动方案》，将支持交通运输设备和老旧农业机械更新，持续推进城市公交车电动化替代，支持老旧新能源公交车和动力电池更新换代，加快淘汰国三及以下排放标准营运类柴油货车；持续优化二手车交易登记管理，促进便利交易，大力发展二手车出口业务；加快乘用车、重型商用车能量消耗量值相关限制标准升级；鼓励有条件的地方统筹利用中央财政安排的城市交通发展奖励资金，支持新能源公交车及电池更新等。

3月16日，比亚迪与京东集团在北京京东总部正式签署战略合作协议。

3月19日，宁德时代、地上铁、南京依维柯战略合作签约仪式在深圳举行。

3月20日，江淮汽车在悉尼宣布进入澳大利亚汽车市场，首发一款新右舵型号江淮悍途（国际名称：JAC T9）柴油动力皮卡产品。

3月23日，在第十九届上海国际房车与露营展上，上汽大通原厂房车迎来第10000辆交付，刷新企业自身及房车行业双纪录，成为中国第一家万辆级房车规模的企业。

3月25日，苏州金龙新V系客车全球首发，成为行业首家全系标配智能座舱的客车企业。

3月26日，批量安凯纯电动双层观光客车出口法国。

3月28日，宇通新能源商用车全系新品发布会在河南郑州启幕。

3月30日，一汽解放发布2023年年度报告：实现营收639.05亿元，同比增长66.71%；实现归母净利润7.63亿元，同比增长107.66%。

3月，一汽解放与墨西哥经销商ELAM签订1000辆出口订单。

3月，商用车销售45.8万辆，环比增长82.8%，同比增长5.6%。其中，货车销售 40.5 万辆，环比增长 88.4%，同比增长 4.1%；客车销售 5.3 万辆，环比增长 48.7%，同比增长 17.7%。

2024 年 4 月

4 月 3 日，《关于调整汽车贷款有关政策的通知》发布，明确金融机构在依法合规、风险可控前提下，根据借款人信用状况、还款能力等自主确定自用传统动力汽车、自用新能源汽车贷款最高发放比例。

4 月 3 日，远程首款正向研发的电动大 VAN——远程超级 VAN 上市。

4 月 10 日，亚星客车 1200 辆高端客车发往沙特阿拉伯。

4 月 12 日，长安凯程旗下全新车型——新长安星卡 EV 全面上市。

4 月 16 日，潍柴动力未来科技试验室正式启用。

4 月 17 日，比亚迪首次搭载比亚迪刀片电池的纯电动工程车 T25、T31 系列亮相。

4 月 23 日，雷达地平线皮卡上市，雷达 RD6 2024 款车型发布。

4 月 25 日，2024 北京车展，上汽大通全球首发 ACIS 智慧全场景超混技术；长安凯程发布全新品牌标识，并推出全新新能源大 VAN 车型 V919；长城炮 2.4T 乘用炮和 2.4T 商用炮开启预售，山海炮 Hi4-T 同台发布。

4 月 25 日，100 辆福田欧航 AR270 超级中卡交付电商巨头快递客户。

4 月 26 日，福田汽车发布 2023 年年度报告：实现营业收入 560.97 亿元，同比增长 20.78%；归母净利润约 9.09 亿元，同比增长 1262.27%。

4 月 28 日，"一汽解放·壳牌创领蓝途联合研究中心揭牌暨星域概念货车发车仪式"在吉林长春举办。

4 月 28 日，福田奥铃智蓝 EM 上市，提供 78kW·h、64kW·h、60kW·h 三种电量选择，综合路况续驶里程最高可达 365km。

4 月，商用车销售 35.7 万辆，环比下降 22%，同比增长 2.8%。其中，货车销售 31.3 万辆，环比下降 22.8%，同比增长 1%；客车销售 4.5 万辆，环比下降 15.6%，同比增长 17.6%。

2024 年 5 月

5 月 10 日，福田汽车欧曼气体机产品发布会上，欧曼 24 款全系燃气车发布。

5 月 21 日，长城智卡 PT 车型在邢台工厂下线，首台下线 PT 车型为超级混动智能重卡。

5 月 21 日，江淮皮卡第 30 万辆量产车正式下线。

5 月 25 日，联合重卡火麒麟车型上市，联合好运货运平台同步发布，500 辆售价 29.99 万元的火麒麟 35s 售罄。

5 月 28 日，一汽解放 J7 智能工厂 2024 年第 10000 辆整车下线，较 2023 年提前5个月突破万辆。

5月28日，东风商用车龙擎3.0燃气新品宣布全国上市。

5月29日，国务院印发《2024—2025年节能降碳行动方案》，提出要推进交通运输装备低碳转型；加快淘汰老旧机动车，提高营运车辆能耗限值准入标准；逐步取消各地新能源汽车购买限制；落实便利新能源汽车通行等支持政策；推动公共领域车辆电动化，有序推广新能源中重型货车，发展零排放货运车队。

5月29日，"2024北京国际道路客货运输车辆及零部件展览会展"上，安凯全新升级款N8双风窗玻璃豪华客车、纯电动宝斯通N7亮相；比亚迪发布了客车e平台3.0。

5月30日，解放推出一汽解放鹰途&JH6牵引6SX1-600新品，搭载双16智慧动力域。

5月31日，《交通运输大规模设备更新行动方案》印发：将实施城市公交车电动化替代、老旧营运柴油货车淘汰更新、老旧营运船舶报废更新、老旧机车淘汰更新、邮政快递老旧设备替代、物流设施设备更新改造、标准提升七大行动，大力促进先进设备和北斗终端应用，促进交通能源动力系统清洁化、低碳化、高效化发展。

5月，一批宇通牌纯电动公交车完成90万km运营里程，创下中国纯电动公交车最长运营里程纪录。

5月，"CVMC中交车辆&上汽红岩首批出口坦桑尼亚重卡下线暨交车仪式"举行。

5月，中通纯电动客车批量交付智利。

5月，宇通46辆机场摆渡车批量交付西班牙，其中25辆纯电动机场摆渡车创造了中国新能源机场摆渡车出口最大批量纪录。

5月，20辆安凯氢燃料电池客车投放安徽省六安市公共交通系统。

5月，商用车销售34.1万辆，环比下降4.5%，同比增长3.3%。其中，货车销售29.9万辆，环比下降4.4%，同比增长1.7%；客车销售4.3万辆，环比下降4.8%，同比增长16%。

2024年6月

6月4日，福田汽车与依维柯集团在北京签署备忘录，共同探索电动汽车和零部件相关领域的合作，以共同拓展欧洲和南美洲市场。

6月5日，第二届上海国际碳中和博览会，康明斯旗下零碳品牌Accelera展示了其零碳动力链的创新技术和商业应用案例。

6月12日，开瑞江豚E5/小象X3正式发布上市，开瑞新成员零米卡车首发亮相。

6月12日，100辆乘龙H5新能源重卡签约暨首批30辆交付仪式在新疆举行。

6月15日，上汽大通原厂房车家族全新升级上市。

6月18日，江淮1卡推出全新一代纯电轿卡——恺达U7。

6月19日，《天然气利用管理办法》印发，自2024年8月1日起施行，明确将以液化天然气为燃料的载货汽车、城际载客汽车、公交车等运输车辆纳入"优先类"。

6月22日，福田汽车100辆欧曼重卡交付埃塞俄比亚大客户。

6月24日，宇通参与的"面向大规模产业化的动力电池研发与制造关键技术"项目荣获2023年度国家科学技术进步奖二等奖。

6月25日，克诺尔大连新工厂竣工投产，克诺尔商用车系统本地化生产20周年。

6月28日，中国重汽全新搏胜皮卡在济南上市。

6月30日，"中国重汽豪沃品牌20周年荣耀盛典暨HOWO-TS7新品上市发布会"在山东青岛举行。同日，豪沃达成200万辆产销纪录。

6月，江淮1卡卡拉L4级无人驾驶车，包含无人零售车、无人充电车等，已进入示范运营阶段。

6月，上汽大通G90在中国新车评价规程测试中，排名MPV类总分第一。

6月，商用车销售33.7万辆，环比下降1.2%，同比下降4.9%。其中，货车销售29.4万辆，环比下降1.6%，同比下降5.1%；客车销售4.3万辆，环比增长1%，同比下降3.9%。